GREVES NO BRASIL
(de 1968 aos dias atuais)
DEPOIMENTOS DE LIDERANÇAS

Dados Internacionais de Catalogação na Publicação (CIP)
(Câmara Brasileira do Livro, SP, Brasil)

Greves no Brasil (de 1968 aos dias atuais) : depoimentos de liderança / Carlindo Rodrigues de Oliveira...[et al.], (orgs.). — 1. ed. — São Paulo : Cortez, 2016. -- (Coleção por que cruzamos os braços ; v. 2)

Outros autores: Eduardo G. Noronha, Vera Gebrim, Victor Gnecco Pagani
Vários colaboradores.
ISBN 978-85-249-2423-1 (obra completa)
ISBN 978-85-249-2508-5

1. Greves 2. Movimentos sociais 3. Sindicalismo - Brasil 4. Sindicalismo - Brasil - História 5. Sindicalistas - Entrevistas 6. Sindicatos I. Oliveira, Carlindo Rodrigues de. II. Noronha, Eduardo Garuti. III. Gebrim, Vera. IV. Pagani, Victor Gnecco. V. Série.

16-07802   CDD-331.880981

Índices para catálogo sistemático:

1. Brasil : Sindicalismo : História social   331.880981

Coleção POR QUE CRUZAMOS OS BRAÇOS

LIVRO 2

Carlindo Rodrigues de Oliveira
Eduardo G. Noronha
Vera Gebrim
Victor Gnecco Pagani
(Orgs.)

GREVES NO BRASIL
(de 1968 aos dias atuais)

DEPOIMENTOS DE LIDERANÇAS

OLÍVIO DUTRA
NAIR GOULART (*In Memoriam*)
FRANCISCO URBANO
PAULO PAIM
CYRO GARCIA
LUCI PAULINO
ÉLIO NEVES
DOMINGOS GALANTE
JAIR MENEGUELLI
IDEMAR MARTINI
JORGE CÉSAR DOS SANTOS
CHICO VIGILANTE

GREVES NO BRASIL (de 1968 aos dias atuais) — Depoimentos de Lideranças
Carlindo Rodrigues de Oliveira • Eduardo G. Noronha •
Vera Gebrim • Victor Gnecco Pagani (Orgs.)

Capa: de Sign Arte Visual
Revisão: Maria de Lourdes de Almeida
Composição: Linea Editora Ltda.
Coordenação editorial: Danilo A. Q. Morales

Nenhuma parte desta obra pode ser reproduzida ou duplicada sem autorização expressa dos autores e do editor.

© 2016 Organizadores

Direitos para esta edição
CORTEZ EDITORA
Rua Monte Alegre, 1074 – Perdizes
05014-001 – São Paulo – SP
Tels.: (55 11) 3864-0111 / 3611-9616
cortez@cortezeditora.com.br
www.cortezeditora.com.br

Impresso no Brasil – outubro de 2016

Sumário

APRESENTAÇÃO DA COLEÇÃO 7
Zenaide Honório (presidente do DIEESE) e Eduardo G. Noronha (Coordenador do DataPol – UFSCar)

PREFÁCIO 13
Iram Jácome Rodrigues

INTRODUÇÃO 27

ENTREVISTAS

1. OLÍVIO DUTRA
Sindicato dos Bancários de Porto Alegre (RS) 33

2. NAIR GOULART (*IN MEMORIAM*)
Sindicato dos Metalúrgicos de São Paulo (SP)
Força Sindical – Bahia 61

3. FRANCISCO URBANO
Confederação Nacional dos Trabalhadores na
Agricultura – CONTAG 87

4. PAULO PAIM
Sindicato dos Metalúrgicos de Canoas (RS) 113

5. Cyro Garcia
Sindicato dos Bancários do Rio de Janeiro (RJ) 143

6. Luci Paulino
Sindicato dos Metalúrgicos do ABC (SP) 195

7. Élio Neves
Federação dos Empregados Rurais Assalariados do
Estado de São Paulo – FERAESP (SP) 227

8. Domingos Galante
Sindicato dos Químicos de São Paulo (SP) 255

9. Jair Meneguelli
Sindicato dos Metalúrgicos do ABC (SP) 281

10. Idemar Martini
Federação dos Trabalhadores nas Indústrias do Estado
de Santa Catarina – FETIESC (SC) 307

11. Jorge César dos Santos
Sindicato dos Metalúrgicos do Recife (PE) 341

12. Francisco Domingos dos Santos – Chico Vigilante
Sindicato dos Vigilantes do Distrito Federal (DF) 361

LISTA DE ENTREVISTADOS E ENTREVISTADORES 383

AGRADECIMENTOS 384

APRESENTAÇÃO DA COLEÇÃO

Zenaide Honório (presidente do DIEESE)
Eduardo G. Noronha (Coordenador do DataPol – UFSCar)

É com muito prazer que estamos lançando o segundo livro desta Coleção POR QUE CRUZAMOS OS BRAÇOS, com depoimentos de sessenta líderes sindicais que protagonizaram importantes greves nas últimas décadas, desde o final dos anos 1960. Este trabalho é o desdobramento da pesquisa "Arquivo de Greves no Brasil: análises qualitativas e quantitativas", realizada em parceria entre o Departamento Intersindical de Estatística e Estudos Socioeconômicos (DIEESE) e o Laboratório de Documentação e Pesquisas em Instituições Políticas (DataPol) da Universidade Federal de São Carlos (UFSCar), com financiamento da Fundação de Amparo à Pesquisa do Estado de São Paulo (Fapesp).

Para a equipe do DataPol/UFSCar, esta publicação é o coroamento de uma exitosa parceria com o DIEESE e finaliza um longo ciclo de estudos sobre greves, realizados na UNICAMP e, posteriormente, na UFSCar, desde a década de 1980.

Para o DIEESE, os sessenta depoimentos saúdam os sessenta anos de existência da entidade, orgulho do movimento sindical brasileiro, fundada em 22 de dezembro de 1955, presente hoje em todas as unidades da Federação.

Fruto de um sonho de sindicalistas que se organizaram em meados da década de 1950 no Pacto de Unidade Intersindical (PUI), o DIEESE surge para fazer ciência de classe. Sem descurar do necessário rigor científico, a instituição se pauta por uma abordagem que parte do ponto de vista da classe trabalhadora, inspiração sob a qual são feitas as "perguntas" à realidade socioeconômica que se quer conhecer e analisar. Conhecimento que tem o objetivo claro de potenciar a luta dos trabalhadores e suas entidades representativas por uma sociedade com equidade e justiça.

DEPARTAMENTO INTERSINDICAL DE ESTATÍSTICA E ESTUDOS SOCIOECONÔMICOS

DIREÇÃO EXECUTIVA

Presidente: Zenaide Honório
Sindicato dos Professores do Ensino Oficial do Estado de São Paulo – SP

Vice-presidente: Luis Carlos De Oliveira
Sindicato dos Trabalhadores nas Indústrias Metalúrgicas Mecânicas e de
Material Elétrico de São Paulo Mogi das Cruzes e Região – SP

Diretor Executivo: Alceu Luiz dos Santos
Sindicato dos Trabalhadores nas Indústrias Metalúrgicas de Máquinas Mecânicas
de Material Elétrico de Veículos e Peças Automotivas da Grande Curitiba – PR

Diretor Executivo: Alex Sandro Ferreira da Silva
Sindicato dos Trabalhadores nas Indústrias Metalúrgicas Mecânicas e de
Material Elétrico de Osasco e Região – SP

Diretor Executivo: Bernardino Jesus de Brito
Sindicato dos Trabalhadores nas Indústrias de Energia Elétrica de São Paulo – SP

Diretor Executivo: Carlos Donizeti França de Oliveira
Federação dos Trabalhadores em Serviços de Asseio e Conservação Ambiental
Urbana e Áreas Verdes do Estado de São Paulo – SP

Diretora Executiva: Cibele Granito Santana
Sindicato dos Trabalhadores nas Indústrias de Energia Elétrica
de Campinas – SP

Diretor Executivo: Josinaldo José de Barros
Sindicato dos Trabalhadores nas Indústrias Metalúrgicas Mecânicas e de
Materiais Elétricos de Guarulhos Arujá Mairiporã e Santa Isabel – SP

Diretora Executiva: Mara Luzia Feltes
Sindicato dos Empregados em Empresas de Assessoramentos Perícias
Informações Pesquisas e de Fundações Estaduais do Rio Grande do Sul – RS

Diretora Executiva: Maria das Graças de Oliveira
Sindicato dos Servidores Públicos Federais do Estado de Pernambuco – PE

Diretor Executivo: Nelsi Rodrigues da Silva
Sindicato dos Metalúrgicos do ABC – SP

Diretor Executivo: Paulo de Tarso Guedes de Brito Costa
Sindicato dos Eletricitários da Bahia – BA

Diretora Executiva: Raquel Kacelnikas
Sindicato dos Empregados em Estabelecimentos Bancários de São Paulo
Osasco e Região – SP

DIREÇÃO TÉCNICA

Diretor técnico: Clemente Ganz Lúcio
Coordenadora de pesquisas e tecnologia: Patrícia Pelatieri
Coordenador de educação e comunicação: Fausto Augusto Junior
Coordenador de relações sindicais: José Silvestre Prado de Oliveira
Coordenadora de estudos em políticas públicas: Angela Maria Schwengber
Coordenadora administrativa e financeira: Rosana de Freitas

Equipe Técnica responsável

Carlindo Rodrigues de Oliveira (Edição das entrevistas)
Luís Augusto Ribeiro da Costa
Maysa Garcia (Edição das entrevistas)
Rodrigo Linhares
Vera Gebrim
Victor Gnecco Pagani

UFSCar – UNIVERSIDADE FEDERAL DE SÃO CARLOS

REITORIA DA UFSCAR
Prof. Dr. Targino de Araújo Filho – Reitor
Prof. Dr. Adilson Jesus Aparecido de Oliveira – Vice-Reitor

CECH – Centro de Educação e Ciências Humanas
Profa. Dra. Wanda Aparecida Machado Hoffmann (Diretora)
Prof. Dr. Arthur Autran Franco de Sá Neto (Vice-Diretor)

PPGPol – Programa de Pós-Graduação em Ciência Política
Prof. Dr. Thales Haddad Novaes de Andrade (Coordenador)
Prof. Dr. Marcelo Coutinho Vargas (Vice-coordenador)

LIDEPS – Laboratório Integrado de Documentação e Estatísticas Políticas e Sociais
Prof. Dr. Eduardo G. Noronha (Coordenador)
Prof. Dr. Marcelo Coutinho Vargas (Vice-coordenador)

DataPol – Laboratório de Documentação e Pesquisas em Instituições Políticas
Prof. Eduardo G. Noronha (Coordenador)
Profa. Simone Diniz (Vice-coordenador)
Karen Artur (Pós-Doc)
Ivan Ervolino (Dr.)
Douglas Policarpo (Doutorando)
Lucas Nascimento Ferraz Costa (Doutorando)
Mariele Troiano (Doutoranda)
Matheus Lucas Hebling (Doutorando)
José Carlos Teodoro (Mestrando)
Luciana Paszto Moretti (Mestranda)
Lucilly Caetano (Mestranda)

Prefácio

GREVES E LUTA POR DIREITOS

Iram Jácome Rodrigues

Ao longo do século passado, nos países da Europa ocidental e nos Estados Unidos, o movimento sindical se organizou simultaneamente ao desenvolvimento do capitalismo: as estratégias sindicais estavam relacionadas aos vários momentos da atividade deste sistema econômico. No início, um forte confronto de classes entre os setores que buscavam uma maior participação e inclusão na sociedade e aqueles que desejavam manter o poder "absoluto" em suas mãos. Independentemente das diferenças nacionais, esse processo ocorreu, *grosso modo*, até o final dos anos 1930 e início da década de 1940. De outra parte, é no período que vai do final da Segunda Guerra Mundial até início dos anos 1970 que se estrutura, nesses países, o Estado de Bem-Estar Social. Período de uma ampliação extremamente significativa dos direitos sociais, da cidadania e de real inclusão das classes trabalhadoras à sociedade. Ao mesmo tempo, em grande parte dos países europeus se assistia, nesse período, à chegada ao governo dos partidos social-democratas, que possuíam ampla base junto aos sindicatos de trabalhadores.

A partir dos anos 1970, no entanto, o que se verificou foi o crescente desmoronamento das bases que haviam levado àquele contrato social e uma forte mudança no ambiente de atuação dos atores sociais vinculados ao mundo do trabalho, com o aparecimento de novas formas de organização da produção nas empresas e mudanças substanciais na composição das classes trabalhadoras. Nas últimas quatro décadas, o setor industrial deixou de ser predominante para a ocupação de mão de obra, sendo substituído pelo setor de serviços, com impacto substantivo nas relações de trabalho. Nesse processo, ocorreu uma diminuição da força social e política dos sindicatos e, por essa razão, os trabalhadores foram colocados na defensiva, numa trajetória de perda de direitos que continua até os dias atuais.

O contexto

No Brasil, a reorganização do sindicalismo ocorreu do final dos anos 1970 a meados dos 1980. Foram anos de construção e afirmação de uma identidade coletiva das classes trabalhadoras, época em que, diante da intransigência patronal e do clima político no país, o confronto e a contestação eram os únicos caminhos para se chegar à negociação. De outra parte, o período que se iniciou na década de 1990 trouxe novas dificuldades à ação sindical. Diante do processo de reestruturação industrial, das privatizações, da abertura comercial, das mudanças no cenário da produção, da organização do trabalho, das novas tecnologias, do aumento do processo de terceirização e da acentuada dispersão da atividade dos trabalhadores, entre outros aspectos, a estratégia sindical mudou.

As greves que eclodiram Brasil afora a partir de 1978, capitaneadas pelas paralisações iniciais na região do ABC paulista, desempenharam, naquele momento, um papel fundamental, do ponto de vista social, político e econômico em nosso país. Depois dos movimentos paredistas em Contagem e Osasco, em 1968, os trabalhadores voltam, uma década depois, à cena pública com muito ímpeto. O final dos anos 1970 e os anos 1980 marcaram fortemente o panorama das relações capital/trabalho no Brasil.

Aquele que foi o maior movimento grevista em nossa história também mudou a política e trouxe um novo ator à cena pública: as classes trabalhadoras da cidade e do campo. Nesse sentido, assistiu-se, em nosso país, a uma forte irrupção do movimento operário e do sindicalismo.

Analisando os primeiros dez anos desse período, observa Eduardo Noronha que "em 1978, os metalúrgicos da região do ABC abriram um ciclo de greves sem precedentes na história dos conflitos brasileiros. Sua principal característica durante a década foi a incorporação crescente de categorias ou segmentos de trabalhadores que jamais haviam experimentado o confronto direto. Em 1978, foram deflagradas 118 greves e, dez anos depois, registraram-se 2.188 paralisações. O número anual de grevistas aumentou 60 vezes e, entre esses mesmos anos, o número de jornadas não trabalhadas (o indicador síntese de greves) pulou de 1,8 milhão para 132 milhões"[1].

Nossa hipótese é que a emergência grevista pós-1978 ocorreu, principalmente, como expressão de uma luta mais geral por direitos de cidadania no interior da sociedade, ainda que, inicialmente, a questão mais visível desse movimento tenha sido a luta pela reposição salarial no segundo semestre de 1977, em decorrência da manipulação dos índices da inflação de 1973. O sentido desse movimento, tanto nas áreas urbanas quanto rurais, se assentava em uma demanda mais ampla, por vezes difusa, por direitos de cidadania.

Essas questões perpassavam o cotidiano fabril, o trabalho nas áreas rurais, nos bairros, a questão da moradia, as lutas por melhores condições de vida e trabalho, melhores salários. Os trabalhadores

---

1. Ver, Eduardo Noronha. "A explosão das greves na década de 1980". In: Armando Boito Jr. (Org.). *O sindicalismo brasileiro nos anos 80*. São Paulo: Paz e Terra, 1991. p. 95.

queriam ser ouvidos e também queriam ter participação relevante no cenário político e social do país.

A reentrada em cena do movimento de trabalhadores trouxe, naquele momento, um impacto real no âmbito da relação capital/trabalho. Esse impacto se estendeu, também, aos aspectos referentes à democratização da sociedade brasileira, à construção de novas identidades sociais por parte desses atores e à influência da agenda sindical, vale dizer, das demandas dos trabalhadores, tanto na esfera social quanto política.

Desse ponto de vista, algumas questões podem ser formuladas. Como os trabalhadores conseguiram criar as condições para a explosão grevista ocorrida no período 1978-1980? Quais as principais razões que teriam levado à ação sindical na segunda metade dos anos 1970? Que mudanças ocorreram, nestas últimas quatro décadas, em decorrência da entrada desse ator social e político na cena pública? Em que medida as demandas iniciais dos trabalhadores e do movimento sindical, no período estudado, transformaram-se em direitos sociais, econômicos e políticos para a população trabalhadora?

Este Livro 2 de **Greves no Brasil (de 1968 aos dias atuais)**, que compõe a Coleção **Por Que Cruzamos os Braços**, fruto de uma bem-sucedida e oportuna parceria entre o DIEESE e o Departamento de Ciência Política da Universidade Federal de São Carlos (UFSCar), contém 12 entrevistas com sindicalistas que participaram ativamente do movimento grevista nos anos 1970 e 1980. Esses depoimentos nos ajudam a refletir sobre essas questões, ao mesmo tempo em que nos dão pistas sobre o significado desse amplo movimento que sacudiu o país.

A memória das lutas, da organização e participação sindical e política dos trabalhadores brasileiros, vistas pela ótica de expressivas lideranças que desempenharam papel decisivo, ao lado de outros setores da sociedade civil, registra uma importante página da história social, sindical e, por que não dizer, política das classes trabalhadoras no Brasil no período recente.

Se, de um lado, os depoimentos destas lideranças trazem à luz uma importante reflexão que estes atores fazem das razões das paralisações, de suas principais dificuldades e, eventualmente, de seus limites, de outro representam um poderoso instrumento da memória social. Memória das lutas dos trabalhadores, de suas ações, de suas experiências em um momento crucial da história política brasileira, na luta levada a cabo por sindicalistas, ativistas e diferentes setores da sociedade civil contra a ditadura militar e por democracia.

De certa forma, a eclosão do movimento grevista no período em questão expressava muito mais que tão somente a luta pela reposição salarial, reivindicação que estava presente em praticamente todas as paralisações naquele período. Representava, também, uma demanda por melhoria das condições de trabalho, contra a exploração nas fábricas e também no campo, contra as chefias autoritárias no interior das empresas. Numa palavra, uma luta por justiça. Muitos estudos que retrataram esse período, bem como os depoimentos deste livro, ressaltam um sentimento muito forte de injustiça, por parte dos trabalhadores, seja no setor urbano, seja no rural.

Importante ressaltar a pluralidade observada na escolha dos entrevistados: trabalhadores e trabalhadoras com as mais diversas origens, diversidade de profissões, categorias, diferentes influências políticas, criando, assim, um mosaico multifacetado do mundo do trabalho em nosso país.

As entrevistas

Olívio Dutra, ex-presidente do Sindicato dos Bancários de Porto Alegre (RS), conta-nos que as reuniões de organização se realizavam naqueles bairros onde havia maior concentração de agências bancárias, e estas atividades tinham uma forte participação das associações de bairro e da juventude bancária, que, em decorrência da jornada de trabalho, "queria trabalhar e estudar". No mesmo depoimento, o entrevistado observa que a greve dos bancários de 1979, por aumento de salário, melhores condições de trabalho e jornada, dadas as condições daquele momento, se revestiu de um "enorme significado político".

No que tange à greve dos metalúrgicos da capital paulista, em 1979, o depoimento de Nair Goulart, ex-dirigente do Sindicato dos Metalúrgicos de São Paulo, chama a atenção para o papel desempenhado pela oposição sindical metalúrgica: "Essa greve foi organizada, praticamente, pela oposição, tinha muita gente, muita militância". Sua entrevista revela muitos aspectos das péssimas condições de trabalho nas fábricas em São Paulo naquele período, bem como o papel desempenhado pelas mulheres, no âmbito mais geral dos confrontos entre capital e trabalho.

As especificidades do trabalho no meio rural, a reorganização da CONTAG, a greve de 1979 em Pernambuco, que depois se espraiou por todo o Nordeste, são alguns dos temas da entrevista de Francisco Urbano, ex-presidente da Confederação Nacional dos Trabalhadores na Agricultura (CONTAG). Nas palavras do entrevistado, o movimento tinha dois objetivos: de um lado, a melhoria das condições de vida e trabalho e, de outro, "o grande movimento pela anistia, uma forma pública de ajudar o questionamento do regime". Além disso, o depoimento chama a atenção para a importância da Constituição de 1988, que além de consolidar a democracia, inseriu os trabalhadores rurais "como membros da sociedade brasileira, como cidadãos e como trabalhadores", ao incorporar seus direitos à Carta Magna. De outra parte, o entrevistado observa que no período em questão havia, em Pernambuco, cerca de 150 mil canavieiros assalariados. Hoje, esse número não passa de 20 mil, o que traz dificuldades para a ação sindical junto a esses trabalhadores.

Paulo Paim, ex-presidente do Sindicato dos Metalúrgicos de Canoas (RS), sublinha, além das questões relacionadas às greves, o tema do preconceito, do racismo, ao dizer que "desde menino, sempre tive este viés de querer participar da vida política, quem sabe até por instinto de contestação aos preconceitos, que é o que a gente sentia por ser pobre e negro". O entrevistado teve uma participação importante em várias greves na década de 1980 e, posteriormente, na Constituinte, quando foi eleito deputado federal pelo Partido dos Trabalhadores (PT). Quando compara os anos 1980 e 1990 com o período mais recente, o entrevistado observa que uma das dificuldades do sindicalismo, hoje, estaria na renovação das lideranças. À medida que aqueles líderes mais experientes passaram a atuar cada vez mais na atividade propriamente política, em diferentes instâncias no Brasil, não teriam sido capazes de preparar adequadamente as novas gerações que estavam chegando, aspecto que, de certa forma, aparece com matizes diferentes em várias entrevistas, quando os depoentes são instados a analisar as questões atuais do movimento sindical. Para Paim, a organização sindical e também política dos trabalhadores, a CONCLAT [1ª Conferência Nacional das Classes Trabalhadoras, em 1981], a fundação da Central Única dos Trabalhadores (CUT, em 1983) e a Constituinte representaram passos importantes tanto para a conquista, quanto para a consolidação de direitos sociais e do trabalho.

Cyro Garcia, ex-presidente do Sindicato dos Bancários do Rio de Janeiro, ressalta a sua participação política, concomitante com a atividade sindical, e as várias greves de que participou e/ou liderou entre os bancários do Rio de Janeiro. O entrevistado lembra a campanha salarial de 1978, cuja principal demanda foi a questão do auxílio-alimentação. Para ele, esta "foi uma campanha política muito forte e que, na verdade, germinou a greve de 1979". Já em 1979, as principais reivindicações da greve foram o auxílio-alimentação e o aumento salarial. O entrevistado sublinha a participação dos bancários em várias greves neste período: a paralisação nacional no Banco do Brasil por equiparação salarial com os bancos privados; a greve dos bancários de 1985, que, por ter contado com a participação massiva de trabalhadores bancários — cerca de 700 mil grevistas —, foi crucial para a organização nacional da categoria. A entrevista mostra, ainda, a participação ativa do sindicalismo na campanha das Diretas Já e, posteriormente, nos debates e mobilizações por ocasião da Constituinte. Cyro destaca, entre outras ações organizativas, o Encontro Nacional dos

Trabalhadores em Oposição à Estrutura Sindical (ENTOES); o Encontro Nacional das Oposições Sindicais (ENOS); e a criação da Associação Nacional dos Movimentos Populares e Sindicais (ANAMPOS). Analisa, também, o papel da CONCLAT, a formação da CUT e do PT, bem como destaca as várias dimensões das greves: a econômica, a social e a política.

Luci Paulino, ex-dirigente do Sindicato dos Metalúrgicos do ABC (SP), conta em sua entrevista que começou a trabalhar muito cedo, aos 9 anos. "Era meio período na escola e meio período trabalhando". Aos 11 anos, entrou em uma fábrica, onde trabalhou por um período. Com 12 anos foi para outra empresa e, aos 17 anos, entrou em uma metalúrgica, empresa de autopeças. A exploração do trabalho infantil e as péssimas condições de trabalho nas empresas, naquele momento, são aspectos ressaltados pela entrevistada: "a gente só podia ir ao banheiro uma vez de manhã e uma vez à tarde". A questão de gênero e o tema da saúde do trabalhador também são abordados. A entrevistada foi uma das responsáveis pela criação da Comissão de Mulheres na CUT Regional do ABC e na CUT Nacional. Como sublinha Luci, "Embora a questão salarial fosse o carro-chefe, muito foi conseguido, coisas aparentemente 'bobas', que a gente considera até absurdas. Você fazia greve por papel higiênico! Para as mulheres então... O mercado de trabalho era muito complicado, principalmente no setor metalúrgico, onde o ambiente era muito masculinizado". Uma das greves de que participou, em uma fundição, ilustra as condições de trabalho naquele período: não havia papel higiênico no banheiro, não havia água no local de trabalho nem refeitório, e os trabalhadores comiam na marmita.

Élio Neves, presidente da Federação dos Empregados Rurais Assalariados no Estado de São Paulo, começou a trabalhar no campo aos 12 anos e, um ano depois, tirou carteira de trabalho como cortador de cana. "Na época, nós éramos conhecidos por vários nomes: trabalhador volante, avulso, boia-fria". De uma família de tradição de esquerda — seu pai era militante político —, o entrevistado desde muito cedo atuou na organização dos trabalhadores rurais e participou de momentos significativos da história brasileira recente, como a luta pela anistia, a CONCLAT, em 1981, a luta pelas Diretas Já, em 1984. Nesse processo, foi diretor do sindicato dos trabalhadores rurais, da Federação dos Trabalhadores na Agricultura do Estado de São Paulo (FETAESP) e da CONTAG. Um fato marcante na entrevista de Élio Neves é a greve ocorrida em Guariba (SP), em 1984, que foi antecedida por pequenas greves dos trabalhadores rurais no interior do estado, nos anos de 1982 e 1983. A greve em Guariba, no entanto, expressou uma radicalidade muito grande dos trabalhadores cortadores de cana e colocou esta pequena cidade do estado de São Paulo no centro do debate sobre as greves naquele período. Para o entrevistado, esta greve teve três componentes: a luta "contra a carestia e contra o governo, porque aumentou demais o preço da água e as pessoas ficaram sem água; o saque dos armazéns; e o aumento do tamanho dos eitos e da exigência da produção pelas usinas, sem correspondência no pagamento salarial". Nessa paralisação, os trabalhadores saquearam o supermercado, derrubaram o prédio da Companhia de Saneamento Básico do Estado de São Paulo (SABESP) e queimaram os canaviais. Entre outros aspectos, as usinas não pagavam o 13° salário, não assinavam a carteira de trabalho e o contrato era realizado "por meio dos 'gatos', que cobravam aluguel das casas e vinculavam as pessoas ao armazém".

Domingos Galante, ex-presidente do Sindicato dos Químicos de São Paulo, nos conta como a oposição à diretoria da entidade, à época, se organizou para participar das eleições sindicais e assumir o sindicato e quais eram as principais demandas dos trabalhadores químicos no período. No final dos anos 1970 e início da década de 1980, a despeito da ditadura, havia um ambiente que parecia muito propício à participação dos trabalhadores, seja nos bairros, seja nas fábricas e/ou nos sindicatos e outros movimentos sociais. O entrevistado observa, por exemplo, que grande parte dos que vieram participar no sindicato e que estavam ligados à oposição eram trabalhadores que militavam nas comunidades de base da Igreja. Além disso, as greves nesse setor eram mais por empresas.

A dispersão geográfica das fábricas químicas e a organização interna do setor que contemplava 14 "subcategorias" dificultava a deflagração de greves gerais. São relatadas, ainda, algumas greves importantes em grandes empresas e a greve da campanha salarial unificada que reuniu vários setores de trabalhadores como os químicos, metalúrgicos, marceneiros, borracheiros, entre outros. No que tange às reivindicações das greves, Galante observa que "quase sempre foi a questão econômica que mandou". No entanto, na Nitroquímica, não foi este o tema. Foi, fundamentalmente, a questão da saúde do trabalhador, "porque era uma situação extrema".

O depoimento de Jair Meneguelli, ex-presidente do Sindicato dos Metalúrgicos do ABC e da CUT, entre outros aspectos, mostra sua participação na greve vitoriosa do setor da ferramentaria da Ford em maio de 1978, logo depois da greve da Scania [que deflagrou o surto grevista naquele ano]. Comparando o setor da ferramentaria com a produção, o entrevistado observa que, diferentemente da ferramentaria, onde, à época, o trabalho era realizado em equipe e os trabalhadores conversavam entre si, na produção o operário "nem tinha tempo de ir ao banheiro [...] o cara que apertava parafuso não podia beber água, porque senão passava um carro sem apertar o parafuso da roda". São relatos como estes que mostram as condições de trabalho nas linhas de montagem, tanto nas pequenas como nas grandes empresas. O entrevistado, ao mesmo tempo em que discorre sobre as importantes greves de 1979 e 1980, traz também muitos elementos que ajudam a compreender as especificidades dos metalúrgicos que, em 1978, iniciaram a onda grevista que, em alguma medida, mudou o país. Como primeiro presidente da CUT (1983-1994), Meneguelli repassa, em seu depoimento, muitas das mobilizações realizadas pela central em sua fase inicial e o papel crucial desempenhado pela entidade, tanto no que diz respeito à reorganização do movimento sindical, quanto nas discussões mais gerais sobre as principais questões do país e que afetavam direta ou indiretamente os trabalhadores. Como exemplo, observa que a CUT teve "uma interlocução quase direta na Constituinte", ressaltando sua força e respeitabilidade.

Idemar Martini, presidente da Federação dos Trabalhadores nas Indústrias do Estado de Santa Catarina (FETIESC), narra, em sua entrevista, algumas paralisações ocorridas em Santa Catarina, nos anos de 1980-1990; sua participação em vários fóruns de reorganização do movimento sindical como o ENCLAT em Santa Catarina e a CONCLAT; o papel desempenhado pelo sindicalismo na Constituinte, entre outros temas. Em suas palavras, "o movimento sindical estava todo junto na Constituinte de 1988". As dificuldades da ação sindical nos dias atuais aparecem de diferentes formas em sua fala. A FETIESC tem, hoje, 42 sindicatos e 220 mil trabalhadores na base, sendo que 80% desses trabalhadores têm entre 16 e 39 anos, ao passo que a quase totalidade dos dirigentes sindicais têm mais de 40 anos. Em outras palavras, este depoimento mostra um grau significativo de afastamento/deslocamento entre os trabalhadores e as direções sindicais e as dificuldades para incluir a juventude na atividade sindical. Pesquisa realizada pela federação perguntou quais deveriam ser as principais demandas do setor junto ao patronato, e as respostas apontaram para a questão das doenças profissionais, do assédio moral e, em terceiro lugar, da reivindicação de aumento salarial.

A entrevista de Jorge César dos Santos, ex-presidente do Sindicato dos Metalúrgicos do Recife, conta a experiência da oposição sindical metalúrgica em Pernambuco e a influência da Igreja Católica naquele período. Esse grupo de oposição assume o sindicato em 1981 e, dois anos depois, participa da greve geral contra o Decreto-lei n. 2.045, que promovia um forte arrocho salarial. Jorge César destaca que essa foi "uma greve política, a primeira greve da categoria, com várias paralisações nos setores". A cidade do Recife praticamente parou em razão da greve. Quando compara aquele período de 1980 com os anos 1990, o entrevistado lembra que a década de 1980 foi de ascensão, ao contrário da seguinte, que foi de descenso e forte redução do contingente de trabalhadores: se os metalúrgicos representavam mais de 40 mil empregados naquele período, nos anos seguintes esse número cai para cerca de 10 mil.

Há alguns aspectos muito significativos na entrevista de Francisco Domingos dos Santos, o Chico Vigilante, ex-presidente do Sindicato dos Vigilantes do Distrito Federal. Ele relata as duas greves realizadas pelos vigilantes em Brasília, em 1979, e que tiveram uma repercussão nacional. Certamente, a conjuntura de 1978-1980 era muito particular. Essas paralisações surgiram no bojo do movimento grevista que se iniciara no ano anterior. No primeiro momento, não havia demandas específicas e a greve não ocorreu a partir de um trabalho de organização junto aos trabalhadores do setor. Foi uma ação que se deveu, fundamentalmente, às péssimas condições de trabalho a que estavam submetidos os vigilantes, naquele momento. Conta que, quando um jornalista lhe perguntou quais eram as reivindicações da greve, qual a pauta, sua resposta foi emblemática: "Que pauta? Falei que estávamos parados, mas que não tínhamos pauta nenhuma... queríamos parar de pagar pelo uniforme... [queríamos] seguro de vida... auxílio-funeral... A gente queria jornada 12x36 h, *ticket* alimentação...". Esta primeira greve teve a duração de dois dias. A segunda foi mais longa, de oito dias, e terminou com uma vitória expressiva dos grevistas: os salários mais que dobraram, o fornecimento de uniformes passou a ser gratuito, foi implantada a jornada 12x36 h e garantido o seguro de vida, entre outras reivindicações. Refletindo sobre as greves nos anos 2000, o entrevistado argumenta que, atualmente, em larga medida, as paralisações se dão basicamente por questões econômicas e que não têm caráter político e/ou ideológico, quando comparadas ao movimento paredista na conjuntura de 1978-1980.

Em síntese

As histórias de vida, as opiniões, a memória das lutas operárias e sindicais, a reflexão realizada por estes personagens que desempenharam um papel significativo nas ações grevistas, no período em questão, o balanço que realizam de suas práticas e da ação do movimento dos trabalhadores, as transformações por que passou o Brasil nestes últimos quarenta anos, os desafios colocados à ação sindical em um ambiente cada vez mais hostil às demandas do mundo do trabalho são temas que perpassam as entrevistas.

Ao refletirem sobre suas práticas e a conjuntura dos anos 1970, estes atores reelaboram suas experiências e trazem pistas para o entendimento das condições em que ocorreu aquele amplo movimento de paralisações pelo país e as razões que teriam levado a este processo, assim como analisam a influência, depois de todos esses anos, daquela "explosão" grevista e suas repercussões para os direitos sociais, econômicos e políticos de um amplo contingente das classes trabalhadoras.

Em um momento em que os direitos do mundo do trabalho estão sendo solapados em uma escala planetária e que, no Brasil, alguns advogam um retorno ao período pré-1930, a leitura do Livro 2 de **Greves no Brasil (de 1968 aos dias atuais)**, que compõe a Coleção **Por Que Cruzamos os Braços**, suscita a reflexão sobre uma experiência extremamente significativa na história brasileira recente e que foi construída por aqueles que labutam cotidianamente, que sofrem/sofreram as mazelas de um capitalismo altamente excludente e não se submetem/submeteram aos ditames de um sistema produtivo que imagina as pessoas apenas como "apêndices" das máquinas, simples ferramentas de produção. Foi contra esse sistema que se "rebelaram" homens e mulheres, que no final dos anos 1970 e início da década de 1980 cruzaram os braços e se fizeram presentes na cena política brasileira, mudando, sobremaneira, a configuração da sociedade e influenciando, de forma decisiva, o processo de transição política levada a cabo pelo regime naquele período. Nesse sentido, talvez possamos dizer que a luta por direitos foi, possivelmente, um dos principais motores da ação de setores ponderáveis das classes trabalhadoras naquele momento, e que se mantém como tema central no cotidiano das classes trabalhadoras em nosso país.

INTRODUÇÃO

Esta Coleção "POR QUE CRUZAMOS OS BRAÇOS", cujo segundo volume está sendo lançado, é o desdobramento de uma pesquisa realizada em parceria entre o Departamento Intersindical de Estatística e Estudos Socioeconômicos (DIEESE) e o Laboratório de Documentação e Pesquisas em Instituições Políticas (DataPol) da Universidade Federal de São Carlos (UFSCar), financiada pela Fundação de Amparo à Pesquisa do Estado de São Paulo (FAPESP).

Denominada "Arquivos das greves no Brasil: análises qualitativas e quantitativas — da década de 1970 à de 2000", a pesquisa visou dois objetivos: i) a unificação de três bases de dados sobre greves no país desde o final dos anos 1970 aos dias atuais, agora concentradas no Sistema de Acompanhamento de Greves (SAG) do DIEESE, com mais de 30.000 registros; e ii) a realização de entrevistas com 60 lideranças que protagonizaram algumas das mais importantes greves realizadas nas últimas quatro décadas no país.

Realizada a primeira etapa da pesquisa, o passo seguinte foi a transcrição e edição das entrevistas, visando à sua publicação nesta Coleção, composta de cinco volumes, como parte das comemorações dos 60 anos do DIEESE, completados em dezembro de 2015.

O objetivo das entrevistas em profundidade foi o de contribuir para a reflexão sobre o movimento grevista contemporâneo e preencher lacunas verificadas em estudos baseados exclusivamente em estatísticas, que acabam por não captar a percepção das lideranças sindicais sobre suas ações. Através do testemunho dos atores, foi possível reconstituir as intenções que os motivaram no passado e estimular a reflexão sobre os fatos, bem como sua interpretação.

Neste sentido, os depoimentos dos sindicalistas representam fonte importante para o entendimento do significado das greves para as diferentes categorias e regiões do país.

Assim, as equipes envolvidas na pesquisa identificaram uma oportunidade de utilizar o acervo dos depoimentos coletados, que contém um valor em si mesmo, pela riqueza descritiva e pela própria preservação da memória das lutas dos trabalhadores brasileiros, como base para uma publicação específica, visando à sua disseminação para todo o movimento sindical, para os pesquisadores da área e para a sociedade em geral.

O critério para a escolha dos entrevistados — sempre complexo e com certeza sujeito a omissões relevantes — procurou assegurar que os depoimentos refletissem importantes greves ocorridas no período e que expressassem a grande diversidade regional e setorial presente nos conflitos trabalhistas.

No SAG-DIEESE, realizou-se uma pesquisa para o mapeamento das categorias profissionais e das unidades da Federação que promoveram as maiores paralisações ao longo do período. Foram localizadas quinhentas greves com essa característica, que confirmam o destaque de determinadas categorias profissionais e unidades da Federação na mobilização sindical. Com base nesse critério, supervisores dos Escritórios Regionais do DIEESE, presentes em 18 estados da Federação, indicaram nomes de sindicalistas a serem entrevistados, que pudessem relatar e interpretar importantes movimentos grevistas ocorridos nos diversos setores e regiões do país no período em questão. O cruzamento entre as informações extraídas do SAG-DIEESE e as colhidas entre os técnicos da instituição resultaram na elaboração de uma lista, com sessenta nomes, que foi a base para a realização das entrevistas. Quando, por algum motivo, não foi possível entrevistar sindicalistas da relação inicial, procedeu-se à sua substituição, preservando-se os critérios definidos.

As unidades da Federação onde ocorreram as paralisações registradas foram: Bahia, Ceará, Goiás, Minas Gerais, Paraná, Pernambuco, Rio de Janeiro, Rio Grande do Norte, Rio Grande do Sul, Santa Catarina e São Paulo, além do Distrito Federal.

O plano de publicação foi definido conforme o seguinte critério:
a) Evolução cronológica dos períodos em que os entrevistados surgiram como lideranças de greves, com a seguinte divisão:
➤ Greves ocorridas em 1968, em Contagem (MG) e Osasco (SP);
➤ Greves ocorridas no período de 1978 a 1985;
➤ Greves ocorridas no período de 1986 a 1994;
➤ Greves ocorridas no período posterior a 1995.

b) Ordenação dos depoimentos mediante sorteio dos nomes dentro de cada período.

No quadro a seguir, é apresentada a distribuição dos entrevistados, por categorias profissionais e unidades da Federação.

Distribuição dos entrevistados por categorias profissionais e unidades da Federação

Categoria Profissional	Número de entrevistados	Unidades da Federação
Metalúrgicos	25	MG-PE-PR-RJ-RS-SC-SP
Trabalhadores Rurais	06	GO-PE-RN-SP
Bancários	05	RJ-RS-SP
Professores Públicos	04	DF-MG-SP
Eletricitários	04	BA-MG-RJ-SP
Químicos e Petroquímicos	04	BA-RS-SP
Petroleiros	03	SP-BA
Rodoviários	01	BA
Construção Civil	01	BA
Profissionais da Saúde Pública	01	SP
Metroviários	01	SP
Processamento de Dados	01	PE
Vigilantes	01	DF
Confecção	01	SP
Servidores públicos municipais	01	CE
Industriários	01	SC
TOTAL	**60**	**BA-CE-DF-GO-MG-PR-PE-RJ-RN-RS-SC-SP**

No Livro 1 da Coleção, foram publicados, pela ordem, os depoimentos dos seguintes sindicalistas:

- Ênio Seabra — Sindicato dos Metalúrgicos de Belo Horizonte e Contagem (MG)
- José Ibrahin — Sindicato dos Metalúrgicos de Osasco (SP) — *In Memoriam*
- João Paulo Pires Vasconcelos — Sindicato dos Metalúrgicos de João Monlevade (MG)
- José Francisco da Silva — Confederação Nacional dos Trabalhadores na Agricultura
- Luiz Inácio Lula da Silva — Sindicato dos Metalúrgicos do ABC (SP)
- Arnaldo Gonçalves — Sindicato dos Metalúrgicos de Santos (SP)
- Célia Regina Costa — Sindicato dos Trabalhadores Públicos na Saúde do Estado de São Paulo (SP)
- Gilson Menezes — Sindicato dos Metalúrgicos do ABC (SP)
- Eunice Cabral — Sindicato das Costureiras de São Paulo (SP)
- Luiz Soares Dulci — União dos Trabalhadores no Ensino de Minas Gerais — Atual SIND-UTE (MG)
- Luiz Gushiken — Sindicato dos Bancários de São Paulo, Osasco e Região (SP)
- Edmilson Felipe Neri — Sindicato dos Metalúrgicos de Guarulhos (SP)

A relação dos entrevistados cujos depoimentos constam deste Livro 2, é a seguinte:

- Olívio Dutra — Sindicato dos Bancários de Porto Alegre (RS)
- Nair Goulart — Sindicato dos Metalúrgicos de São Paulo (SP) — *In Memoriam*
- Francisco Urbano — Confederação Nacional dos Trabalhadores na Agricultura
- Paulo Paim — Sindicato dos Metalúrgicos de Canoas (RS)
- Cyro Garcia — Sindicato dos Bancários do Rio de Janeiro (RJ)
- Luci Paulino — Sindicato dos Metalúrgicos do ABC (SP)

GREVES NO BRASIL (DE 1968 AOS DIAS ATUAIS)

- Élio Neves — Federação dos Empregados Rurais Assalariados do Estado de São Paulo (SP)
- Domingos Galante — Sindicato dos Químicos de São Paulo (SP)
- Jair Meneguelli — Sindicato dos Metalúrgicos do ABC (SP)
- Idemar Martini — Federação dos Trabalhadores nas Indústrias de Santa Catarina (SC)
- Jorge César dos Santos — Sindicato dos Metalúrgicos do Recife (PE)
- Chico Vigilante — Sindicato dos Vigilantes do Distrito Federal (DF)

A relação dos demais entrevistados, em ordem alfabética, cujos depoimentos serão publicados nos próximos livros desta Coleção é a seguinte:

1. Antônio Carlos Spis — Petroleiros de Campinas (SP)
2. Antônio Lucas — Trabalhadores Rurais (GO)
3. Antônio Rogério Magri — Eletricitários de São Paulo (SP)
4. Beatriz Cerqueira — Trabalhadores no Ensino de Minas Gerais (MG)
5. Carlos Cordeiro — Trabalhadores do Ramo Financeiro (SP)
6. Germínio dos Anjos — Petroleiros da Bahia (BA)
7. Graça Costa — Servidores Municipais do Ceará (CE)
8. Jaques Wagner — Petroquímicos da Bahia (BA)
9. Jairo Cabral — Processamento de Dados de Pernambuco (PE)
10. Jamil D'Ávila — Metalúrgicos de Curitiba (PR)
11. João Carlos Gonçalves (Juruna) — Metalúrgicos de São Paulo (SP)
12. João Antônio Felício — Professores Públicos de São Paulo (SP)
13. José Paulo de Assis — Trabalhadores Rurais de Pernambuco (PE)
14. Jorge Nazareno — Metalúrgicos de Osasco (SP)
15. José Carlos da Silva — Rodoviários da Bahia (BA)
16. José Isaías Vecchi — Metalúrgicos de Brusque (SC)

17. José Maria de Almeida — Metalúrgicos de Belo Horizonte e Contagem (MG)
18. José Pereira dos Santos — Metalúrgicos de Guarulhos (SP)
19. José Rodrigues da Silva — Trabalhadores Rurais de Pernambuco (PE)
20. Juvândia Moreira Leite — Bancários de São Paulo (SP)
21. Luiz Antônio Medeiros — Metalúrgicos de São Paulo (SP)
22. Luiz Carlos Machado — Eletricitários do Rio de Janeiro (RJ)
23. Luiz Marinho — Metalúrgicos do ABC (SP)
24. Marcelino Rocha — Metalúrgicos de Betim (MG)
25. Márcio Antônio de Oliveira — Professores Públicos Federais Universitários (MG)
26. Maurílio Chaves — Eletricitários de Minas Gerais (MG)
27. Miguel Rossetto — Petroquímicos de Triunfo (RS)
28. Paulo Pereira da Silva — Metalúrgicos de São Paulo (SP)
29. Paulo Rangel — Eletricitários da Bahia (BA)
30. Raimundo Brito — Construção Civil da Bahia (BA)
31. Remígio Todeschini — Químicos do ABC (SP)
32. Ubirajara de Freitas — Metalúrgicos de Belo Horizonte e Contagem (MG)
33. Vicente Paulo da Silva — Metalúrgicos do ABC (SP)
34. Vagner Barcelos — Metalúrgicos de Volta Redonda (RJ)
35. Wagner Gomes — Metroviários de São Paulo (SP)
36. Wilson Santarosa — Petroleiros de Campinas (SP)

Esperamos, com essas publicações, contribuir para a preservação da história de lutas da classe trabalhadora brasileira.

São Paulo, 17 de agosto de 2016.

Os Organizadores

1 OLÍVIO DUTRA

Sindicato dos Bancários de Porto Alegre (RS)
Entrevista em 23 de agosto de 2011.

ENTREVISTADO: Olívio Dutra — ex-presidente do Sindicato dos Bancários de Porto Alegre (1975-1979) e ex-governador do Rio Grande do Sul (1999-2002).

Foto: Arquivo do sindicato (1985)

ENTREVISTADOR(A): Olívio, a gente geralmente começa retomando a história de vida de cada um dos entrevistados. Gostaríamos que você falasse um pouco da sua.

Olívio Dutra: Nasci no Rio Grande do Sul, em Bossoroca, e me criei em São Luiz Gonzaga, que era o município "mãe" daquela localidade, na região das Missões, fronteira com a Argentina. Era uma região de predominância da pecuária extensiva.

Meus pais eram sem-terra, os pais deles e os avós também. Todos agregados naqueles campos, trabalhando para subsistência e procurando alternativas para os filhos. Quando nasci, meu pai era aramador ou alambrador, o trabalhador braçal que corta as madeiras nos matos para fazer as cercas que definem os limites das fazendas. Precisa ter experiência e conhecimento da melhor maneira para fazer canto de alambrado, mourão e mangueiras. Meu pai foi um especialista nisso; a partir daí fazia também os galpões de costaneira, móveis rústicos, cadeiras, mesas e bancos de madeira.

Ele se casou com a minha mãe, que era filha de outro agregado de campo. Foram nascendo os filhos; eu sou o segundo, de um total de cinco. Essa profissão do meu pai não tinha futuro. Ele foi a São Luiz Gonzaga, a cavalo. Deve ter levado uns dois, três dias para ir e voltar. Encontrou um terreno na periferia da cidade, com uns ranchos em cima, comprou-o e deu um jeito de se mudar para lá. A mudança do Rincão Feio, na Bossoroca, para São Luiz Gonzaga, feita numa carreta puxada a boi, com uma vaquinha de leite atada na culatra, demorou uns 15 dias.

Fomos para a "cidade grande" que era São Luiz Gonzaga. Lá, meu pai virou carpinteiro. Passou a fazer reformas em casas, forro, assoalho. Às vezes, pegava uma "empreitadinha", fazia uma casa por inteiro, desde o alicerce até o teto, de madeira. Em outras ocasiões, ele tinha que procurar trabalho; a reforma de uma casa aqui, outra ali. No terreno da nossa casa ele plantou árvores frutíferas — parreira, pera, maçã, pêssego, laranja, bergamota —, além das nativas, ingá, pitanga e outras.

Minha mãe cuidava de uma horta e tinha sempre um porquinho engordando num chiqueiro. Era periferia da cidade, a gente tinha que atravessar banhado, pisar no barro, para chegar à escola no centro. Nossa mãe, Amélia, colocava as hortaliças e frutas colhidas numa cesta e íamos ao centro da cidade vendê-las, especialmente na Vila Militar. Em São Luiz Gonzaga, tinha uma unidade do Exército, 3º Regimento de Cavalaria, Dragões do Rio Grande. Os oficiais vinham de outras regiões do Brasil, particularmente do nordeste e do Rio de Janeiro. Eram compradores certos das nossas hortaliças. Era só encher a cesta, chegar lá, bater na porta e suas esposas compravam tudo. A mãe separava parte do dinheiro apurado e nos mandava ir à livraria e gráfica "A Notícia", que publicava um jornal semanário com esse nome, para comprar os gibis que a gurizada do centro lia e outras publicações que devíamos ler em voz alta para ela conferir se estávamos aprendendo e, também, para que ela, analfabeta, aprendesse a ler conosco. Com mais de 80 anos — ela morreu com 89 — ela já era leitora atenta de *A Notícia* e do *Correio do Povo*.

Em 1959, vim pela primeira vez a Porto Alegre, para ver se arrumava emprego. Meu irmão, Antônio, tinha vindo antes. Não consegui porque eu não tinha a carteira de reservista e estava inscrito para prestar o Serviço Militar em São Luiz Gonzaga. Sem aquele documento e sem dinheiro, tive de voltar acabrunhado para São Luiz. Prestei o Serviço Militar por nove meses e dei baixa como "Cabo Sapador". Cursei a Escola Técnica de Comércio, à noite, trabalhando e lendo durante o dia. Eu tinha feito o ginásio numa escola confessional, dirigida por padres Franciscanos Menores Conventuais norte-americanos. Meu pai trabalhou para essa Ordem Religiosa na oficina do ginásio, para pagar o estudo do

> **MINHA MÃE NOS PEDIA PARA LER EM VOZ ALTA, PARA CONFERIR SE ESTÁVAMOS APRENDENDO E PARA QUE ELA, ANALFABETA, APRENDESSE A LER CONOSCO.**

meu irmão e o meu. Como eu era semi-interno, aproveitei para aprender inglês e ler tudo que estava ao meu alcance na biblioteca dos padres. Ganhei fluência no inglês, para depois, inclusive, dar aulas. Aqueles padres sacudiram os costumes da cidade: pouco usavam batina, montavam cavalos, jogavam beisebol e rezavam missa com o altar de frente para os fiéis e não de costas para o povo.

ENTREVISTADOR(A): Quando você se tornou bancário e qual foi sua primeira experiência com greves?

Olívio Dutra: Ingressei no Banco do Estado do Rio Grande do Sul [BANRISUL], por concurso, em São Luiz Gonzaga, como contínuo. Eram 19 jovens nas mesmas condições, disputando aquela vaga e eu passei. Naquela época, os bancos trabalhavam inclusive aos sábados pela manhã. O chamado "sábado inglês" foi uma conquista que veio mais tarde. O trabalho do contínuo era entregar correspondências, avisos de vencimento de duplicatas nas casas dos clientes. Era um trabalho que eu fazia com desenvoltura. Como eu tinha sido entregador de *A Notícia*, evidentemente conhecia a cidade como a palma da mão. Meu trabalho interno era manter em ordem os arquivos, copiar o diário, tirar o pó dos móveis, manter sempre lustrada a placa do banco na parede externa, varrer o assoalho da agência e colocar o lixo na calçada, ao alcance da coleta da prefeitura. Eu era o último na hierarquia da agência.

Eu estava ainda nessa função de contínuo, quando, em 1962, estourou uma greve dos bancários no estado. Nós soubemos da greve pelo rádio e a situação econômica da categoria não era das melhores. Naquela época, bancário ainda tinha *status* na cidade, tanto que as principais vagas eram preenchidas por bancários que vinham de fora e os principais cargos eram ocupados por gente que pertencia à estrutura de classe dominante na cidade. Contador, tesoureiro, gerente, os ocupantes desses três cargos faziam parte da elite da sociedade.

A categoria, através da greve, queria melhores salários, condições de trabalho, fim do trabalho aos sábados, cumprimento da jornada de seis horas. Aí, veio um pessoal do Sindicato dos Bancários mais próximo, de Santo Ângelo. Chegaram à cidade e, não sei por que razões, eu fui contatado. Fiquei com a tarefa de reunir os bancários para ouvirem uma explicação sobre a necessidade da greve. Eram poucas as agências bancárias na cidade: Banco da Província, Banco Nacional do Comércio e BANRISUL. Só mais tarde chegaram a Caixa Econômica Federal e o Banco do Brasil. A reunião aconteceu na Casa Rural que, à época, era o sindicato patronal e, hoje, é a sede da Câmara de Vereadores. O pessoal de Santo Ângelo chegou e, com eles, o presidente da Federação dos Bancários, Paulo Eduardo Steinhaus. Falaram sobre a greve e aí me inteirei sobre o que era sindicato, federação, essas coisas.

A decisão foi de entrar na greve e eu fiquei encarregado de acompanhar pelo rádio e informar o pessoal, porque os que eram de fora foram para suas cidades, e os que eram de São Luiz pegaram umas caixas de cerveja e barracas e foram para a beira do rio Piratini. Eu fiquei encarregado de acompanhar o andamento da greve e, se fosse o caso, ir a um programa de grande audiência na rádio São Luiz. No segundo dia, terminou a greve, assim informavam os noticiários de rádio. Fui, então, para o programa, dizer: "Terminou a greve, pessoal, amanhã tem expediente normal". Mas muitos não ouviram, ou se ouviram não deram importância. Fiquei me perguntando: por que, para entrar na greve, teve reunião e, para a greve terminar, não fomos consultados? Ficou essa pergunta na minha cabeça, que só veio a ser respondida 10 ou 12 anos mais tarde, aqui em Porto

> EU FIQUEI ME PERGUNTANDO: POR QUE, PARA ENTRAR NA GREVE, TEVE REUNIÃO E, PARA A GREVE TERMINAR, NÃO FOMOS CONSULTADOS?

Alegre, quando conheci um colega, bancário típico, que nunca vi sem paletó e gravata. O apelido dele era "Pelegão"[1]. Mas era um apelido carinhoso, porque o "Pelegão", na verdade, insistia com o pessoal no local de trabalho para ir às assembleias e reuniões no sindicato. Ele dizia: "Vocês se queixam do salário, se queixam da vida e, na hora de encaminhar as coisas, não vão para o sindicato, vão para o bar tomar trago e falar bobagem". Ele tinha o carinho dos colegas, porque era um cara muito solidário, tinha tido responsabilidade de chefia e nunca subira "em salto alto". Ele ia a uma assembleia, à noite e, no outro dia, no banco, os colegas lhe perguntavam: "Como é que foi lá?" Ele respondia: "Vocês são uma 'pelegada'! Vocês deveriam ter ido lá. Agora, pelo menos, seus pelegos, leiam o material do sindicato". Aí o apelido "Pelegão" pegou.

Perguntei a ele: "Como é que foi aquele negócio em 1962?" E ele: "Olha, Dutra, eu te digo: nós andávamos numa maleza, nossas passeatas em fim de expediente enchiam a Rua da Praia: calça, paletó no braço, camisa branca, gravata e canetinha Bic sendo agitada na mão erguida. Palavras de ordem ecoando entre os edifícios. Mas, Dutra, ocorre que mesmo ganhando mal, tínhamos de andar bem apresentáveis. Isso não era nada fácil para nós. Nossa maleza era tão grande que, se alguém no meio-fio, numa dessas nossas passeatas, por brincadeira, puxasse a gravata que trazíamos dependurada no pescoço, era capaz de se ouvir um som de descarga de banheiro" (*risos*).

Sobre a greve de 1962, ele me relatou o seguinte: "Nós nos reunimos na Adega Espanhola, um restaurante ali na Andrade Neves, espaço razoável, mas pequeno. Compareceram uns 300 bancários. O sindicato dos bancos não dando 'bulhufas' para nós. Decidiu-se pela greve. E aí? Como faremos acontecer a greve? Como é que vamos organizar os piquetes? Íamos à rádio anunciar. Mas, e se o pessoal não tivesse ouvido o rádio e fosse trabalhar?

---

1. "Pelego" era o atributo pejorativo que se dava aos sindicalistas conservadores, acusados de atuar para "amortecer" os conflitos entre os trabalhadores e os patrões.

Tinha que ter alguém na porta dos bancos, sem sofrer repressão, para convocar o pessoal para a greve. Aí, lembramos que era só dobrar a esquina, subir a rua da Ladeira, atravessar a Praça da Matriz e chegar ao Palácio Piratini. O governador era o [Leonel] Brizola. Fizemos um estardalhaço para sermos atendidos. Eram mais de 23 horas. O Brizola mandou alguém nos fazer entrar. 'Me digam, vocês querem conversar comigo a essa hora? Deve ser um assunto muito importante'. 'É mesmo, governador. Nós acabamos de sair de uma assembleia, que decidiu pela greve dos bancários. Estamos nos organizando e achamos que deveríamos vir aqui conversar com o senhor'. 'Sim, mas eu sou o governador, qual a relação que tem o governo com o movimento de vocês?'. 'Nós esperamos, governador, que amanhã a polícia não nos impeça de realizar piquetes nas portas dos bancos'. 'Mas isso precisa de autorização?' 'É só o senhor recomendar. O resto é conosco'. 'Só isso? Então amanhã não tem nenhum impedimento de vocês fazerem a greve'. Saímos dali para o sindicato, ligamos para as rádios, e no outro dia um número considerável da categoria não foi trabalhar. Mas muita gente, mais da metade, foi trabalhar. Claro, era o início do processo de greve".

O "Pelegão" me contou que, no segundo dia, o número de bancários que foi trabalhar foi bem menor. Nesse dia, houve uma convenção do PTB [Partido Trabalhista Brasileiro], para decidir o candidato que disputaria o governo. O Brizola não podia ser candidato, não tinha reeleição na época. O escolhido foi o Egídio Michaelsen, um cidadão que tinha sido bancário no início do século e, naquele momento, era diretor do Banco Agrícola Mercantil e membro do sindicato dos bancos. No terceiro dia, eles achavam que iam fechar acordo com os bancos. Mas a direção do sindicato recebeu um convite para ir ao Palácio. O Brizola disse: "Bueno, vocês vieram aqui para conversar comigo e eu conversei com vocês. Agora, eu convido vocês. Já ouviram que o nosso partido tem um candidato. Mas vocês estão em greve". "Governador, vai ser melhor. O Dr. Egídio é membro da direção do sindicato dos bancos, vai poder dizer para a direção nos receber e negociar". "Vocês querem colocar no colo do candidato do governo essa situação? Eu esperava de vocês uma compreensão melhor. Nós precisamos evitar que o nosso candidato se desgaste. Já será uma eleição difícil. Estou aqui para dizer que, daqui em diante, é tudo com vocês. O governo, se exigido, terá que mobilizar a força, porque tem a lei".

Desse relato do "Pelegão", concluí que o pessoal não tinha força na base e foi para o sindicato decretar o fim da greve. Reforçou-se em mim a ideia que já vínhamos discutindo, em pequenas rodas, do sindicalismo pela base. O que era o sindicato naquele período? No sindicalismo daquela época, com a política do PTB, "o algodão entre os cristais" de Getúlio [Vargas], de Jango [João Goulart], formou-se o "peleguismo". "Sendo amigo do governo, pode-se resolver melhor, sem conflito, sem pressão e repressão as reivindicações dos trabalhadores". A principal política dos dirigentes era ter uma boa relação nos gabinetes do Ministério do Trabalho, nas Delegacias Regionais do Trabalho, nas secretarias respectivas dos governos estaduais. A relação com a base vinha depois. Essa dependência era imobilizadora e distanciava a cúpula sindical da base trabalhadora. Nessa época, já com alguma experiência e bastante desconfiança da estrutura sindical então vigente, fiquei mais convicto ainda de que a coisa tinha de ser de baixo para cima, a partir do local de trabalho, numa relação mais direta com a categoria. O sindicato não é um prédio, é a relação que ele estabelece com a sua base. A resposta do "Pelegão" para aquela indagação antiga me fez mais convicto da luta por um sindicalismo de base. A base como sujeito desse processo.

> **O SINDICATO NÃO É UM PRÉDIO, É A RELAÇÃO QUE ELE ESTABELECE COM A SUA BASE.**

ENTREVISTADOR(A): Quando você chegou ao Sindicato dos Bancários de Porto Alegre?

Olívio Dutra: Fiquei três anos na função de contínuo, até que, por um concurso interno feito em Santa Maria, passei a escriturário. Em 1970, vim para Porto Alegre, transferido abruptamente. A minha transferência não foi em razão de ser militante bancário, mas pela militância na base de um movimento de leigos católicos, da Campanha Nacional de Escolas da Comunidade (CNEC). Essa campanha iniciou-se no norte do país, no Amazonas, por iniciativa do professor Tiago Gomes. E houve um enfrentamento desse nosso grupo de jovens com o prefeito, então da ARENA [Aliança Renovadora Nacional, partido de sustentação da ditadura militar], sr. João Belchior Loureiro, primo do [ex-presidente] João Goulart. Seu cunhado, Gustavo Langsch, foi deputado estadual por diversos mandatos pelo antigo PSD [Partido Democrático Brasileiro] e, depois, presidente do Banco do Estado do Rio Grande do Sul. Conquistamos a instalação da Escola, mas o prefeito impôs a indicação da diretora, que o movimento queria que fosse eleita pela comunidade escolar. Discordamos dessa impostura. Escrevi-lhe uma carta e um artigo para *A Notícia*, expressando essa discordância.

Evidente que a corda arrebentou do lado mais fraco. Depois de o prefeito ter ido ao banco tentar me intimidar e me desacatar, fui transferido sem maiores explicações para Porto Alegre. Só não fui demitido porque não optara pelo Fundo de Garantia do Tempo de Serviço (FGTS), criação do regime militar para acabar com a estabilidade no emprego.

Fui transferido para a agência Cristo Redentor, na época a mais periférica da rede do BANRISUL, em Porto Alegre, na avenida Assis Brasil, esquina com a Francisco Trein, perto do Sindicato dos Metalúrgicos. Era um tempo em que ainda havia muitas ações do pessoal da luta armada contra o regime. Na Assis Brasil, a uma quadra do prédio em que vim morar, houve uma ação no Banco Francês e Brasileiro, e outra na Francisco Trein, a duas quadras do meu trabalho, no Banco Andrade Arnaud, agência situada no interior do Hospital Conceição, até então um hospital privado. Era uma situação política fechadíssima. Tratei de me sindicalizar, assim que o sr. Antônio Luizzi, emissário do sindicato, me visitou na agência.

ENTREVISTADOR(A): No Sindicato dos Bancários de Porto Alegre?

Olívio Dutra: Sim. Nesse período, passei a frequentar o sindicato. Militei, mas sem fazer parte da direção. Quando cheguei a Porto Alegre, tinha dois bancários presos pela ditadura, um era o Valderi, secretário do sindicato, o outro o Evaristo, secretário da federação. Eu não os conhecia. Tinham sido presos pelas suas ligações com os movimentos de enfrentamento ao golpe, ao regime. De plano, decidimos denunciar o fato, porque eles deviam estar passando o pior nas mãos dos torturadores. E na nossa opinião, o sindicato não fazia nada, não denunciava. Colhemos informações e elaboramos um texto que denunciava a prisão daqueles dois bancários. Não foi fácil fazer chegar às agências bancárias, porque eu não conhecia nada da cidade; pegar um ônibus, ir para outro lugar se tornava difícil, mas não era impossível. Eu também não conhecia bem a rede bancária, que para mim era imensa, mas nós pegamos os endereços das agências dos bancos na lista telefônica. Na época, acontecia um processo no qual o regime militar estava unificando o sistema financeiro. Desapareciam os bancos locais e regionais e aumentava o número de financeiras. Nós pegamos os endereços dos bancos, discutimos o texto, aprovamos nas nossas reuniões, reproduzimos — o que não era fácil como hoje — e distribuímos por diferentes bairros de Porto Alegre, até nas cidades da região metropolitana.

ENTREVISTADOR(A): Isso por fora do sindicato?

Olívio Dutra: Por fora do sindicato. Mas eu ia ao sindicato todos os fins de tarde, depois do expediente. Apanhava um ônibus, desembarcava no centro, passava no Mercado Público, tomava um "traguinho" e conversava com pessoas que fui conhecendo. O sindicato tinha departamento odontológico e biblioteca. Inscrevi meus filhos para esse atendimento e tomava livros emprestados para ler em casa. Mas, principalmente, pegava folhetos do DIEESE, que informavam sobre a política econômica do governo com números, sem comentários políticos. O sindicato estava impedido de ter o seu jornal. O material do sindicato era muito pobre e não chegava até a base. Então eu ia lá, pegava aqueles pequenos informes, levava para a minha agência. Alguns colegas diziam: "Tu estás indo muito ao sindicato. Tu te cuida, rapaz. O sindicato não é bem-visto e os que aparecem muito lá são tidos como comunistas. A não ser que tu sejas um deles". E eu dizia: "Mas vem cá, tchê, a gente tem que dizer como o sindicato tem de funcionar. Afinal de contas, tem a discussão do salário, das condições de trabalho e outras coisas, direitos nossos". Ia puxando conversa assim. O pessoal, aos poucos, além de pegar o material, acabava se afeiçoando comigo e até me protegendo das chefias mais impertinentes.

> **"O SINDICATO NÃO É BEM-VISTO E OS QUE APARECEM MUITO LÁ SÃO TIDOS COMO COMUNISTAS. A NÃO SER QUE TU SEJAS UM DELES."**

Numa outra ocasião, o presidente do sindicato foi à agência na qual eu trabalhava e me convidou para participar das eleições seguintes. Ele disse: "Que bom se você fosse para a Executiva do sindicato". "Meu companheiro presidente, eu nem conheço bem a cidade, faz pouco que estou aqui e preciso terminar meus estudos. Claro que isso não é justificativa para não militar. Eu sou bancário, quero militar e estar a par das coisas da minha categoria, mas não quero sair do meu trabalho, não quero ser liberado, não quero ir para a direção do sindicato". E ele: "Então tá, fica na suplência". "Bueno, tenho ido ao sindicato, vejo que vocês não estão acomodados, estão 'meio devagar' por conta de restrições que não conheço, mas essa é uma luta não só da direção do sindicato". E aí ele desdobrou também esse assunto e, só bem mais tarde, vim saber que ele era "periferia do Partidão" [Partido Comunista Brasileiro]. Ele, Luiz Carlos Mazuhy Cunha, advogado, funcionário do Banco do Brasil, boa pessoa. Acabei aceitando ficar na quarta suplência daquela chapa, que foi vitoriosa. O mandato era de três anos, salvo engano.

Depois, em 1975, teve nova eleição, eu surgi como o nome para encabeçar a chapa e fui eleito presidente do sindicato. Foi quando conheci pessoalmente o Lula[2], porque antes nós nos conhecíamos pelo telefone, por correspondência, pelo material que trocávamos. Eu já era presidente eleito, não estava mais na universidade, consegui me formar em 1975, antes de assumir o mandato.

Fui reeleito em 1978, com quase 90% dos votos, e o sindicato alcançou um dos maiores níveis de sindicalização da sua história. Fazíamos reuniões nos bairros com maior concentração de agências bancárias. As reuniões aconteciam em igrejas, CTGs [Centros de Tradição Gaúcha] e associações de bairro. O sindicato passou a ser referência das comissões por banco, que iam surgindo e reuniam o pessoal mais combativo, mais crítico, mais cobrador da direção e mais mobilizado da categoria: a juventude bancária. Essa mudança na estrutura etária da categoria deu-se pela chegada de uma juventude que, por conta da jornada de trabalho, queria trabalhar e também estudar. E foram convocados por nós para participarem e se integrarem nas atividades do sindicato.

E a Delegacia Regional do Trabalho sempre em cima, cobrando relatórios para ver se não estávamos gastando dinheiro do imposto sindical em atividades proibidas. Nunca encontraram no nosso sindicato qualquer irregularidade que justificasse uma proibição ou limitação da nossa atividade.

---

2. Luiz Inácio Lula da Silva também foi entrevistado e seu depoimento foi publicado no Livro 1 desta Coleção.

ENTREVISTADOR(A): Você disse que já trocava telefonemas com o Lula antes de 1975. Como foi o contato com outras categorias de outros estados? Como era essa articulação?

Olívio Dutra: O DIEESE era uma ponte nisso também. Eu me lembro de ter ido a São Paulo, para me reunir com outras categorias, para eleger a Direção Sindical da instituição. Os sindicatos que eram filiados se reuniam para discutir a política, o trabalho do DIEESE, o seu financiamento. Eu me lembro que, uma vez, tive uma discordância com o Lula por conta disso. Até hoje brincamos, porque os principais sustentadores do DIEESE eram sindicatos como o do "Joaquinzão" [Joaquim dos Santos Andrade], dos Metalúrgicos de São Paulo, e outros que não praticavam um sindicalismo de base, não representavam o sindicalismo que estava surgindo. Mas, sem a participação deles, o DIEESE não se sustentaria.

Em uma dessas eleições, houve uma chapa que excluía da direção essas figuras desses sindicatos e eu achei que, naquelas alturas, era importante preservar o DIEESE. Devíamos aumentar a presença do sindicalismo de base na direção, até mesmo torná-la majoritária, mas não excluir a representação daqueles sindicatos economicamente poderosos. Parece que, nessa ocasião, nós votamos em chapas diferentes para o DIEESE; o Lula votou numa chapa e eu na outra. Até hoje, isso é motivo de brincadeira. Por aí, foram se costurando as relações entre diferentes categorias.

Aqui no Rio Grande do Sul, nossa luta levou a relações com o Sindicato dos Jornalistas, com o Sindicato dos Trabalhadores na Indústria do Vestuário, com os metalúrgicos, os professores, arquitetos, trabalhadores na indústria da alimentação, eletricitários, setores dos trabalhadores na construção civil e dos engenheiros, categorias que foram compondo uma Intersindical. Promovíamos atividades culturais, o aniversário de uma categoria, por exemplo: a data do vestuário, a data dos bancários... No dia 1º de maio, as Delegacias Regionais do Trabalho, junto com a Secretaria do Trabalho estadual, comandada pelos democratas cristãos — então na

ARENA —, o [Nelson] Marchezan, o [Carlos] Chiarelli, mandavam para os sindicatos uma programação oficial. Fomos construindo uma atividade alternativa entre nós, uma semana sindical paralela, projeções de filmes sobre a vida dos trabalhadores. O [José] Fortunati era dessa área e nos ajudou a desenvolver esse tipo de trabalho. Estabelecemos, também, uma relação com o pessoal do Teatro de Arena. Levávamos peças, como *Muro de Arrimo*, para o sindicato e também para associações de bairro, portas de agências bancárias. O público não era grande, mas, em algumas ocasiões, reuníamos bastante gente.

Através desse processo, criou-se uma relação nova com a base da categoria e uma relação mais solidária com outras categorias e com as comunidades nos bairros.

ENTREVISTADOR(A): E como foi o processo da greve de 1979?

Olívio Dutra: Foi fruto desse ambiente e da perda acelerada do poder aquisitivo da categoria. Divulgávamos material do DIEESE que comparava as coisas, que questionava os números oficiais, provocávamos reflexões e informávamos e chamávamos para reuniões nos bairros e no sindicato. Isso foi importante. Entregávamos esse material pessoalmente, não pelo correio e, muito menos, contratávamos pessoal para fazer isso. Entrávamos em alguns locais de trabalho, driblando gerentes e "chefetes", para deixar o material no balcão ou na mesa do colega. A presença nas reuniões e assembleias ia crescendo. O esforço era grande: rápidas e curtas caminhadas com megafone no centro bancário. Por exemplo, distribuíamos, no início, 10 mil panfletos para ter uma presença média de 700 bancários(as) nas assembleias. Mas, já em 1979, tínhamos alcançado consistente relação entre o sindicato e a base. Isso fez com que a campanha daquele ano tivesse assembleias concorridíssimas. Tanto que tivemos dificuldades de encontrar local para reunir tanta gente. Começamos pelo auditório do Colégio Rosário, que os Irmãos Maristas nos alugavam para tal. Fomos, depois, para o Auditório Araújo Vianna, que é um espaço público amplo, da prefeitura. Evidentemente, quando caiu a repressão sobre nós e o sindicato sofreu a intervenção, a primeira coisa que o prefeito fez — era um prefeito nomeado — foi proibir a cessão do auditório para nossas assembleias. Fui preso pela Polícia Federal, depois o Felipe Nogueira e outras lideranças, apanhadas em momentos e locais diferentes. Essas prisões foram feitas na intenção de acabar com a greve. Mas o movimento tinha estrutura de base.

> **ESSAS PRISÕES FORAM FEITAS NA INTENÇÃO DE ACABAR COM A GREVE. MAS O MOVIMENTO TINHA ESTRUTURA DE BASE.**

As assembleias foram transferidas para a frente da federação, na rua, espaço inseguro, mas a luta teve continuidade. Tínhamos uma estrutura de organização por bancos e a greve durou mais do que a repressão esperava. Houve muita solidariedade por parte do movimento intersindical estadual, nacional e até internacional. O Lula esteve aqui, o Arnaldo Gonçalves [então presidente do Sindicato dos Metalúrgicos de Santos[3]] e tantos outros de diferentes correntes do movimento sindical. Uma comissão foi ao [então deputado] Pedro Simon e [ao então senador] Paulo Brossard, que não quis saber de nada, com aquela postura aristocrática dele: "São coisas que têm que ser resolvidas pela lei". A Judite [esposa de Olívio Dutra] e outras mulheres foram ao arcebispo, D. Vicente Scherer. A categoria resistiu à intervenção e, mesmo com nossa prisão, não se dispersou.

Quinze dias depois, libertos, mas cassados de nossos direitos sindicais e proibidos de entrar no sindicato, organizamos uma Comissão de Reconquista do Sindicato, sediada no Sindicato dos Trabalhadores na Indústria do Vestuário, de tradição de luta, parceiro e solidário, que

---

3. Arnaldo Gonçalves também foi entrevistado e seu depoimento foi publicado no Livro 1 desta Coleção.

abriu suas portas para a gente se reunir enquanto estivéssemos na luta pela reconquista do nosso sindicato e pelo fim da intervenção. O reajuste salarial ficou aquém do que precisávamos, mas tivemos uma conquista importante, que foi a unificação nacional da data--base. Houve perseguições, ocorreram demissões, mas muita consciência foi despertada e a ideia de que valeu a pena aquela luta predominou mesmo entre os demitidos, porque com eles, também, trabalhamos essa nova situação.

ENTREVISTADOR(A): Vocês conseguiram voltar para a direção do sindicato?

Olívio Dutra: Não voltei para o sindicato para ser presidente, nem pedimos anistia para o governo. Apostamos que o processo político iria devolver o sindicato para a categoria, não para nós... Teve a eleição e o [José] Fortunati foi eleito presidente, numa chapa que integrei. Ele era funcionário do Banco do Brasil e atualmente é prefeito de Porto Alegre.

Na época, só quatro dirigentes eleitos eram liberados para a direção sindical: presidente, secretário-geral, tesoureiro e diretor social. Antes da cassação eu não recebia nenhuma remuneração do sindicato. O sindicato cobria despesas de viagens, pouso e alimentação, tudo com notas, discutido e aprovado em assembleia, e o banco pagava meu salário.

Com a cassação, tive que voltar a trabalhar no banco à tarde. Mas isso durou pouco tempo. A luta pela reconquista do sindicato me impediu, por um ano, de voltar para meu trabalho no banco. Assim, a comissão, organizada fora da estrutura sindical, assumiu pagar-me um salário equivalente ao que ganharia na minha função no banco. Terminado o mandato daquela Direção, eleita após a intervenção, voltei para o banco. Deste modo, minha vida sindical foi curta — do final de 1974 ao término do 1º semestre de 1982 —, mas muito intensa.

ENTREVISTADOR(A): Nessa greve de 1979, vocês da Direção foram cassados e presos. Como se deu a volta ao trabalho dos bancários depois das vitórias da greve? Porque o sindicato estava sob intervenção...

Olívio Dutra: Continuamos fazendo reuniões no Sindicato dos Trabalhadores na Indústria do Vestuário com o pessoal que esteve mobilizado por diferentes bancos, as lideranças de base, inclusive com os demitidos, reforçando laços de solidariedade e buscando manter elevado o moral e a autoestima da categoria, de forma que voltassem ao trabalho e à militância de cabeça erguida. O fim da intervenção no sindicato era buscado, também, nessa movimentação.

ENTREVISTADOR(A): Você considera que houve um saldo político? E econômico?

Olívio Dutra: O saldo político é inegável, importante e reconhecido pela categoria. Eu acho que foi uma greve, evidentemente, ligada às questões da categoria: salário, condições de trabalho, jornada. Mas, naquela conjuntura, foi uma greve com enorme significado político. O próprio regime a politizou com a intervenção, a cassação, isso tudo ligou com as outras questões que estavam na ordem do dia, que eram os presos políticos, o cerceamento das liberdades, a luta pela anistia, o retorno dos exilados, que se deu em 1979.

> FOI UMA GREVE COM ENORME SIGNIFICADO POLÍTICO. O PRÓPRIO REGIME A POLITIZOU COM A INTERVENÇÃO E A CASSAÇÃO.

Durante a greve, o Brizola estava voltando para o país. Não ficou bem-visto pela categoria o fato de ele chegar ao Brasil por São Borja e a greve estar sob ameaça de repressão e o sindicato sob intervenção. Tudo isso fervendo e o Brizola chega a São Borja e não diz uma palavra, não se refere a esse movimento. Passaram-se os dias, intensificou-se a repressão e, quando se deu a nossa prisão, o Brizola veio até Carazinho e viu que a nossa prisão não acabara com a greve. Voltou para São Borja e não se pronunciou sobre o movimento. E o pessoal, evidentemente, esperava por seu apoio, porque todos tinham lutado pela anistia, pelo retorno dos exilados, pelo dele em especial. Ele não fez nenhum gesto que demonstrasse sua solidariedade ao movimento. Não se esperava de uma figura como o Brizola, que era do nosso campo, que ficasse mudo em uma situação concreta de luta, que acontecia no momento em que ele voltava ao país por uma conquista do povo que lutou por isso.

Depois, ainda estávamos cassados, o João Paulo Batista Marques, presidente do Sindicato dos Trabalhadores na Indústria do Vestuário — onde nós estabelecemos o nosso "quartel-general" de reuniões para reconquistar o sindicato — me convidou: "Olívio, vamos conversar com o Brizola. Seria bom". E eu disse: "De minha parte, nenhum problema". Fui, levado pelo João Paulo, e ficamos umas duas horas e meia conversando com o Brizola. Mas ocorre que, desse tempo, eu devo ter falado uma meia hora e o Brizola as outras duas horas. Penso que fui politicamente incorreto, porque observei: "Governador, nós sofremos a repressão e a intervenção que o senhor conhece, por conta de lutas concretas e objetivas que estamos levando, e a intervenção no sindicato não foi com base em nenhum artigo do AI-5 [Ato Institucional n. 5, de 1968] ou qualquer ato institucional do regime; foi com base no Título 5 da CLT". Fui politicamente incorreto ao dizer isso ao Brizola[4], mas o sindicato sofrera outra intervenção antes dessa. Eu me lembrava do artigo tal, do Título 5 da CLT, que trata da organização sindical, que é a legislação do Getúlio, de 1943. E o Brizola: "Mas isso é uma incompreensão sobre a legislação avançada que tivemos neste país, conquista de vocês trabalhadores de outras gerações. As gerações de hoje não reconhecem o valor dessas conquistas". E eu disse: "É exa-

---

4. A CLT, aprovada no governo de Getúlio Vargas, em 1943, tinha um valor especial para o PTB.

tamente isso que precisa ser mudado, uma das nossas reivindicações é ter uma legislação que desamarre o sindicato do controle do Estado. Porque, seja no Estado democrático ou na ditadura, essa legislação garante ao Estado a intervenção no sindicato pela razão que ele bem entender".

ENTREVISTADOR(A): Em 2011, comemoraram-se 30 anos da 1ª CONCLAT [Conferência Nacional das Classes Trabalhadoras, realizada em agosto de 1981]. Qual é a sua avaliação daquele congresso?

Olívio Dutra: A CONCLAT foi em Praia Grande (SP), com o povo vindo de todas as regiões do país. Houve gente que teve que viajar de barco, de carona, de ônibus, de trem. Era expressão de um momento que desabrochava, fruto de um trabalho que tinha acontecido no país inteiro, de consciência política, da necessidade de organização, da necessidade de horizontalidade sindical, de entidade representativa, necessidade de uma central.

> A CONCLAT ERA EXPRESSÃO DE UM MOMENTO QUE DESABROCHAVA, FRUTO DE UM TRABALHO DE CONSCIÊNCIA POLÍTICA, DA NECESSIDADE DE ORGANIZAÇÃO.

Eu participei intensamente e estava preocupado com os resultados, porque eu via que não tinha uma discussão mais "azeitada", que tivesse tecido um programa, que caracterizasse melhor uma central que todos nós queríamos que saísse dali. E não saiu, porque tinha aquelas discussões sobre liberdade e autonomia sindical, a questão da OIT [Organização Internacional do Trabalho] e suas resoluções, o imposto sindical, o sindicalismo de base, democratização dos sindicatos, relação direção *versus* base, o fim da verticalidade sindical. E é claro que isso mexia com as federações, as confederações, as estruturas fechadas e burocratizadas.

Os representantes dessas entidades concordavam que tivesse uma organização, desde que não ameaçasse essas estruturas existentes. Esse setor, mais adiante, formou a CGT [Central — depois Confederação Geral dos Trabalhadores], e o prosseguimento daquele outro conteúdo, daquela outra discussão, desaguou na criação da Central Única dos Trabalhadores (CUT).

ENTREVISTADOR(A): Mas parece que você teve um papel muito importante na CONCLAT, na tentativa de construir uma saída unitária, uma central única...

Olívio Dutra: Essa busca não era só minha, era de muita gente. Outras figuras se esforçaram. Mas eu também não esgarcei relações por conta disso. Acho que o pessoal do Sindicato dos Metalúrgicos de São Bernardo (SP), que era mais curtido nesse debate, não apostou muito na unificação. Queriam, mas já estavam calejados... Acabou a CONCLAT sendo um espaço onde se clarearam melhor as diferentes posições.

ENTREVISTADOR(A): Foi um encontro enorme, ninguém acreditava que seria daquele tamanho, não é mesmo?

Olívio Dutra: Imagine ver pessoas das mais diferentes regiões desse país, que tu nem imaginavas que pudessem se fazer presentes ou representadas ali. Um enorme debate, uma contaminação positiva da política, do exercício da cidadania, das possibilidades de superar a ditadura, criar um espaço aberto para caminhar com as próprias pernas. Teve muita gente, em especial do norte, nordeste, centro-oeste, das periferias dos centros industriais, uma presença muito significativa. Tanto que as acomodações não comportaram todo mundo. O responsável pelas acomodações era o Sindicato dos Metalúrgicos de Santos. O prédio estava em construção, os banheiros não deram conta. Eu me lembro de que subi em um dos andares em construção, ripa daqui, caibro de lá, realmente era um prédio com vários espaços em construção. Não lembro quem era o responsável pela organização, mas acabou que não houve nenhum incidente.

ENTREVISTADOR(A): E, em 1982, houve eleição para governador...

Olívio Dutra: Aí, o Partido dos Trabalhadores (PT) já existia, já era registrado, e para se consolidar tinha que ter candidatura majoritária em, pelo menos, cinco estados da federação. O Lula foi candidato a governador em São Paulo, eu fui candidato no Rio Grande do Sul, tivemos em Santa Catarina, tivemos em Minas, tivemos no Rio de Janeiro. Nós tivemos cinco ou seis candidaturas a governo.

ENTREVISTADOR(A): A partir daí, sua vida foi mais partidária?

Olívio Dutra: Saí do sindicato, fui para o banco trabalhar e lá me licenciei para ser candidato ao governo do estado. Como funcionário de uma empresa pública, eu tinha direito à licença remunerada durante a campanha. E, claro, perdemos a eleição e eu voltei para o banco.

ENTREVISTADOR(A): Nós conversamos com o Luiz Gushiken [ex-presidente do Sindicato dos Bancários de São Paulo[5]] sobre aquela grande greve dos bancários, de 1985. Ele atribui grande parte do sucesso daquele movimento ao fato de ter sido uma das únicas greves dos bancários na qual se conseguiu articular com as federações, as

---

5. Luiz Gushiken também foi entrevistado e seu depoimento foi publicado no Livro 1 desta Coleção.

confederações, com setores que ele chamou de mais conservadores. Aqui no Rio Grande do Sul também houve esse trabalho?

Olívio Dutra: Nessa greve, a Federação dos Bancários do Rio Grande do Sul não era lá das mais combativas, mas não era uma federação "pelega" clássica. Nós tínhamos um debate, porque, para existir a federação, tinha que ter ao menos cinco sindicatos da base. E foram sendo criadas situações políticas, nas quais o grupo que dirigia a federação, para ter segurança de apoio na eleição, criava sindicatos artificialmente, sem necessidade. Dava estrutura, alguém ficava liberado do banco sem ter o que fazer. Mas nós perdíamos sempre no Conselho da federação. Mas a relação com aquela entidade, nesse período de 1985, 1986, era bem mais positiva, porque o sindicato de Porto Alegre já tinha uma influência maior e um conceito de sindicato combativo bem consolidado.

A CONTEC [Confederação Nacional dos Trabalhadores em Empresas de Crédito] era uma retranca permanente, com aquela estrutura, diretores relacionados com o Ministério do Trabalho, conselho disso, conselho daquilo, representação na OIT... Mas, naquela greve, a CONTEC não atrapalhou. Como é que podia atrapalhar? A não ser que fosse para o Ministério do Trabalho, através das Delegacias Regionais, tentar reprimir ou intimidar os dirigentes. Mas aquela greve não foi de geração espontânea, nem uma coisa parcial. Alastrou-se na categoria uma ideia de que a luta não era só econômica, mas também política, social. Eu não estava na direção sindical, atuei como militante de base, e foi uma greve que teve um grau de participação dos maiores.

> A GREVE DE 1985 NÃO FOI DE GERAÇÃO ESPONTÂNEA. ALASTROU-SE UMA IDEIA DE QUE A LUTA NÃO ERA SÓ ECONÔMICA, MAS POLÍTICA, SOCIAL.

ENTREVISTADOR(A): Vocês tinham algum tipo de organização por local de trabalho?

Olívio Dutra: Nós tivemos, numa ocasião, uma negociação colocando para os banqueiros a proposta do delegado sindical, um funcionário com prerrogativas, que não fosse perseguido ou ameaçado de demissão. O banqueiro nunca aceitou isso. Hoje em dia, infelizmente, as diretorias sindicais inflaram os sindicatos com gente liberada. Hoje, em uma chapa, todos os nomes que a integram estão liberados. Para fazer o quê? Não estão lá dentro do banco, não estão no local de trabalho, estão no sindicato. Foi uma deterioração de uma demanda fundamental, que era ter o representante da categoria trabalhando junto com os outros. Virou uma disputa para todo mundo estar na chapa. Por que o banqueiro aceitou liberar todos(as) os(as) integrantes da chapa? Porque se livrava do delegado por local de trabalho, evitando que "o seu território" sofresse influências estranhas vindas do sindicato.

ENTREVISTADOR(A): E como foi a sua participação na Constituinte?

Olívio Dutra: Em 1986, fomos eleitos [pelo PT] eu e o [Paulo] Paim[6]. Fui o mais votado, o Paim o segundo, o Tarso [Genro] ficou de primeiro suplente. Eu exerci o mandato só por dois anos. Promulgada a Constituição, vim para Porto Alegre disputar, como candidato da Frente Popular (PT, PCB, PSB), a prefeitura da capital. Ganhamos a eleição e me tornei prefeito. O Lula, muito contrariado, teve de ficar por mais dois anos até completar o mandato. O Paim assumiu como parlamentar, ficou e se reelegeu. Hoje é senador. O Tarso, mesmo tendo sido eleito comigo como vice-prefeito e, nessa condição, secretário de governo, optou,

---

6. Ver depoimento de Paulo Paim neste Livro 2.

como primeiro suplente que era, por assumir o mandato na Câmara. Um ano depois, foi substituído pelo Antônio Marangon. Na Constituinte, nós éramos 16 parlamentares, se não me engano. O Ulysses Guimarães [então presidente da Câmara dos Deputados], espertamente, impedia que a esquerda assumisse qualquer comando de comissão de temas mais importantes. No campo de esquerda, o PT tinha 16, mas contando com a centro-esquerda, éramos 120, de um total de 500 e poucos parlamentares. O campo mais progressista era bem maior que o PT. Nós tínhamos que nos desdobrar naquelas comissões, e nenhum de nós, se não me engano, presidiu qualquer comissão. Um tinha que ser efetivo, outro tinha que ser suplente. Às vezes tinha que ser suplente em duas comissões, tinha que acompanhar, tinha que ler, reunir para discutir com os movimentos sociais.

Quando fui eleito deputado, eu era secretário de Ciência e Tecnologia da CUT Nacional. Tinha o compromisso de fazer essa ponte e reunir na CUT, em São Paulo, o pessoal da área, visitar, em comissão, os Centros de Tecnologia no país. Na legislação trabalhista, o Paim ficou mais intensamente ligado. O Lula não podia ficar prisioneiro de um tema, tinha que ter mais flexibilidade. Não foi fácil para nós, mas foi uma experiência riquíssima. A Constituinte que nós queríamos era soberana, autônoma, livre. Queríamos que fosse uma Assembleia Constituinte Exclusiva e, terminado o trabalho de elaboração da Carta Maior, cada um voltasse para suas atividades. Acabou sendo, na verdade, um Congresso Constituinte. Os senadores que estavam em meio de mandato não foram eleitos para serem constituintes, e acabaram sendo constituintes "biônicos". Foi um espaço que nos deu conhecimento do jogo político, da formação dos blocos, do pensamento conservador, da direita, das elites, que se fazem bem representadas e tinham um controle importante através do "Centrão", bloco informal dos parlamentares constituintes mais conservadores.

Eu me lembro que me empenhei muito na questão da representação por local de trabalho, consegui fazer passar alguma coisa que está na Constituição, mas que, até hoje, não foi regulamentada. Teve também a discussão do orçamento, o que nos possibilitou implementar o Orçamento Participativo, quando ganhamos a prefeitura de Porto Alegre. Tivemos a discussão sobre o imposto sindical, mas dentro da esquerda não houve unanimidade. Na verdade, foi mantido o imposto sindical, numa articulação de parte da esquerda com a Confederação Nacional da Indústria [patronal], porque o sindicalismo empresarial também tinha enorme interesse no imposto sindical. Essa é uma luta que não se esgotou, tem que continuar. Parece que a CUT também não tem unanimidade quanto a isso, mas me parece que é majoritária a posição pelo fim do imposto sindical e pela construção do autofinanciamento das entidades, discutido com a base e decidido em assembleia.

ENTREVISTADOR(A): E o direito de greve?

Olívio Dutra: O direito de greve foi uma conquista. Mas falta uma regulamentação do direito de greve no serviço público. Evidentemente, defendemos o direito de greve sem excluir nenhuma categoria, nem mesmo os policiais civis e militares. Nem em países de democracia mais consolidada, o direito de greve tem todo o alcance que tem no nosso país. A centro-direita só aceitava um texto ou restritivo ou impreciso e ele ficou aberto a qualquer possibilidade, sem compromisso maior com os reflexos de uma greve no setor público junto à população. Há necessidade de precisar bem esse direito, não para impedi-lo, mas para clareá-lo de tal forma que seja exercido não só em bene-

> O DIREITO DE GREVE FOI UMA CONQUISTA NA CONSTITUINTE. MAS FALTA UMA REGULAMENTAÇÃO NO SERVIÇO PÚBLICO.

fício da categoria, mas preservando sempre a dimensão social de seu exercício.

Também não conseguimos precisar melhor a questão do direito de propriedade. Prevaleceu ainda, na Constituição, uma espécie de "aura divina" sobre a propriedade. E daí decorrem todos os problemas que nós temos para realizar uma reforma agrária necessária, ampla, com radicalidade democrática. O solo urbano e o solo rural estão protegidos por essa "aura divina", como se a propriedade fosse uma dádiva de Deus para alguns poucos. Mas o controle do "território da lei" e do aparelho de Estado que garante esse privilégio é uma criação das elites no decorrer da história. E a Constituição mais democrática deste país, a chamada Constituição Cidadã, pela correlação de forças interna, na sua elaboração, manteve essa "aura divina" em torno do direito de propriedade. Fazê-la exercer plenamente sua função social é sempre uma disputa jurídica.

ENTREVISTADOR(A): Como foi sua relação nos governos municipal e estadual com as greves no setor público?

Olívio Dutra: Acho que tem uma cultura a ser superada, e não é por regulamentação da lei apenas, muito menos pelo arbítrio do Executivo. É uma cultura que, no entanto, não pode ser naturalizada. Temos empresas públicas com enormes passivos trabalhistas, por conta de privilégios remuneratórios de setores corporativos, acumulando-se no Judiciário. Por conta disso, essas empresas funcionam, praticamente, em torno de si mesmas, cumprindo mal suas funções básicas. Penso que todo e qualquer privilégio é inadmissível em um projeto democrático e republicano, comprometido com o compartilhamento, a distribuição justa da renda e o funcionamento do Estado de forma qualificada para atender ao interesse público e não ao interesse privado, particular ou pessoal de quem quer que seja.

GREVES NO BRASIL (DE 1968 AOS DIAS ATUAIS)

Nos nossos governos, ocorreram greves, mas em nenhum momento agimos de maneira fria e autoritária. Procuramos negociar, sofremos desgastes, os adversários de projeto se aproveitaram dessas circunstâncias, mas acho que semeamos possibilidades de uma relação mais qualificada com os servidores públicos. O Estado não é propriedade do governante, dos seus partidários, de seus amigos, muito menos propriedade dos grupos econômicos mais poderosos ou mais influentes, mas também não é propriedade de uma categoria ou de uma corporação. As distorções no interior da máquina pública e os privilégios que geram, tidos como direitos "irremovíveis" por seus poucos beneficiários, só serão corrigidos e removidos através da construção de uma nova cultura que assegure o controle público e não privado do Estado.

> **NOS NOSSOS GOVERNOS OCORRERAM GREVES, MAS EM NENHUM MOMENTO AGIMOS DE MANEIRA FRIA E AUTORITÁRIA NA RELAÇÃO COM OS SERVIDORES PÚBLICOS.**

Lembro que, na prefeitura, a companheira Gessi Prates, de saudosa memória, e que fora presidente do Sindicato dos Gráficos de Caxias do Sul e candidata a vice-governadora na nossa primeira eleição, assumiu o setor de relações sindicais que criamos para estabelecer um diálogo cotidiano com os(as) trabalhadores(as) do setor público e privado. A prefeitura não queria ser indiferente à movimentação de todas as categorias por seus direitos à cidade. Acho que foi uma boa experiência. Construímos compreensão e alternativas negociadas para questões como reajustes salariais, condições e jornada de trabalho e direitos sociais. Reforço o que disse no início: uma cultura não se muda de cima para baixo, ou por decreto. Mas se não semeamos desde já a possibilidade de mudança, essa cultura se cristaliza e as coisas se complicam ainda mais para o futuro.

A estrutura salarial da prefeitura sempre foi meio truncada nas discussões do Orçamento Participativo.

Queríamos transformar o que era chamado despesa com a folha de pagamento em investimento no servidor, na sua qualificação, no seu bem-estar e pagando-lhe um salário justo e em dia. Construir com o funcionalismo um quadro de carreira que lhe permitisse progredir profissionalmente sem depender da bondade do eventual governante.

A greve não é um instrumento qualquer para seu uso ser banalizado. A greve é um momento especial em uma negociação, mas não o principal. O principal é uma interlocução de qualidade entre as partes que garanta avanços na negociação. Direitos não se confundem com privilégios, porque o que eu quero conquistar não é nem mais nem menos do que gostaria que todos conquistassem. Foi um avanço considerável a Constituição de 1988 assegurar o direito de greve no setor público. A regulamentação desse direito, no entanto, está em aberto e a demora para que isso aconteça não favorece nem os(as) trabalhadores(as) nem a população.

ENTREVISTADOR(A): Muito obrigado pela entrevista.

2 NAIR GOULART

Sindicato dos Metalúrgicos de São Paulo — Força Sindical — Bahia (*In Memoriam*)
Entrevista em 21 de novembro de 2014 e 2 de fevereiro de 2016

ENTREVISTADA: Nair Goulart — ex-dirigente do Sindicato dos Metalúrgicos de São Paulo, atual presidente da Força Sindical da Bahia.

Foto: Arquivo do sindicato

ENTREVISTADOR(A): Nós gostaríamos que você começasse falando de seu histórico familiar, sua origem, depois a vida política, o sindicato e suas experiências nas greves.

Nair Goulart: Eu sou mineira, nasci em uma cidade pequena, Dores do Indaiá. Minha mãe era lavadeira e meu pai era pedreiro. Minha família era muito pobre, éramos duas irmãs. Para trazer comida para casa, eu, desde muito pequena, ajudava minha mãe a lavar roupa. Quando tinha uns oito ou nove anos, tive que sair da escola, no terceiro ano primário. Fui ser empregada doméstica. Como é que eu ia ficar estudando, se minha família estava numa pobreza muito grande? Fui ser babá.

Meu pai era meio nômade; onde tinha trabalho ele ia. Então, nós vivíamos mudando. Eu me lembro que na minha infância era caminhão levando mudança pra lá e pra cá. Íamos para uma cidadezinha, ele trabalhava, acabava a obra, ele ia procurar serviço em outro lugar e a gente ia junto. Com isso, eu não podia frequentar a escola e, no lugar onde chegava, eu arrumava trabalho.

Mais tarde, nós mudamos para uma cidade em Minas chamada Itaúna. E essa cidade foi muito importante na minha vida, porque, quando fiz 14 anos, me inscrevi em uma fábrica têxtil, a Itaunense. E, no dia seguinte, me chamaram para trabalhar. E te digo que essa entrada na fábrica mudou a minha vida.

ENTREVISTADOR(A): Com carteira assinada?

Nair Goulart: Com carteira assinada, aos 14 anos, numa fábrica têxtil. Quem já entrou numa fábrica têxtil daquela época... Hoje mudou muito, melhorou muito, mas era um lugar horrível de trabalhar. Era por turno e eu não podia estudar.

Eu era uma menina, empregada doméstica naquela cidadezinha, e entrei numa fábrica que tinha mais de dois mil trabalhadores. Eu vi o mundo de outro jeito, aquilo ali era um sonho. E digo que foi um sonho, porque faço um paralelo na minha vida. Qual era a perspectiva para aquelas meninas, de uma cidade daquele tamanho? Era casar cedo, ter filho cedo, um monte de filhos, e pronto. Quando entrei naquela fábrica, eu falei: "Casar com alguém? Não quero!".

ENTREVISTADOR(A): Isso significava a continuidade com tudo?

Nair Goulart: Pois é. Mas eu não fiquei, após os 90 dias de experiência: O trabalho era dificílimo. Eram duas máquinas e cada lado da máquina tinha 240 espulas. Sabe o que é uma espula? É uma coisa onde vai se fazendo a linha. A produtividade é a espula cheia. A máquina tinha 240 espulas de um lado e 240 do outro, e eu tomava conta de duas máquinas. A linha arrebentava o tempo todo e aquilo era um negócio ruim, queimava o dedo. A espula rodava, você enfiava o dedo, segurava a espula, pegava a linha, emendava e passava para outro. Quando eu terminava 240, olhava para trás e estava tudo arrebentado. Mas eu tinha que fazer do outro lado. Era correndo o tempo todo e eu não dei conta, é claro. Com 14 anos, numa fábrica com aquele ritmo, com um calor de 40 graus, não passei no teste.

Voltei a ser empregada doméstica e, por coincidência, fui trabalhar na casa do dono da fábrica. Trabalhei lá mais de dois anos. Na época do Natal, eu fui a uma loja, sozinha, e falei: "Vocês não estão precisando de gente para trabalhar aqui no fim do ano?". E o dono perguntou: "Você tem experiência?". Falei: "Tenho, já trabalhei de comerciante". Mentira! E ele falou: "Então, vamos experimentar". E deu certíssimo, fiquei esperta num instante, entendendo como é que funcionava o comércio. Entrei naquela loja para trabalhar no Natal e depois eles me contrataram. "Você vai ficar aqui com a gente". Fiquei.

> **COM 14 ANOS, NUMA FÁBRICA COM AQUELE RITMO, COM UM CALOR DE 40 GRAUS, EU NÃO PASSEI NO TESTE.**

Mas meu pai de novo se mudou. Saiu de Itaúna e foi para Divinópolis, cidade maior, onde tinha mais oportunidade. Quando cheguei lá, fui direto a uma loja de tecidos e me apresentei: "Eu trabalhei em Itaúna na loja tal, tal". E me contrataram, em 1968-69.

Fui trabalhar na loja de tecidos e voltei a estudar em um colégio industrial, à noite. Eu continuava pobre do mesmo jeito. Tinha dia que na minha casa não tinha comida. Eu trabalhava na loja e o meu dinheiro todo eu entregava em casa, para o meu pai, para a minha mãe. Eu sustentava a casa, literalmente, porque meu pai às vezes tinha trabalho, às vezes passava 15 dias sem ter nada. E ele bebia, foi ficando arrasado, caiu na bebida, virou alcoólatra. Às vezes, eu ia buscá-lo caído na porta do bar, entendeu? (*Nair se emociona.*)

ENTREVISTADOR(A): Quer parar um pouquinho? Tomar uma água?

Nair Goulart: Voltei para a escola, em Divinópolis, e ali a minha vida também mudou. Divinópolis era uma cidade grande, muito desenvolvida, tinha uma vida cultural muito forte, uma esquerda e uma articulação social muito forte e a luta contra a ditadura ali pegava fogo.

Entrei no grupo de jovens da escola, que era fantástico. Entrei, também, para o grupo de jovens da Igreja, pertinho de onde eu morava, e a gente começou a fazer peças de teatro. Juntamos com o pessoal da JOC (Juventude Operária Católica). O primeiro livro que li e me despertou foi *A mãe*, de Máximo Gorki. Eu pensei: "Nossa! É isso que eu quero. Quero fazer a revolução!".

Fui a primeira mulher presidente da União Estudantil Divinopolitana. Os colégios votaram e eu fui eleita. Já estava muito ativa na cidade. Depois disso, entrei para a esquerda e aí a organização é que decidia a nossa vida, a gente fazia o que a organização decidia.

ENTREVISTADOR(A): Em que organização você militava?

Nair Goulart: Em 1970, entrei na Polop [Organização Revolucionária Marxista Política Operária]. Em 1971-72, fui para Belo Horizonte, porque terminei o ginásio e a organização decidiu que eu tinha que ir: "Você tem que entrar num grande colégio ou em um colégio industrial em Belo Horizonte. Vai para o colégio, vai ser operária". Eu era operária mesmo, desde os 14 anos. Fui para Belo Horizonte e fiz vestibular para o Colégio Técnico, mas era dificílimo e eu não consegui entrar. Fui para o Colégio Estadual Central, um grande colégio; a [presidente] Dilma Rousseff estudou lá também.

Mas eu não estudava coisa nenhuma; só fazia política na sala de aula. Nessa época, baixou a repressão em Belo Horizonte, prenderam um monte de gente, teve uma perseguição danada e a organização tirou muitos militantes da cidade.

O meu primeiro marido e um outro rapaz — que era assistente dele — foram para o Rio de Janeiro. Era tudo clandestino, eu nem sabia para onde ele tinha ido. Um ano depois é que eu fui ao Rio de Janeiro e, só depois que entrei no ônibus, me disseram: "Você vai para o Rio. Vai ter uma pessoa com uma revista assim, assim, no ponto tal, no lugar tal". Eu nunca tinha ido ao Rio de Janeiro, mas peguei o ônibus em Belo Horizonte e fui encontrar meu marido. Tudo escondido. A organização já estava preparando para me tirar de Belo Horizonte, porque os caras estavam cercando muita gente da universidade, estudante e operário.

ENTREVISTADOR(A): Em que ano foi isso?

Nair Goulart: Fui para o Rio de Janeiro em 1973.

ENTREVISTADOR(A): Nessa época, você já estava clandestina?

Nair Goulart: Quando eu fui para o Rio de Janeiro, entrei na clandestinidade e não voltei mais. Passei uns seis anos sem voltar a Belo Horizonte. Na nossa família, ninguém sabia para onde eu tinha ido.

Assim que cheguei ao Rio de Janeiro, fui trabalhar numa indústria têxtil, no controle de qualidade. Mas a organização tinha me dito: "Você precisa entrar no setor metalúrgico". Porque tinha aquelas análises, aquela avaliação do movimento operário, de que o movimento sindical tinha que recuperar os sindicatos. No Sindicato dos Metalúrgicos, tinha um interventor. Cassaram toda a diretoria.

Fiz teste até conseguir entrar na General Electric (GE), uma baita fábrica de lâmpadas e motores. Um espetáculo. Era um sonho! Imagina eu, dentro da fábrica, trabalhando e clandestina? Ninguém da direção da empresa sabia o que eu fazia. Eu fazia política dentro da fábrica; meu objetivo era organizar os trabalhadores, porque o sindicato ia fazer uma eleição e a gente estava articulando. Nesse período, a Polop "rachou". Era uma briga danada na esquerda, houve vários rachas e aí fomos para o MR-8 [Movimento Revolucionário 8 de Outubro — alusão à data do assassinato de Che Guevara, em 1967].

A gente começou a organizar a oposição. Eu trabalhava na fábrica da GE, recrutando gente. "Ganhei" pessoas. Eu era inspetora de qualidade e ficava ao pé da máquina, para ver se o cara estava produzindo. Na verdade, conversava como se estivesse fiscalizando, mas estava era "fazendo a cabeça" dele. No final de semana, a gente fazia reunião com oito, 10 pessoas da fábrica, para discutir política, a luta contra a ditadura, qual era o nosso papel. E todo mundo de boca fechada, porque ninguém podia saber.

ENTREVISTADOR(A): Nessa época, você já frequentava o sindicato?

Nair Goulart: Quem é que tinha coragem de ir ao sindicato? O povo ia ao sindicato? Não ia.

A gente estava preparando a oposição para o sindicato e eu era "porra-louca" mesmo, porque trabalhava naquela fábrica importantíssima e ia às assembleias.

A gente só ia ao sindicato quando tinha campanha salarial. Estávamos preparando uma chapa só da esquerda, porque era difícil você trazer gente das fábricas para fazer um embate como esse. No sindicato, tinha um púlpito, parecia coisa de igreja. Nas assembleias, eu ia lá e falava. Era "pau" na ditadura, "pau" no arrocho salarial.

Num belo dia, a polícia veio e pegou todo mundo! Prendeu todo mundo que estava organizando, o Valdir Vicente, várias pessoas do Rio de Janeiro, meus conterrâneos que não me conheciam pelo meu nome. Meu codinome era Joana; até hoje encontro gente que diz: "Oi Joana". Eu não me lembro do "nome frio" deles. A Polícia Federal baixou e prendeu todo mundo que estava organizando a oposição para fazer uma chapa contra o interventor.

> **NAS ASSEMBLEIAS, EU IA LÁ E FALAVA. ERA "PAU" NA DITADURA, "PAU" NO ARROCHO SALARIAL.**

Nesse dia, alguma coisa aconteceu e eu não fui para a fábrica. À tarde, tive um "ponto" para cobrir [local secretamente combinado para encontro de militantes de organizações clandestinas] e encontrei um pessoal que falou: "Sai do Rio, porque prenderam todo mundo, o Valdir Vicente, todo mundo está na cadeia, está na Polícia Federal. Vai embora!". E me deram dinheiro.

ENTREVISTADOR(A): Nós estamos falando de 1976, 1977?

Nair Goulart: 1977. Eu trabalhava na empresa e nem dei baixa na minha carteira de trabalho. Saí com a roupa do corpo, nem em casa eu fui. Eles falaram: "Não vá na sua casa porque a polícia, com certeza, está lá esperando. Não vá a nenhum lugar conhecido, não vá mais à fábrica e vá embora para São Paulo!". Pegamos o ônibus e fomos pra São Paulo, sem nada, nada!

ENTREVISTADOR(A): Para a "galera" de jovens que não viveu isso, só ouviu falar, parece coisa de conto, mas não era, não.

Nair Goulart: Não era conto. A gente foi para São Paulo, eu o Zé Roberto (Beto), que é o pai do meu filho Thiago. Em São Paulo, quem estava esperando a gente falou: "Vocês vão ficar na casa de uma pessoa, ela é só simpatizante, mas tem consciência de tudo". Era lá no Belenzinho. A gente foi para a casa dela. A família toda morava lá; era um apartamentozinho, devia ter umas oito pessoas naquela casa. E chegamos nós dois. "Como é que nós vamos viver aqui? Põe colchão no chão e tal...". A organização deu um pouquinho de dinheiro.

A gente chegou a São Paulo no período de pleno emprego, uma maravilha! No Largo Treze, tinha placas enormes: precisa-se na Metal Leve, na Villares, aquelas grandes empresas, todas contratando trabalhador. Tanto é que, quando veio o desemprego, "...saudades das placas do Largo Treze!"

Nós chegamos a São Paulo, compramos um jornal e olhamos os empregos. Uma coisa que a organização me ensinou foi: "Você se prepare, se qualifique, faça todos os cursos possíveis, não chegue atrasada, não falte ao trabalho, seja correta dentro da fábrica para ninguém ter nenhuma desculpa para te demitir".

ENTREVISTADOR(A): Para ser respeitada pelos trabalhadores, porque o trabalhador te respeita primeiro pela sua...

Nair Goulart: Capacidade, sua competência, sua seriedade, seu compromisso. E eu aprendi isso.

Na GE, no Rio de Janeiro, eu fazia todos os cursos que eles ofereciam: desenho técnico, desenho mecânico, medidas. Tanto é que o pessoal da fábrica gostava da minha postura, porque eu sempre estava buscando melhorar, queria me capacitar cada vez mais e isso me ajudou enormemente quando cheguei a São Paulo. O Beto entrou direto na Villares. E eu, na primeira empresa que fui, arranjei emprego.

No Rio de Janeiro, eu nem estava aí para a questão de ser mulher. Mas, em São Paulo, vi o que era a discriminação. Uma feminista — que depois foi Secretária da Mulher em São Paulo, uma mulher maravilhosa — foi quem me abriu os olhos.

Na fábrica da DF Vasconcelos tinha uma vaga para inspetor de qualidade. Eu me candidatei, fiz os testes e pensei: "Nessa aqui dei um *show*!". Eles pediram para eu voltar à tarde e o engenheiro me chamou: "Olha, você fez um teste espetacular, você é uma pessoa muito competente, muito inteligente. Só de conversar na entrevista a gente vê. Queríamos muito poder te dar essa oportunidade, mas a gente nunca teve uma mulher nessa área. Eu sei que você é competentíssima, você logo vai arrumar outro emprego". Eu falei: "Ué, mas por que eu não posso ter uma oportunidade? Você me deixa experimentar. Para mim, não tem nenhum problema trabalhar só com homens". E ele: "Me dá um tempo". Saiu, conversou não sei com quem, voltou e falou: "Está bem, nós vamos te dar a oportunidade. Você vai ter 90 dias para provar que não tem nenhum problema para trabalhar num setor só com homens". Falei: "Eu topo o desafio!". Mas aquilo me chamou a atenção: por que eu não podia? O que ele tinha que olhar era se eu tinha capacidade técnica para desenvolver o trabalho.

> VOCÊ ME DEIXA EXPERIMENTAR. PARA MIM, NÃO TEM NENHUM PROBLEMA TRABALHAR SÓ COM HOMENS.

ENTREVISTADOR(A): E você deu conta do recado?

Nair Goulart: Eu era "fera", sabia tudo de inspeção de qualidade, "dava *show*", discutia com ferramenteiro. Chegavam os desenhos, eu abria e dizia: "Isso aqui não vai dar certo, aqui tem que mudar, essa medida está errada!". Outra hora eu parava a máquina e dizia: "Vamos conferir para ver se está tudo certo!". E o pessoal todo tinha a maior admiração.

Com essa minha conduta de nunca faltar, nunca chegar atrasada, tratar todo mundo bem, eu tinha uma relação de amizade com aqueles trabalhadores. Era uma coisa extraordinária aquele trabalho! Mas, por trás, eu estava organizando, fazendo reunião clandestina.

Em 1978, haveria eleição do Sindicato dos Metalúrgicos de São Paulo. Eram 430 mil trabalhadores na base, mas só 30 mil eram sócios do sindicato e, desses, 15 mil eram aposentados. Para ficar sócio do sindicato, tinha que levar uma ficha, eles olhavam tudo e pediam para voltar dali a 30 dias, para ver se a filiação tinha sido aprovada. Eu deixei a minha ficha lá, quietinha, e fiquei "na moita".

ENTREVISTADOR(A): Nessa eleição houve chapa de oposição?

Nair Goulart: Sim, mas a oposição perdeu. Claro que não ia ganhar nunca, porque ninguém ficava sócio. Todo trabalhador criticava o sindicato, mas não ficava sócio. Essa era a estratégia do Joaquim [dos Santos Andrade, então presidente do sindicato, o "Joaquinzão"] e da diretoria: não deixar ninguém se sindicalizar. Com isso, a oposição não tinha voto. O sindicato era o maior da América Latina, a arrecadação era maior do que a da cidade de Campinas. Eram 430 mil trabalhadores pagando o imposto sindical todo ano!

O sindicato tinha um prédio de sete andares, que era o departamento médico. E os aposentados tinham medicamento de graça, todos os especialistas, tinham tudo. Então, aquele aposentado ia votar em oposição algum dia? Não ia jamais! Na hora da eleição, os votos dos 15 mil aposentados eram todos deles.

A eleição ali era disputadíssima. Em 1978, eu já era sócia do sindicato, apoiei a oposição "bem devagarinho", para não aparecer demais. Mas, depois de 1978, eu me tornei membro do Movimento de Oposição Sindical Metalúrgica de São Paulo (Momsp). Era o [Sebastião] Neto, o Carlúcio, o Chico Gordo, esse povo todo, um monte de gente que são meus amigos. A gente militava junto.

Na greve de 1978, a gente não se meteu muito; a greve em São Paulo não foi assim tão grande. Mas, em 1979, foi uma greve fantástica, porque a oposição tinha força nas fábricas e a diretoria não tinha. Quem mandava naquelas fábricas grandes era a oposição, mas ninguém era sócio do sindicato.

ENTREVISTADOR(A): Não podia se candidatar.

Nair Goulart: Não podia nem se candidatar a nada, porque não tinha condição. Havia muita repressão nas fábricas; era muito difícil. Foi nessa época que mataram o Santo Dias [militante católico da Oposição Sindical]. Eu estava na fábrica [Silvânia, que fabricava lâmpadas], só não estava na hora que ele foi baleado pela polícia.

Muitas vezes, pipocavam greves nas fábricas que a oposição puxava, mas, quando chegava no sindicato, não tinha ninguém para negociar. Era uma loucura. Campanha salarial era guerra, porque a oposição levava gente para a assembleia, onde era eleita uma comissão de negociação [as assembleias sindicais são abertas a todos os trabalhadores, independente de serem ou não sindicalizados]. E era guerra, guerra total. Só que, na hora de montar a comissão, o Joaquim e a diretoria arrumavam um jeito, uma articulação, para não deixar a oposição participar. Mas a gente levava o pessoal da fábrica e entrava numa comissão para negociar junto com a diretoria.

Na empresa em que eu trabalhava, a DF Vasconcelos, tinha um menino que era do MEP [Movimento de Emancipação do Proletariado], o Miguel, que era bem articulado. Ele trabalhava na ferramentaria e eu na estamparia. A gente fez reunião com os trabalhadores clandestinamente na igreja e foi uma experiência fantástica, porque, quando chegou o dia, decidimos parar. A fábrica em que a gente trabalhava tinha uns dois mil trabalhadores. Só na minha seção trabalhavam uns 200. Mas só parou a seção em que eu trabalhava. A empresa me chamou: "Nair, como é que você faz

> **"NAIR, COMO É QUE VOCÊ FAZ UMA COISA DESSAS COM A GENTE? VOCÊ VAI SER DEMITIDA POR JUSTA CAUSA. VOCÊ ORGANIZOU E SÓ PAROU A SUA SEÇÃO."**

uma coisa dessas com a gente? Você vai ser demitida por justa causa. Você organizou e só parou a sua seção".

ENTREVISTADOR(A): Mas houve greve nas demais empresas?

Nair Goulart: Essa greve de 1979 foi muito importante, uma greve quase geral da categoria em São Paulo. Era época da campanha salarial, não saía nada, não tinha negociação com os empresários, e nós falamos que o jeito era fazer uma greve. Fazíamos reunião na igreja, a oposição sempre se reunia na igreja. Essa greve foi organizada, praticamente, pela oposição, tinha muita gente, muita militância. As fábricas onde não tínhamos ninguém não pararam, mas onde tinha algumas pessoas que faziam política, que eram da oposição, aí sim, a fábrica parava. Parou a Villares, parou a Metal Leve, as grandes empresas pararam, onde a oposição estava organizada.

Decidida a greve na DF, a gente acertou tudo com os trabalhadores, mas só parou a minha seção. Pensei: "Pelo amor de Deus... estou ferrada! Só parou a minha seção!". E eu ali, toda comunista, organizando todo mundo, fiquei na minha. Um dia depois, o engenheiro me chamou: "Poxa, Nair, como é que você faz uma coisa dessas com a gente? Quem diria que você era capaz disso?". Falei: "Capaz de quê?". E me mandou embora. Mas não me mandou por justa causa, porque eu era da CIPA [Comissão Interna de Prevenção de Acidentes]. Sempre que chegava nas fábricas, eu tinha essa preocupação, de me eleger na CIPA. Mas estava terminando o meu mandato. "Não tem problema, a gente vai pagar tudo e você está dispensada!". Nesse processo, eu descobri que estava grávida. Tentei voltar. "Não vai voltar de jeito nenhum!". Fui embora da fábrica.

GREVES NO BRASIL (DE 1968 AOS DIAS ATUAIS)

ENTREVISTADOR(A): Eles te demitiram quando você estava grávida?

Nair Goulart: Quando eles me mandaram embora, eu já estava grávida, mas não sabia. Quando saí da empresa, fui fazer o teste e eu estava com dois ou três meses de gravidez. E tinha uma "lista negra" dos trabalhadores que participaram daquela greve. E quem disse que eu conseguia trabalhar de novo? Na época, tinha muito emprego, nas portas das empresas tinha cartaz de "precisa-se", mas não para quem tinha participado de greve. Quantos testes eu fiz... Tinha certeza de que tinha ido bem, todo mundo elogiava, mandava eu voltar depois e, quando chegava lá, diziam que a vaga já tinha sido preenchida. Fiquei um tempão desempregada e, nesse meio-tempo, fiquei grávida. Voltei na empresa para dizer que tinha garantia da CLT [Consolidação das Leis do Trabalho].

ENTREVISTADOR(A): Mas não tinha garantia de fato.

Nair Goulart: Mas não teve jeito. A empresa não abriu mão e eu entrei na Justiça. Mas com cinco meses, eu perdi o bebê, descobri que eu tinha placenta prévia. Estava desempregada e tentando buscar emprego. Aí, fiquei grávida de novo! E ainda desempregada. Falei: "Pronto! Agora vou ter que esperar de qualquer jeito".

ENTREVISTADOR(A): Depois disso, você conseguiu novo emprego rapidamente?

Nair Goulart: Em São Paulo, todos nós, que fizemos greve em 1978, 1979, estávamos na "lista negra". Eu andava de fábrica em fábrica, buscando emprego, passava no teste, mas eles diziam: "Infelizmente, a vaga já foi preenchida". Fui a muitas empresas, não foram poucas, mas eu não conseguia emprego. Até empresa que tinha placa precisando de inspetor de qualidade não me contratava.

ENTREVISTADOR(A): Nessa altura, você já era diretora do sindicato?

Nair Goulart: Ainda não. Nós começamos a discutir, dentro da Oposição Sindical dos Metalúrgicos de São Paulo, que o caminho que estávamos tomando, em todas as eleições, para tentar tirar aquela turma que estava no sindicato, não ia dar certo, porque o sindicato não tinha sócio. Ou tomávamos uma decisão de fazer uma composição com o Joaquim, entrar e romper "por dentro", ou a gente não teria como entrar. Foi uma discussão muito grande, aconteceram brigas homéricas dentro da oposição.

> OU TOMÁVAMOS UMA DECISÃO DE FAZER UMA COMPOSIÇÃO COM O JOAQUIM, ENTRAR E ROMPER "POR DENTRO", OU A GENTE NÃO TERIA COMO ENTRAR.

ENTREVISTADOR(A): Fale um pouco dessa oposição. Havia hegemonia de alguma corrente?

Nair Goulart: Havia o Momsp, os trotskistas, todo mundo que estava no MR-8, o PCdoB [Partido Comunista do Brasil], o PCB [Partido Comunista Brasileiro]. Todo mundo estava na oposição ao sindicato, puxado pelo "Partidão" [o PCB]. Nós éramos quadros formados, queríamos fazer um sindicato diferente, mas, se nos mantivéssemos naquele caminho, iríamos continuar perdendo eleição.

Se eles não deixavam ninguém ficar sócio, como é que ia ter voto na oposição? Saía em todos os jornais que, quando tinha assembleia, ela acabava em pedrada, carnificina, briga, cabeça quebrada... As assembleias eram assim. O povo da oposição levava marmitas, passava nas obras e enchia aquelas marmitas de pedra, e entrava para a assembleia. Acabava em pedrada!

Uma assembleia que houve no cine Roxy, na Penha, indo para a Zona Leste, acabou em pancadaria. Toda assembleia acabava em pancadaria, porque não tinha acerto entre a oposição, que era muito forte nas fábricas e levava muita gente para a assembleia, e a turma da diretoria, que era uma "pelegada" danada. Vamos falar a verdade: era um "bando de pelegos"[1].

Mas a gente começou a discutir. O "Partidão" propôs e a gente, do MR-8, topou. Nessa época, o PCdoB ainda não tinha topado. Basicamente, quem entrou foi o "Partidão" e o MR-8.

ENTREVISTADOR(A): Era uma estratégia.

Nair Goulart: Era uma estratégia. A gente entrou com o propósito de romper e para abrir o sindicato. Fizemos uma composição com o Joaquim. Logo depois, a gente começou a discutir a eleição de 1981.

Hoje, eu vejo o Joaquim, que era presidente do sindicato, de outra maneira. Naquela época, muita gente falou bobagem contra ele. Mas, depois que eu fui lá para dentro, vi como era o comportamento dele. Eu pedi para ele ajuda para arrumar um emprego, pois eu precisava estar na chapa. Tudo combinado, conversado.

ENTREVISTADOR(A): Ele tinha influência?

Nair Goulart: É, influência naquelas fábricas. Um diretor do sindicato, o Sigmar Malvezzi, que já morreu faz muito tempo, foi comigo na Caloi. E ele falou para o gerente: "Ela precisa trabalhar e eu vou te garantir uma coisa: ela não é comunista". E eu: "Hã?".

ENTREVISTADOR(A): Como assim (*risos*)?

Nair Goulart: "Ela não é comunista (*risos*), ela não é agitadora, pode contratar, é uma moça muito séria". E eu: "Hã, hã". Moral

---

1. "Pelego" era o atributo pejorativo que se dava aos sindicalistas conservadores, acusados de atuar para "amortecer" o conflito entre os trabalhadores e os patrões.

da história: me contrataram, arrumei emprego na Caloi, graças a esse senhor que era da turma do Joaquim. Eu era inspetora de qualidade e, na minha carteira, tem anotação de que, antes, eu ganhava quatro mil do dinheiro da época [cruzeiros], enquanto o salário mínimo era 500 ou 700. Mas eu não entrei como inspetora, entrei como montadora da roda da bicicleta, ganhando o salário mínimo. Eu pensei: "Vou entrar, vou trabalhar, vou cumprir minha tarefa, porque meu objetivo é entrar no sindicato".

Entrei naquela fábrica, que era um trabalho condenado, porque, para montar roda da bicicleta, você pegava aquelas varetinhas e tinha que enfiar. Elas ficavam dentro do óleo, aquilo escorregava, machucava, ficava tudo sujo. A gente ficava de um lado, virada de um jeito para que elas não caíssem, pois elas não ficavam presas em nada. E tinha hora que você ficava toda suja de óleo, porque você suava, passava aquela mão de óleo no rosto. E vinha uma roda atrás da outra e você tinha que apertar aquilo. Era um inferno aquele trabalho! Mas eu pensei: "Eu vou ficar aqui, vou resistir". E nunca cheguei atrasada, nunca faltei.

PARA IR AO BANHEIRO, TINHA UMA FICHINHA PARA AS MULHERES QUE TRABALHAVAM NA LINHA DE MONTAGEM.

Para ir ao banheiro, tinha uma fichinha para as mulheres que trabalhavam na linha de montagem. "Você quer fazer xixi? Está menstruada? Então, você vai ao banheiro com a fichinha e, quando voltar, passa para outra". Era assim. Você não podia sair, tinha que ter uma substituta, você levantava da linha de produção e outra sentava, até você voltar do banheiro.

Fizemos uma guerra em São Paulo, foi uma luta grande contra a fichinha do banheiro. Fiquei me segurando ali até a eleição.

ENTREVISTADOR(A): As eleições no sindicato ocorreriam em 1981?

Nair Goulart: É, em 1981. Eu entrei para o sindicato no início de 1980; aí deu o prazo certinho de um ano. A gente discutiu e montou a chapa. Eram 24 diretores e eu era suplente do representante junto à federação, a última na chapa. Pensei: "Não importa! Quero estar nessa chapa, quero estar na diretoria desse sindicato".

ENTREVISTADOR(A): Mudando um pouco de assunto, você participou da CONCLAT [Conferência Nacional da Classe Trabalhadora], em 1981?

Nair Goulart: Sim. E foi uma experiência muito marcante. Em plena ditadura, a lei era muito clara. Dizia que as categorias não podiam se reunir, não podia reunir bancário com metalúrgico, comerciário com trabalhador rural.

Foi fantástica aquela CONCLAT! Foi um momento importantíssimo. Veio gente do mundo inteiro, uma delegação internacional extraordinária. O Congresso foi na Colônia de Férias dos Têxteis, na Praia Grande (SP), que estava em construção, cheia de pedras, cimento grosso. Foi "um pau", uma briga, uma luta fratricida entre as correntes sindicais, como eu nunca vi.

ENTREVISTADOR(A): Você já era dirigente do sindicato?

Nair Goulart: A CONCLAT foi em agosto e a nossa eleição foi um mês antes. Eu já fui para a CONCLAT como diretora do Sindicato dos Metalúrgicos. Um dos pontos da pauta era a organização das mulheres. Você se lembra da Albertina, que era do "Partidão"? Era uma militante extraordinária, era médica, do Sindicato dos Médicos de São Paulo. Nós duas defendemos que tinha que ter uma organização para as mulheres no movimento sindical. Duas mulheres, contra os outros.

ENTREVISTADOR(A): Sei que, na CONCLAT, não foi construída nenhuma proposta única, teve dissenso.

Nair Goulart: É, teve um dissenso. Essa luta interna começou nesse ponto, porque a gente foi lá e defendeu a proposta de ter uma organização de mulher. Um diretor dos metalúrgicos de São Bernardo foi contra, com um discurso da esquerda retrógrada. Dizia que, se fizéssemos isso, iríamos dividir o movimento operário, que a classe operária não podia se dividir de jeito nenhum, que os patrões eram um só, que o capitalismo não sei o quê... E nós defendemos que tinha que ter, porque as mulheres tinham diferenças, ganhavam menos... Fomos construindo.

ENTREVISTADOR(A): Vocês queriam um departamento de mulheres?

Nair Goulart: Um departamento feminino.

ENTREVISTADOR(A): Feminino na estrutura da central?

Nair Goulart: Na estrutura do que saísse ali daquela organização do movimento operário. Era para sair uma central única e a gente estava propondo que tivesse um departamento feminino nessa organização. Enfim, "deu pau". Resultado: nós perdemos. Não tem na resolução da CONCLAT nada que fale sobre as mulheres.

Quando aquilo acabou, muitas mulheres me culpavam, dizendo: "Você não falou direito, você não soube defender nossa proposta". Eu fiquei arrasada.

ENTREVISTADOR(A): Naquela época, você já militava no movimento de mulheres?

Nair Goulart: Antes disso, nós organizamos, em 1979, o primeiro Congresso da Mulher Metalúrgica. Aí, eu já tinha virado feminista.

Em 1978, foi o Congresso da Mulher Paulista. Eu fui da comissão organizadora, já estava militando no MDB [Movimento Democrático Brasileiro]. Todo mundo estava no MDB, não tinha partido nenhum de esquerda legalizado.

ENTREVISTADOR(A): Já estávamos em plena luta pela anistia.

Nair Goulart: Na luta pela redemocratização do país, pelas liberdades democráticas. Eu participei de todo esse processo, de tudo. O Congresso da Mulher Paulista foi histórico, maravilhoso.

O Sindicato dos Metalúrgicos de São Bernardo do Campo organizou o primeiro Congresso da Mulher Metalúrgica, um pouco antes do nosso. O Lula já estava na presidência do sindicato. Nós organizamos o primeiro Congresso da Mulher Metalúrgica em São Paulo. O Congresso foi nos dias 30 de agosto, 1 e 2 de setembro de 1979, no dia da publicação da Lei da Anistia.

ENTREVISTADOR(A): É interessante ressaltar que o movimento feminista, o movimento de mulheres nessa época, já fazia uma luta importante com a mulher trabalhadora.

Nair Goulart: Eu não tinha essa consciência, entendeu? Porque o discurso da esquerda era o seguinte: "A luta de classe é uma só, nós não temos uma luta de classe dentro da classe". Então, a luta da mulher...

Eu era militante de esquerda, comunista, e o meu discurso era o da classe operária internacional. Minha referência era que, quando chegasse o socialismo, homens e mulheres seriam iguais. Meu horizonte era que a gente ia conseguir a igualdade, quando fizesse a revolução socialista.

ENTREVISTADOR(A): E acreditávamos nisso mesmo.

Nair Goulart: As feministas foram fundamentais na minha formação, porque essas mulheres que já tinham uma trajetória, uma consciência diferente, trouxeram isso para o meio dos(as) trabalhadores(as), principalmente para os(as) metalúrgicos(as) de São Paulo. Eu falo que me descobri feminista, porque não tinha a consciência de que nós tínhamos diferenças, de que as mulheres eram discriminadas. Quando eu descobri isso, pensei: "Pelo amor de Deus, que é isso? O que eu estava fazendo? Estava cega?". Aí, incorporei essa questão na minha trajetória, no meu trabalho.

Na Bosch nós tivemos uma greve enorme, porque as mulheres eram profissionais, montavam peças, mas na carteira de trabalho eram registradas como ajudantes gerais, com salários mais baixos. Só que elas não eram ajudantes. Aí, nós fizemos uma campanha, fizemos greve naquela fábrica pela equiparação para as mulheres, reivindicamos assinatura na carteira com a função que elas exerciam e com salário condizente com o que elas faziam. E a gente ganhou.

> NA BOSCH TIVEMOS UMA GREVE, PORQUE AS MULHERES ERAM PROFISSIONAIS, MAS ERAM REGISTRADAS COMO AJUDANTE GERAL, COM SALÁRIOS MAIS BAIXOS.

Depois do nosso Congresso, as trabalhadoras têxteis também fizeram, as telefônicas fizeram, várias categorias começaram a fazer Congresso de Mulher, específico, mas ainda muito voltado para a categoria. Não tinha tanto essa ideia do feminismo, dos direitos humanos, do direito das mulheres, da igualdade. Isso tudo foi um processo de formação; nós fomos nos formando e também nos transformando. Fui entendendo como era importante ter essa postura enquanto mulher. Houve tantos embates e eu não percebia que aquilo era uma discriminação.

O Joaquim estava construindo a chapa, negociando, já em 1979, o que ia acontecer em 1981. O "Partidão" e nós estávamos nos aproximando do Joaquim. Teve uma reunião da militância toda, tinha gente da oposição também, todo mundo ali debatendo, eu levantei e propus: "Eu acho que o sindicato deveria fazer um Congresso da Mulher Metalúrgica". Nunca tinha tido um. Aí, levantou um companheiro, bem de esquerda, e falou: "Eu quero dizer que a companheira é muito inteligente, mas aqui não é lugar de propor isso. A gente tem coisa muito mais importante para discutir do que esses problemas menores das mulheres". Levantou outro companheiro e falou: "Companheira, em vez de você ficar aqui levantando essas bobagens, porque você não volta para casa e vai lavar roupa no tanque?". E eu falei: "Ah, seu vagabundo... você vai se ver comigo!". Aí, outro companheiro levantou e falou: "Enquanto eu estiver aqui com essa companheira, que é valiosa, ela não vai voltar para lavar roupa". Ficou aquela discussão, botaram em votação e aprovamos fazer o Congresso da Mulher Metalúrgica.

Nós preparamos e fizemos um Congresso fabuloso, que marcou a minha vida. Mais de 200 mulheres e a gente construindo uma identidade.

ENTREVISTADOR(A): Fazer uma disputa e uma luta da questão específica da mulher era muito difícil, não era comum.

Nair Goulart: Não tinha uma negociação, não tinha nada, aquilo ali foi um despertar. O Congresso aprovou resoluções fantásticas.

Veio a eleição, em 1981, e eu fui para a chapa, suplente da federação. Havia duas mulheres indo pela primeira vez para a diretoria. Todo mundo era importante lá e nós éramos suplentes. Mas falei: "Tá bom, vamos lá, menina!".

Foi a primeira vez que o sindicato teve um carro de som, uma Kombi. Como é que você dirigia uma categoria sem ter um carro de som? Não tinha gente que falasse na porta das empresas, entendeu? Nós entramos, uma turma de gente mais preparada, com o objetivo de transformar aquele sindicato. E nós fizemos. O mandato era de três anos, hoje é de quatro. Nós ficamos três anos trabalhando, a nossa meta era sindicalizar, era abrir o sindicato.

Para ficar sócio, o trabalhador tinha que tirar foto para a carteirinha. Aí, a gente levava o fotógrafo na porta das empresas, na hora do almoço, e fazia campanha de sindicalização.

Nós fizemos seminário, planejamento, queríamos organizar o sindicato, dividir o sindicato em setores, dividir a cidade em setores. Porque eram só sete diretores licenciados da fábrica para conduzir uma categoria de 400 mil trabalhadores, 11 mil empresas para visitar. Botamos diretores em cada setor, Zona Leste, Zona Sul, Santo Amaro...

Quando veio a eleição de 1984, a situação já estava mudando. O PCdoB entrou na composição. O Juruna [João Carlos Gonçalves[2]] — que era da JOC —, na eleição anterior não quis, mas depois veio se somar com a gente. E veio mais gente da oposição. Em três anos, não mudamos tudo; você não faz tudo de uma só vez. A gente fez a primeira etapa, fizemos greve e os caras da oposição ficaram perdidos, porque a gente começou a atuar, o sindicato mudou, a gente começou a organizar os trabalhadores e ir para as fábricas todo dia, de madrugada. Uma mudança frente ao que era. Claro que para a oposição nós éramos "pelegos", entendeu? "A Nair traiu a gente; foi para o lado do Joaquim, do [Luiz Antônio] Medeiros"[3].

ENTREVISTADOR(A): Nesse período houve outras greves importantes?

Nair Goulart: Em 1983, nós fizemos uma greve pela redução da jornada de trabalho, que foi fantástica. A gente aliou a pauta da campanha salarial com a luta pela redução da jornada de trabalho, e a gente conseguiu um Acordo Coletivo, reduzindo a jornada de

---

2. Juruna também foi entrevistado e seu depoimento será publicado em outro livro desta Coleção.

3. Luiz Antônio Medeiros também foi entrevistado e seu depoimento será publicado em outro livro desta Coleção.

trabalho dos metalúrgicos de São Paulo, de várias empresas, para 44 horas, quando a jornada ainda era de 48 horas semanais.

Na greve, nós orientamos os trabalhadores a não saírem de casa. A gente pensou: "Como é que nós vamos fazer para parar aquelas empresas todas?". A nossa chamada era: "Agora é nossa vez". Queríamos aumento real e redução de jornada para 44 horas. Mas foi a coisa mais fantástica que eu vi, porque nós orientamos os trabalhadores: "Não venham trabalhar! Não vai ter ônibus, não vai ter nada!". A gente fez quase um "terrorismo" com eles: "Fiquem na sua, não saiam de casa, que pode ter polícia". E sabe o que os trabalhadores fizeram? Obedeceram ao sindicato e não foram trabalhar, não saíram de casa. Foi a coisa mais bonita que eu vi na minha vida.

Nós, diretores do sindicato, fomos cada um para a empresa mais importante do seu setor. O "bárbaro" foi o procedimento dos trabalhadores. São Paulo parou, parecia um feriado, não tinha ninguém, e naquelas empresas trabalhavam 5 mil de um lado, mais 6 mil do outro, era apinhado de gente. Eu fui para a porta da empresa dar uma olhada. Quando cheguei lá, fiquei emocionada, porque os trabalhadores não vieram. Eu pensei: "Gente, que coisa boa, os trabalhadores atenderam ao nosso chamado!".

Fiquei sozinha na porta da empresa e vi que parou um ônibus de polícia, lotado de policiais. E eu sozinha: "O que eu faço? Eu vou sair 'de fininho', como se não fosse comigo". Aí eu atravessei no meio dos policiais: "Com licença e tal". Quando eu passei, o cara gritou: "Ô Nair, você é do sindicato". O comandante sabia meu nome. A polícia me cercou: "Tá indo aonde?". "Eu? A lugar nenhum, estou só passando". "Passando? Às seis

> EM 1983, NÓS FIZEMOS UMA GREVE FANTÁSTICA. QUERÍAMOS AUMENTO REAL E REDUÇÃO DE JORNADA PARA 44 HORAS.

horas da manhã?". "Uai, eu sempre faço isso, venho na porta das empresas, é meu papel, sou diretora do sindicato". "Ah, é? Entra aí!". E me botaram naquele ônibus. E eles foram passando e pegando o nosso pessoal que estava nas outras empresas. Não tinha trabalhador, não tinha piquete. E eu perguntava: "Mas por que vocês estão me detendo? Embasados em quê? Não estou fazendo piquete, não estou fazendo nada...".

ENTREVISTADOR(A): Não estava com nenhum material...

Nair Goulart: Com nenhum material. Mas não quiseram nem conversa; colocaram a gente naquele ônibus, encheram o ônibus e nos levaram para uma delegacia. Quando cheguei lá, tinha um monte de gente, umas 40 pessoas. O pessoal da oposição, prenderam todos. Nós ficamos lá, detidos na cadeia. A uma hora da tarde, parou outro ônibus, pegou todo mundo daquela delegacia e levou para a Polícia Federal, no centro de São Paulo. Quando chegamos à sede da polícia, era um espetáculo, estava lotada. Acho que prenderam mais de mil pessoas que estavam nas portas das empresas. Saiu uma foto minha no *Estadão* [jornal *O Estado de S. Paulo*], porque, na hora que eu fui descer do ônibus, desci fazendo assim: Vitória! A greve foi vitoriosa, ninguém foi trabalhar, eu estava comemorando, entendeu? A gente ficou lá o dia inteiro. O delegado foi ouvindo aquele monte de gente, um por um. Quando ele foi me entrevistar, foi muito engraçado, porque ele disse: "Ah, Nair, agitadora você...". E eu falei: "Eu não, por quê? Eu não estava agitando nada, não tinha ninguém para eu agitar". Aí, o delegado falou: "Traz a ficha dela".

ENTREVISTADOR(A): Você sabia que tinha uma ficha na Polícia Federal?

Nair Goulart: Eu não sabia. Falei para ele: "Eu tenho ficha, doutor?". "Claro, Nair! Você acha que a gente te conhece de hoje?".

ENTREVISTADOR(A): É uma loucura pensar que eles sabiam do que acontecia com todo mundo. Isso é assustador!

Nair Goulart: Sabiam mesmo, anotavam tudo. Logo que eu entrei para o sindicato, eu já militava no movimento de mulheres e comecei a participar dos Congressos de Mulheres, fui várias vezes participar de debate na universidade sobre a questão da mulher. Eles anotavam tudo e me chamavam de feminista. Eu falei: "Que maravilha, eles reconhecem que eu sou feminista!".

Mas essa greve foi fundamental, porque nós, metalúrgicos de São Paulo, de Osasco, conseguimos, na negociação, reduzir a jornada de trabalho para 44 horas semanais. Ninguém tinha conseguido antes. Essa luta foi histórica, a gente abriu o precedente para outras categorias. De certa maneira, a gente abriu a porta para que outros viessem também. Não foi à toa que nós conseguimos na Constituição de 1988 a redução da jornada para 44 horas para todo mundo. Houve muitas lutas e várias categorias conseguiram reduzir a jornada para 44 horas.

ENTREVISTADOR(A): Mas as gerações atuais não têm noção de que a Constituição foi resultado de toda uma luta.

Nair Goulart: Esse processo social, essa história do Brasil ainda precisa ser contada.

ENTREVISTADOR(A): Para terminar, queria que você abordasse a trajetória das greves. Como é que você vê, em termos de mudanças, a greve enquanto instrumento de ação dos trabalhadores?

Nair Goulart: O Brasil mudou muito, é claro. Hoje, tem outra característica. Mas acho que, hoje, a greve não mudou; a luta contra o capitalismo sempre vai ser igual. Enquanto existir capitalismo, os trabalhadores vão discordar da forma como esse capital é administrado, como são administradas as empresas, o modo de apropriação, a mais-valia. Nós não estamos questionando essas coisas. Embora, de certa maneira, quando se faz uma greve, isso esteja sendo questionado e a greve seja o momento mais radical, porque é quando os trabalhadores tomam a decisão de paralisar, seja por que razão for, seja de que categoria for. Quando eles decidem que não vão trabalhar, significa que estão colocando o emprego em risco, a estabilidade deles. Quando eles põem isso em risco, é uma demonstração muito forte de contestação a esse modelo imposto, ao capitalismo selvagem. E aqui, no Brasil, ainda é pior, porque existem países onde o direito de greve é mais assegurado. Mas aqui tem uma série de subterfúgios.

No nosso caso, o sindicato pode atuar, mas existem muitas restrições. Por exemplo, a gente não tem fundo de greve. Por quê? Os trabalhadores fazendo greve estão botando em risco não só o seu trabalho, mas o seu salário, não sabem se vão receber. E o Tribunal [do Trabalho] é mestre em dizer que dia parado é risco do trabalhador. Quer dizer que só os trabalhadores vão pagar? O capitalista não paga nada?

Então, eu acho que é essa dificuldade que nós temos com a organização do trabalho, com a organização sindical, com respeito ao direito de greve, ao direito de ter um fundo de greve, de ter organização no local de trabalho. O Sindicato no Brasil é da porta das empresas para fora; para dentro não pode. Em muitos países, você tem a liberdade sindical, o trabalhador pode se organizar, inclusive, dentro da empresa em que ele trabalha.

> QUANDO DECIDEM PARAR, ESTÃO COLOCANDO O EMPREGO EM RISCO. É UMA DEMONSTRAÇÃO MUITO FORTE DE CONTESTAÇÃO A ESSE CAPITALISMO SELVAGEM.

ENTREVISTADOR(A): Muito obrigada pela entrevista.

3 FRANCISCO URBANO

Confederação Nacional dos Trabalhadores na Agricultura
Entrevista em 3 de junho de 2011.

ENTREVISTADO: Francisco Urbano — ex-presidente da Confederação Nacional dos Trabalhadores na Agricultura (CONTAG).

Foto: Arquivo da CONTAG

ENTREVISTADOR(A): Gostaríamos que você nos contasse um pouco das suas origens, sua história de vida...

Francisco Urbano: Bom, eu sou nordestino, de uma pequena cidade do interior do Rio Grande do Norte, São Paulo do Potengi, com 20 mil habitantes, considerada uma das regiões mais pobres do Nordeste. É área de transição entre o agreste e o sertão, chamada região de caatinga, de terras mais fracas e de pouca qualidade de água doce. É uma região bastante pobre, por conta das próprias características do alto sertão.

Meu pai criou 10 filhos, trabalhando de meeiro na propriedade dos outros. Tive a infelicidade de pegar, com 12 anos de idade, uma das mais severas secas, em 1953. Para sobreviver, eu e minha família tivemos que trabalhar nas frentes de serviços de construção de estradas. Imagine, naquela idade, carregar um carro de mão cheio de areia. Trabalhava para receber não o salário, mas alimentos.

O trabalho de meeiro na terra dos outros é uma das coisas mais cruéis do campo. Muita gente não sabe o que significa. Na linguagem jurídica e técnica, o termo correto é parceiro. Mas eles são chamados meeiros, porque metade da produção é do proprietário da terra e a outra metade é para pagar todas as despesas. Então, não sobra quase nada.

Com 19 anos, comecei a acompanhar a vida política do país, já no governo [do ex-presidente] João Goulart, o Jango. No final de 1962, o governo, por meio do Movimento de Educação de Base (MEB), criou as Escolas Radiofônicas. Na casa de meu pai, tinha uma Escola Radiofônica, da qual minha irmã passou a ser monitora. A rádio rural de Natal era que transmitia as aulas e, apesar de ser uma rádio educativa, trazia também todas as informações políticas. A partir daí, passei a ter maior informação da sociedade, muito embora a gente tivesse alguns outros meios de informações.

Antes das escolas radiofônicas, a escola rural era chamada escola isolada, dentro das fazendas, na casa do fazendeiro ou do pequeno proprietário que aceitasse. Não tinha horário de aula, nem sempre tinha sequência, regularidade. Aprender a ler e escrever foi muito mais a partir de um irmão, que já tinha passado por esse caminho e a gente aprendeu em casa. Quando não dava para fazer escola formal, a gente criava uma escola com pessoas que já sabiam ler. Isso não dava garantia, não dava certificado, mas a gente aprendia a ler. Com a Escola Radiofônica, a gente ampliou a visão e o conhecimento, porque não tratava apenas da leitura, mas tinha informações.

Nesse período eu tinha o Jango como ídolo, devido ao seu posicionamento em defesa da reforma agrária e da educação no campo. Foi a primeira vez na minha vida — e a última — que tive um ídolo. Apesar de respeitá-lo, ele deixou de ser meu ídolo, porque, quando tomou posse, foi obrigado a aceitar o regime parlamentarista, apesar de defender o presidencialismo. Foi então que convocou o plebiscito para que os eleitores decidissem se voltava ou não ao presidencialismo. Eu aprendi, naquela época, que o parlamentarismo era o mais adequado para a sociedade. Então, apesar de ter o Jango como ídolo, votei contra ele porque eu gostaria que permanecesse o regime parlamentarista. Se tivesse permanecido, o Jango não teria caído, não teria havido o golpe.

Naquela época, já estava havendo toda a discussão da organização do sindicalismo rural brasileiro e a gente acompanhava as lutas das Ligas Camponesas pelo rádio. Não tinha participação direta, porque as Ligas Camponesas não entraram de forma organizada no Rio Grande do Norte. Quando começaram a entrar na região de Canguaretama, de Montanhas, ocorreu o golpe militar. Muitos trabalhadores participavam, na Paraíba, do setor canavieiro. A gente acompanhava toda essa discussão política do país pelo rádio. Fundaram um sindicato em São Paulo do Potengi e já existiam 12 ou 15 sindicatos de trabalhadores rurais, além da Federação dos

> **NAQUELA ÉPOCA, A GENTE ACOMPANHAVA AS LUTAS DAS LIGAS CAMPONESAS PELO RÁDIO.**

Trabalhadores Rurais do Rio Grande do Norte. José Rodrigues Sobrinho foi o primeiro presidente da federação[1].

ENTREVISTADOR(A): Como você começou a participar da vida política e do sindicato?

Francisco Urbano: Minha família era toda muito religiosa. Uns padres criaram um negócio chamado Juventude Católica e comecei a participar. Mas eu não gostava muito daquilo, não seguia todas as regras, contestava aquelas formas de fazer, aquele domínio da Igreja, do padre. Tive alguns atritos.

Um dia, o padre, apesar de ter se atritado comigo, me chamou: "Ô Chico, vem cá! Quero que você vá para um curso de sindicalismo amanhã". E eu: "Você está ficando maluco?". "Quero que você esteja em São Paulo do Potengi amanhã". Como eu ouvia toda aquela discussão pelo rádio, aquilo me chamava a atenção, porque era uma coisa que mexia com toda a minha vida, aquela divergência que a gente tinha com o patronato. Fui para esse curso. E foi assim que eu entrei na vida sindical.

Passei uma semana fazendo um curso de formação de líderes rurais, que dava uma noção de sindicalismo. A partir dali, para quem topasse, sairia uma comissão no município onde morava, para fazer o trabalho sindical, para sindicalizar, trazer o pessoal. Foi quando comecei no sindicato. Em 1961, participei de minha primeira atividade sindical. Passei a incorporar isso no meu dia a dia. Todo final de semana, sábado e domingo, eu estava nas comunidades, fazendo reunião, ou na sede do sindicato, ajudando a diretoria a receber o povo, a conversar, passando um pouco do que eu tinha aprendido.

Em 1962, entrei na diretoria do sindicato, como suplente. O presidente, apesar de ser gente boa, não tinha muita experiência; na verdade tinha sido um sindicato "arrumado", o cara não era

---

1. José Rodrigues também foi entrevistado e seu depoimento será publicado em outro livro desta Coleção.

trabalhador rural de verdade, morava na cidade e plantava no quintal. O padre botou ele como presidente. E ele me pediu para ajudá-lo, porque não dava conta do sindicato.

ENTREVISTADOR(A): Por quê?

Francisco Urbano: Porque tanto ele quanto o tesoureiro do sindicato tinham atividades comerciais na cidade, que ocupavam os principais dias de trabalho do sindicato, que eram sempre o sábado e o domingo. O tesoureiro era dono de uma mercearia, tinha uma terrinha, mas não vivia lá. Foi o padre que botou ele lá, também. O secretário, que era um trabalhador rural propriamente dito, morava longe, vinha para a feira e, quando terminava, ia embora. Nenhum dos três tinha condições de tocar o sindicato. Como eu era solteiro e tinha mais tempo, ficava o fim de semana inteiro no sindicato, ajudando em todos os processos. A partir daí é que efetivamente entrei na vida sindical.

Nisso, abandonei a Juventude Católica, porque me incomodava muito com aquelas coisas. No curso, consegui pegar, além da chamada cartilha sindical, uns documentos de pessoas que, depois vim saber, eram ligadas ao Partido Comunista Brasileiro [PCB]. Comecei a ler aquelas coisas, coisas do próprio movimento.

Quando veio o golpe de 1964, eu ainda era membro da diretoria do sindicato. Consegui trazer o secretário e montamos um grupo de 20 ou 25 pessoas, que ficava o dia inteiro por ali. Quando um patrão botava para fora um meeiro, um empregado, muitas vezes vinha ao sindicato armado, agressivo, violento. Então, nós montamos um grupo de pessoas para dar proteção aos trabalhadores, para fazer as negociações.

O Estatuto do Trabalhador Rural já tinha sido aprovado, mas para os meeiros não existia uma lei específica. A discussão era sobre a indenização pelo que eles tinham, mas sem muita segurança, porque era o Código Civil que garantia isso, mas ele era usado como uma lei urbana, não como uma lei para o campo. Então, ficava difícil ganhar uma questão só com ele. Muitas vezes, o proprietário vinha armado, mas quando chegava ao sindicato, encontrava aquela turma, aqueles 25 caras. Alguns estavam morrendo de medo, mas outros estavam armados com peixeira, com revólver, e se o cara se mexesse...

Veio o golpe de 1964 e houve uma crise grande no Rio Grande do Norte. Naquela época, existiam uns 60 sindicatos funcionando no estado todo, uns 70 mil sindicalizados, contribuindo mesmo. Com o golpe, um ano depois, não restaram mais do que 15 sindicatos funcionando efetivamente. Dois anos depois, eram 12 e nem mil trabalhadores contribuindo. O que se manteve mais forte foi o nosso, o de Potengi.

Em 1965, o pessoal da diretoria disse: "O candidato a presidente vai ser você!". Então, após a eleição, assumi a presidência do sindicato. Foi a partir daí que comecei a examinar, a compreender outras questões da vida política e comecei a fazer uma leitura diferente daquela que eu recebi da Igreja. Nunca neguei que minha origem era a Igreja, mas não segui isso como um padrão na minha vida.

ENTREVISTADOR(A): Quando se afastou da Igreja, você se aproximou de alguma organização política?

FUI PROCURAR INFORMAÇÕES E MATERIAL COM PESSOAS DA AP [AÇÃO POPULAR], E COM PESSOAS LIGADAS AO PARTIDO COMUNISTA, O "PARTIDÃO".

Francisco Urbano: Fui procurar informações e material com pessoas que tinham uma visão mais de esquerda, com o pessoal da AP [Ação Popular], que era de Igreja, e com pessoas ligadas ao Partido Comunista, o "Partidão". Eu não podia fazer reunião formal com esse pessoal, porque não tinha segurança ainda do que era, ou viria a ser, o Partido Comunista. E o pessoal do partido entendia que eu não estava maduro, com informação suficiente para fazer reunião. Até porque, se eu começasse a fazer reuniões com o Partido Comunista, seria expulso do sindicato, porque nem a igreja, nem minha família aceitariam.

Em novembro de 1966, fui eleito vice-presidente da federação, numa crise grande de liderança. Eu era uma pessoa muito inquieta e questionadora, mesmo às vezes sem saber muito o porquê, e o pessoal da federação falou: "O Urbano tem que vir para essa diretoria!".

A federação não tinha dinheiro, não tinha nada, era muito frágil. Nem podia manter o presidente, o vice e o secretário em Natal. Com a cassação do mandato do então presidente da federação, o Zé Rodrigues, o vice assumiu, mas, até ele vir, quem tomava conta da federação eram os assessores da Igreja e isso era uma coisa inaceitável. Tinha o SAR, o Serviço de Assistência Rural, que comandava o processo de sindicalismo no Rio Grande do Norte de forma organizada. A Igreja combatia a entrada das Ligas Camponesas e tentava impedir que o Partido Comunista tomasse conta do sindicato. Apesar disso, em muitos municípios, tinha um sindicato indicado pela Igreja e outro pelo Partido Comunista. Quem sempre se sobressaiu foram esses sindicatos ligados à Igreja. Os outros não conseguiram crescer como organização, mas mantiveram seus líderes ativos.

ENTREVISTADOR(A): Quando você foi diretor da federação?

Francisco Urbano: Em janeiro de 1967, assumi a federação como vice, para poder apoiar o presidente. Foi um "Deus nos acuda" com meu pai, com minha família, porque saí da roça e deixei praticamente só ele de homem para dar conta da lavoura.

Não tinha essa consciência sólida e segura, eu tinha mais um impulso de que aquilo era uma forma de lutar contra aquela exploração que a gente vivia. Meu pai não apoiava, era contra, com medo de que o proprietário não desse mais terra para ele trabalhar como meeiro, porque eu estava no sindicato. Minha mãe não entendia muito isso, mas me apoiava, porque achava que ia ser criado um plano de previdência de saúde, ela achava que o sindicato era para isso. Então, me apoiava em tudo que eu precisasse, arranjava um dinheirinho para me dar, porque o sindicato não podia dar nada, nem para um café. Então, eu tinha que ter dinheiro para poder passar o dia todinho lá. Meu pai, quando dava um dinheirinho, era no domingo à noite, para eu não poder fazer nada com ele.

Vim para a federação em 1967 e fui ampliar e consolidar mais minhas informações, tomar uma definição clara do que eu gostaria que fosse a minha visão política. Continuei respeitando a Igreja, respeitando as pessoas de lá. É claro que a Igreja nunca vai aceitar isso que eu vou dizer, mas foi criado um negócio chamado FUP, uma fundação para receber dinheiro internacional, e até do governo, para apoiar o sindicalismo. Era com esse recurso que pagavam um salário mínimo ao presidente e meio salário para mim, porque eu era solteiro. Só que esse negócio deveria ser da federação, do movimento, mas a Igreja se apropriou. Tinha um prédio grande, mas em vez de a sede da federação ser lá, era em uma casa de taipa, dentro de Natal, cedida pela Igreja. Era tudo de favor. A Igreja me colocou com alguns assessores pagos por essa FUP para trabalhar lá, mas essas pessoas começaram a questionar a postura da Igreja. Tinha um carro da federação que era da FUP e ficou sob nossa posse, para viajar pelo interior, porque eram muitas audiências, havia problemas de prisão de trabalhadores. E eles cortaram isso. Para que a gente se sustentasse e recuperasse o movimento, a gente tinha que fazer um acordo.

O Zé Rodrigues, que foi presidente e que era do Rio Grande do Norte, tinha se exilado e voltou clandestinamente, foi para o Rio de Janeiro. Criaram uma organização para arranjar recurso para apoiar o movimento sindical e mandaram dinheiro para pagar um salário mínimo para mim, aumentaram o salário do presidente e sobrou alguma coisa para ajudar a pagar o transporte do tesoureiro e do secretário para virem, pelo menos a cada 15 dias, passar dois dias ali. E uma sobra de dinheiro era para a gente fazer um trabalho de recuperação dos sindicatos.

Em 1967, nós tínhamos uns 12 ou 15 sindicatos, porque o pessoal estava escondido com o material, alguns presidentes não tinham coragem de aparecer com medo de prefeito, da polícia. Mas os trabalhadores mantinham aquela presença, tudo escondido, mas não tinham apoio, não tinha ninguém profissional, só o assessor e o presidente — que morava fora. Em 1969, nós já estávamos recuperando uns 40 sindicatos daqueles que estavam abandonados. Eu me lembro de um balcão enorme, com grande quantidade de cartas guardadas, de trabalhadores e de dirigentes sindicais, enviadas para a federação. Nós fechamos a sede por três tardes e não teve expediente para ninguém, só para ler e entender aquelas cartas. Eram todas rogando, de alguma forma, que alguém fosse lá ajudar a recuperar os sindicatos. Então, nós traçamos um plano para fazer esse trabalho.

ENTREVISTADOR(A): A CONTAG [Confederação Nacional dos Trabalhadores na Agricultura] também participava desse esforço?

Francisco Urbano: A CONTAG tinha sofrido intervenção em 1964. Em 1965, houve eleição na entidade e o interventor virou presidente. Nas eleições de 1967, algumas federações do Nordeste, junto com o Rio de Janeiro, fizeram articulação com o Rio Grande do Sul e a eleição foi disputada por duas chapas, uma delas era do interventor. Votaram 11 federações[2]. Tivemos seis votos e eles cinco. Ganhamos. A aliança com o Rio Grande do Sul foi fundamental, por mais que as pessoas digam que o sindicalismo no Rio Grande do Sul é conservador porque tem proprietário na base. Em todos os momentos mais difíceis da história da CONTAG, a gauchada estava junto, brigando daquele jeitão gaúcho. Nos momentos mais difíceis eles estavam juntos, estão até hoje, sempre estiveram, temos muito respeito.

---

2. Pela regra da Consolidação das Leis do Trabalho (CLT), a eleição para confederação de trabalhadores é decidida pelo voto das federações a ela filiadas, na proporção de um voto por entidade.

ENTREVISTADOR(A): Nesse processo de recuperação da CONTAG, houve apoio de sindicatos da área urbana?

Francisco Urbano: Em 1967, nós fizemos um encontro intersindical, no Rio de Janeiro, com bancários, setores metalúrgicos ligados ao Círculo Operário e metalúrgicos ligados mais à esquerda, que discordavam da CNTI [Confederação Nacional dos Trabalhadores na Indústria]. Um dos objetivos era aumentar a força de apoio a Rui Brito — então presidente da Confederação dos Bancários à época [CONTEC] —, que estava sendo ameaçado e que veio a ser cassado logo depois, e traçar um projeto para a eleição na CONTAG. Mas era bem separado; não era fácil você juntar trabalhadores do campo e da cidade. Ainda hoje é difícil juntar o setor urbano com o camponês. Primeiro, porque a esquerda achava que o camponês era reacionário, conservador e atrasado. A esquerda sempre teve esse preconceito e umas das razões do Partido Comunista não ter crescido mais é porque não tinha influência na maior massa trabalhadora, que era a do campo e não a da cidade. Para eles, era só aquela coisa da esquerda operária. Depois, o PCdoB [Partido Comunista do Brasil] começou a ter um programa mais "agrarista", começou a querer entrar no campo.

ENTREVISTADOR(A): Por que o Rui Brito foi cassado?

Francisco Urbano: Usaram um conflito financeiro, contaram uma besteira qualquer, e o Ministério do Trabalho, que era quem aprovava as contas, não aprovou e ele não pode se recandidatar. A intervenção era assim, quem tinha o mandato cassado não podia ser candidato. Um dos projetos que o Rui Brito apoiava era a retomada da CONTAG da mão do interventor, José Rotta, ligado às usinas de Ribeirão Preto. Na verdade, o interventor era gerente de um posto de gasolina de uma empresa de Ribeirão Preto (SP). Foi indicado pelo Círculo Operário de São Paulo, pela ala da Igreja que estava com o regime.

Então, para sair a eleição, foi uma grande articulação, mas eu não estava ainda nesse processo, não tinha experiência, estava ainda lá no meu "estadozinho". O Franco Montoro, na época deputado [pelo Movimento Democrático Brasileiro — MDB de São Paulo], foi um dos caras que ajudaram nessa articulação, abrindo espaço dentro do Ministério do Trabalho, dizendo que com a eleição, se ela fosse regular, não tivesse sujeira, tomaria posse quem ganhasse. E isso articulado com o [então ministro do Trabalho] coronel Jarbas Passarinho. Houve uma disputa cruel e a gente tinha certeza de que ganhava a eleição por sete votos a quatro. Na base da compra do voto e da ameaça, perdemos uma federação, mas ganhamos de seis a cinco. Entrou o Zé Francisco[3] e, desde então, ele teve um papel extraordinário. Só saiu em 1990, com a eleição de Aloísio Carneiro.

Em 1969, fui eleito presidente da federação. O então presidente ia ser candidato de qualquer maneira, mas teve um problema de saúde e não houve disputa. Ele era um sujeito muito jeitoso, "caboclo" que não entrava em conflito com presidente de sindicato. Em 1974, eu vim para a CONTAG e foi tudo muito rápido. Isso foi uma coisa ruim para mim, porque eu estava me consolidando para me tornar uma liderança sindical. Esse foi um dos erros históricos do movimento sindical: por necessidade, quando alguém despontava no sindicato, tiravam logo para a federação. Quando despontava na federação, chamavam para a CONTAG. Aí, começa a "quebrar" lá embaixo, começa a ter outros tipos de problemas políticos. Esse jogo político do sindicato é muito cruel.

> QUANDO ALGUÉM DESPONTAVA NO SINDICATO, TIRAVAM LOGO PARA A FEDERAÇÃO. QUANDO DESPONTAVA NA FEDERAÇÃO, CHAMAVAM PARA A CONTAG.

---

3. José Francisco da Silva também foi entrevistado e seu depoimento foi publicado no Livro 1 desta Coleção.

Em 1973, fui convidado para fazer parte da chapa da CONTAG. E, em 1974, assumi como secretário-geral. Depois, fui presidente por dois mandatos, fui secretário-geral e, por muito tempo, fui tesoureiro. No total, fiquei por 24 anos na direção da entidade, até 1998.

ENTREVISTADOR(A): Quando vocês retomaram a direção da CONTAG, quais eram os principais desafios?

Francisco Urbano: Bom, vamos para as coisas mais concretas. Mesmo no tempo da intervenção na CONTAG — e isso foi uma coisa bonita —, as federações conseguiram botar o tema da reforma agrária na pauta. O presidente da CONTAG morria de medo, mas, a partir de 1968, a CONTAG passou a assumir clara e publicamente a defesa da reforma agrária e denunciar os conflitos, as violências e as mortes no campo. Isso custou a muita gente inquérito, depoimento, dirigentes foram impedidos de serem candidatos. O Zé Francisco perdeu a conta das vezes que teve que depor na Polícia Federal, no Quartel-general do Exército.

A CONTAG teve que recuperar sindicatos abandonados, fechados, e criar novos. No tempo do [José] Rotta, conseguiram criar um mecanismo para cobrar a contribuição sindical, num grande acordo com o Ministério do Trabalho. Isso ajudou, porque começou a ter dinheiro nas federações e na CONTAG, para fazer formação sindical e contratar gente, contratar advogado.

Em 1968, criou-se um grande programa de educação sindical e se evitou um "racha". Estava se estabelecendo um "racha" definitivo, porque os pequenos agricultores queriam discutir política agrícola e nós queríamos discutir a reforma agrária. Eles não se sentiam representados; ao contrário, quando começavam a discutir política agrícola, dizíamos que eles eram "pelegos",[4]

---

4. "Pelego" era o atributo pejorativo que se dava aos sindicalistas conservadores, acusados de atuar para "amortecer" o conflito entre os trabalhadores e os patrões.

fazendeiros, inimigos. Eles estavam no limite e com razão. O governo falando em política agrícola e eles não tinham nada. Então, foi feito um acordo, chamou-se de Programa de Integração Nacional Sindical, para integrar todas as forças, manter todo mundo junto. Ficamos uma semana no Rio de Janeiro, em Petrópolis, discutindo posicionamento sindical e recuperação dos sindicatos, uma ação da CONTAG para a reforma agrária, uma ação para discutir a política agrícola e a de assalariado, e continuar discutindo a previdência social com um projeto mais novo. A CONTAG começou a ter assessoria de política agrícola, de agrária, de direito trabalhista. Começou a ter reunião, planejamento e discussão.

Para fazer isso, não podia ser com grandes manifestações, grandes movimentos, então a gente usava a lei. O Estatuto do Trabalhador Rural já tinha sido alterado e o regime militar queria mostrar, para fora e para a sociedade, que não tinha feito isso contra os comunistas, nem contra a reforma agrária, e criou o Estatuto da Terra, que é melhor do que o que tem hoje. Mas eles não aplicaram o Estatuto da Terra, aplicaram somente a segunda parte, que é o chamado desenvolvimento, com a expansão das fronteiras agrícolas. O objetivo deles não era fazer a reforma, mas tentar apaziguar a classe média e alguns segmentos, porque queriam o apoio para o regime militar.

A gente usava o Estatuto da Terra para fazer reunião, para poder falar da organização, da luta. Muitas vezes, a gente foi fazer reunião no interior e o delegado de polícia dizia: "É ordem superior, não pode fazer reunião!". A gente tinha que dizer: "Quem fez a lei? O marechal Castelo Branco [primeiro presidente do regime militar, de 1964 a 1967]. Você está contra o marechal Castelo Branco?". Precisávamos dizer isso, senão não tinha reunião.

Se você pegar um documento de formação sindical da época, vai dizer que os dirigentes eram reacionários. Mas iam escrever o quê? O que eles falavam, não necessariamente era o que estava escrito. Usavam uma linguagem muito parecida com a da Igreja, com a metodologia da Igreja, para não assustar, claro, mas os militares não eram burros, eles sabiam.

ENTREVISTADOR(A): E como surgem as primeiras greves?

Francisco Urbano: No 3° Congresso da CONTAG, em 1978, tomou-se a decisão de que era preciso mudar a estratégia, ir para o que se chamava conscientização de massa e ações coletivas, manifestações de rua, juntar gente para fazer protestos. Já tinham alguns fazendo, mas a repressão era maior, porque não estava traçada uma ação de conjunto. Estava começando a discussão do questionamento da Lei de Greve [Lei n. 4.330, de 1964]. Nesse congresso, definiu-se por sairmos do campo da aplicação da lei, que era individual. Os advogados não entravam mais com ação individual, mas juntavam quatro ou cinco para criar um fato político, tanto no arrendamento de parceria quanto no assalariado. Isso custou muitas intervenções em sindicatos, muitos problemas, porque já estávamos mostrando uma ação diferente, não era mais o indivíduo que estava brigando.

Na ocasião desse congresso, a CONTAG já estava articulada com [o Sindicato dos Metalúrgicos de] São Bernardo do Campo, com o DIEESE muito forte na assessoria, para fazer as primeiras campanhas salariais. O setor urbano já estava começando a fazer greve, sem a Lei, mas a gente não tinha como fazer. Tínhamos que acertar com o pessoal mais à esquerda, os advogados mais progressistas, porque tínhamos que fazer uma coisa legalista. Por isso, fomos chamados de reacionários, disseram que estávamos querendo prejudicar a greve de São Bernardo. Eu disse que nossa relação no interior era outra, havia delegados, policiais e soldados que prendiam a gente. Começamos a fazer a campanha massiva, mas a norma era tudo dentro da Lei de Greve, cumprindo todo aquele ritual, que era uma barbaridade.

ENTREVISTADOR(A): As greves que ocorreram em São Paulo também tinham essa estratégia legalista?

Francisco Urbano: Não, os meninos lá começaram a parar nas sete linhas[5], eles começaram a brigar, mas aqui ninguém aguentava fazer isso. Eles organizavam o povo para isso, juntavam o povo naquela fazenda, naquela usina, onde estava aquele grupo e paravam ali. Começaram a fazer alguns acordos pequenos e isso trouxe o debate para a gente aqui, porque era a mesma situação no Nordeste. Ajudou, porque fazíamos a formulação da pauta, mas dentro da lei.

ENTREVISTADOR(A): As greves no Nordeste foram greves massivas?

Francisco Urbano: Sim, foram massivas. A primeira foi em Pernambuco, em 1979, e aí foram acontecendo outras no Nordeste. Em São Paulo, o movimento avançou um pouco, não tanto como o Élio Neves[6] gostaria, porque a federação oficial [Federação dos Trabalhadores na Agricultura do Estado de São Paulo — FETAESP] era muito conservadora.

A deliberação foi de fazer dois tipos de enfrentamento: o primeiro com o patronato, para melhorar a vida dos trabalhadores e contestar a Lei de Greve, porque, apesar de

> **AS GREVES FORAM MASSIVAS. A PRIMEIRA FOI EM PERNAMBUCO, EM 1979, E AÍ FORAM ACONTECENDO OUTRAS NO NORDESTE.**

---

5. Segundo o professor Francisco Alves, da Universidade Federal de São Carlos (UFSCar), um dos motivos da Greve de Guariba/SP (1984) foi a mudança do tamanho do eito, determinada pelas usinas, de 5 linhas de cana (ou 5 ruas) para 7 linhas de cana (ou 7 ruas). No eito de 7 linhas, a largura do talhão a ser cortado pelo trabalhador é de 9 metros, diante dos 6 metros do corte de 5 linhas. Com o aumento da área de corte, o trabalhador aumenta o seu esforço sem aumentar sua remuneração. Nas negociações, os trabalhadores conseguiram a volta do corte em 5 linhas, que tem prevalecido desde então.

6. Ver depoimento de Élio Neves neste Livro 2.

cumprirmos a lei, a gente denunciava a toda hora, que ela era inaceitável. Tínhamos um batalhão de advogados muito bons que questionava isso também. O segundo elemento era o grande movimento pela anistia, uma forma mais pública de ajudar o questionamento do regime.

Não era muito explícito nos documentos que estávamos lutando pela anistia, porque havia divergência dentro do próprio movimento. Começamos a falar em Constituinte, eleição direta, e algumas pessoas ficavam meio temerosas de uma nova intervenção no movimento sindical. Mas nenhum líder sindical, naquele momento, tinha força suficiente para dizer: "Aqui não se discute anistia, não se discutem eleições diretas, não se questiona o regime militar". Não tinha ninguém que tivesse liderança para impedir isso. As pessoas, de certa forma, foram obrigadas a discutir, falar sobre essas questões, a necessidade da anistia e a necessidade das eleições diretas e foi aumentando internamente o nosso questionamento mais explícito ao regime militar.

Quanto à mobilização, a gente estava cumprindo a Lei de Greve, mas o fato é que estávamos fazendo um enfrentamento ao patronato, ao latifundiário, ao usineiro, botando o governo no canto da parede. Nós estávamos ajudando esse processo nacional de questionamento e essa foi a grande vantagem da CONTAG, porque fez isso articulada com muita gente boa, que já vinha de certa forma envolvida com o movimento, mas incorporou-se ali. Não era simplesmente discutir o direito do assalariado.

Os debates no Conselho da CONTAG eram a coisa mais linda do mundo. Mesmo sabendo que tinha gente com a carteira do DOPS [Departamento de Ordem Política e Social, órgão da repressão] na mão, o debate era franco. Dele participava todo mundo, inclusive os assessores das federações ou convidados. Todos tinham o mesmo direito de se expressar, mas, na hora de votação, eram só os delegados. Isso ajudou tremendamente o processo; então essa mesma linha foi para a discussão das greves.

A CONTAG, depois, assumiu de forma pública o apoio à eleição presidencial de Tancredo Neves pelo Colégio Eleitoral. Nós tínhamos clareza de que aquele modelo era de interesse do regime, mas era o momento de você tentar ajudar, começar a mostrar as fissuras no regime. A gente não podia ficar só na expectativa das Diretas Já.

ENTREVISTADOR(A): Mas não estava no plano que ele ia morrer, não é?

Francisco Urbano: Pois é, não estava. Essa é a história do Brasil...

ENTREVISTADOR(A): E que vinha o Sarney...

Francisco Urbano: Veio o Sarney e foi um desastre para a gente, para a sociedade como um todo. O Tancredo teria sido melhor do que o Sarney? Seria a mesma coisa. Só numa questão seria diferente: ele tinha mais capacidade para administrar, para evitar o descontrole inflacionário, um pouco mais de cuidado nos aspectos de corrupção, na questão da ética, porque era um sujeito muito católico, religioso, mas só nisso. "Ah, o Tancredo era um defensor do Estado de Direito Democrático". Mas toda a direita já falava isso, o que não queria dizer nada, porque não estava falando de distribuição de renda, de emprego, de reforma agrária. O Tancredo não tinha compromisso com a reforma agrária e, nesse aspecto, o Sarney não foi tão pior do que ele. A não ser que as pessoas achassem que Tancredo era de esquerda, aí sim, estava tirando um cara de esquerda para botar um de direita. Mas ele era direita do mesmo jeito.

O Sarney aprovou o Plano Nacional da Reforma Agrária. A CONTAG tinha clareza do governo que era, mas também tinha clareza de que aquele Plano tinha a mão da sociedade, estava muito bom para a realidade e fomos para a rua defender. Ficamos isolados, o pessoal da esquerda ficou "metendo o cacete" na gente, o Partido dos Trabalhadores (PT), os grupos da Igreja, um monte de gente.

Um dia a gente foi falar com o Sarney. Fomos questionar que ele tinha feito uma desapropriação e não tinha dinheiro para pagar, muito menos para assentar, tinha só o Decreto. O Sarney disse: "Pô, Zé Francisco, vocês não querem tanto a reforma agrária? Então me ajudem, peçam para o pessoal da esquerda, para os amigos de vocês defenderem a reforma agrária, pedir dinheiro e botar no orçamento. Quem bota dinheiro no orçamento não sou eu. Eu mando dar e o Congresso tira. Mas a esquerda só 'esculhamba' o Sarney. Mandem eles fazerem o discurso pedindo dinheiro, criticando os latifundiários. Se eu tiver um estoque de terras desapropriadas por decreto, é muito provável que vocês tenham que brigar para fazer o orçamento ter dinheiro para isso, porque senão o governo estará cometendo um ato irregular, desapropria mas não tem dinheiro".

ENTREVISTADOR(A): Isso aí que você está contando foi uma conversa com o próprio presidente?

Francisco Urbano: Com o Sarney, em uma reunião com um monte de dirigentes de federações, com o presidente da CONTAG, o chefe da Casa Civil, o presidente do INCRA, que era o Zé Gomes.

O Sarney tem uma longa história, ele não é de origem rica, é de classe média. Rica é a mulher dele. O Sarney teve apoio do Partido Comunista na sua primeira eleição para governador do Maranhão. Ele tinha um espírito muito conciliador, um princípio mais democrático de ouvir. Não me lembro de ninguém que apanhou mais do que o Sarney enquanto presidente. E ele nunca agrediu a gente, nunca levantou a voz numa reunião, mesmo a gente brigando, discutindo com ele, mesmo quando a gente ia para a imprensa "esculhambar" o governo. Depois, o poder de pressão foi muito forte em cima dele e nosso pessoal não se juntou do mesmo jeito para defender o Plano, porque muitos diziam que defender o Plano era defender o Sarney. Isso era um equívoco, porque o Sarney não estava lá por ele, estava pelo processo que foi construído para a eleição de Tancredo. Eu faço essa avaliação política.

A CONTAG assumiu muito claramente o apoio à eleição de Tancredo, assumiu publicamente a defesa das Diretas Já e participamos de todo o processo Constituinte. Mas houve um erro da CONTAG e da maioria das federações, que não entenderam que tínhamos que ter ido para rua, tínhamos que ter botado gente nas cidades junto com a OAB [Ordem dos Advogados do Brasil] e a CNBB [Conferência Nacional dos Bispos do Brasil] pela Constituinte exclusiva. Esse foi um erro nosso, não fizemos nada, apoiamos a Constituinte, mas só saiu um documento, uma coisinha pequena. Precisávamos conscientizar a sociedade sobre a diferença de um Congresso Constituinte e de uma Constituinte Exclusiva. Felizmente, por conta daquele processo grande de mobilização das Diretas Já, apesar de ter sido congressual, não foi uma Constituinte como as outras, que eram feitas por um grupo de iluminados que redigiam e depois o Congresso aprovava. O Sarney criou um grupo e construiu um texto, mas com o processo que foi feito, chegou uma hora que botaram aquilo no lixo e foi para o debate das comissões. Se vocês pegarem os filmes, os debates, vão ver que as discussões naquelas comissões eram uma "pauleira do cacete". Aquilo impediu que a elite jurídica e os juristas de esquerda — que são tão reacionários como os de direita, porque acham que só eles entendem, que só eles sabem de tudo — escrevessem o que era bom para o povo.

ENTREVISTADOR(A): É um acúmulo social.

Francisco Urbano: É, acúmulo social. Aquilo impediu que os juristas fizessem a Constituinte, porque eles não passavam de meia dúzia que escreviam e o Congresso votava. A Assembleia Nacional Constituinte, da maneira como foi executada e construída, consolidou e garantiu a democracia neste país de forma enraizada.

> A CONSTITUINTE, DA MANEIRA COMO FOI EXECUTADA E CONSTRUÍDA, CONSOLIDOU E GARANTIU A DEMOCRACIA NESTE PAÍS DE FORMA ENRAIZADA.

ENTREVISTADOR(A): Quando vocês começaram a acompanhar esse processo que culminou com a Constituição de 1988?

Francisco Urbano: Em 1979, do ponto de vista explícito, para fora, certo?

ENTREVISTADOR(A): É uma década, é muito trabalho.

Francisco Urbano: Muita movimentação, muitos atos públicos, que já se conseguia fazer, apesar da repressão. Na verdade, esse debate se dava na CONTAG já em 1967, 1968, 1969, mas não com a mesma dimensão nem para fora, porque não tinha espaço. Para mim, o fundamental é que a CONTAG não ficou fora desse processo, e não ficou fora porque já estava dentro desde o início, desde quando a gente retomou a direção da CONTAG da mão do interventor.

ENTREVISTADOR(A): E qual era a interlocução da CONTAG com os deputados constituintes?

Francisco Urbano: Naquela época, as lideranças nem precisavam pedir audiência. Mário Covas, [Euclides] Scalco, Egídio Martins, em Pernambuco, Miguel Arraes como governador [de Pernambuco], no Rio Grande do Sul o Odacir Klein — que na época era uma liderança importante de esquerda —, o governador de Santa Catarina [Pedro Ivo Campos] — que na época era um cara progressista —, tinha os brizolistas do Rio Grande do Sul, o Alceu Collares, tinha o Ulysses Guimarães. O mais difícil era Tancredo, que só se aproximou na campanha dele. Tem que lembrar o nome de todas essas figuras, toda ala progressista de esquerda, com quem tínhamos uma relação tranquila. A gente vivia no Congresso discutindo com eles, acertando, a articulação era muito grande. Eles procuravam a gente e diziam: "Nós temos um tema e queremos conversar com vocês". E iam à sede da CONTAG.

ENTREVISTADOR(A): O que mudou com a Constituição, principalmente na questão da organização dos trabalhadores?

Francisco Urbano: A primeira coisa foi a consolidação da democracia e a garantia de que os trabalhadores rurais eram membros da sociedade brasileira, como cidadãos e como trabalhadores. Isso ficou muito claro. Finalmente, não há mais um questionamento no Judiciário da relação de um trabalhador, seja ele posseiro, arrendatário ou assalariado. Isso para mim é uma coisa muito legal. Além disso, a questão previdenciária, que trouxe o trabalhador rural para dentro do sistema, com todos os direitos do cidadão.

Por outro lado, nós perdemos a estabilidade dos trabalhadores rurais com o Fundo de Garantia. Eu não consigo entender quando o patronato fica falando do "custo Brasil", mas ninguém tem coragem de dizer: "Tira os 8% da folha de pagamento e volta a estabilidade do trabalhador!". Nós somos muito acomodados em algumas coisas, muito imediatistas, "ah, nada, se o patrão me botar pra fora, eu tenho meus 8%". Eu participei de um debate no governo Itamar Franco com as centrais sindicais e os grandes fazendeiros, os grandes empresários. Eu disse: "Vamos começar a fazer alguma coisa aqui, agora? É caro mesmo pagar esses 8% sobre a folha de pagamento, 8% no custo de produção. Vamos tirar 8% começando pelo Fundo de Garantia, deixa de pagar 8% que vocês têm que depositar e volta a estabilidade". Quase eu apanho dos dirigentes sindicais. O [Walter] Barelli, que era ministro do Trabalho, disse assim: "Urbano tu vai apanhar, o pessoal já gostou dos 8% na conta". Quem bateu em mim foram as centrais, e não foi a Força Sindical, foi a nossa velha amiga CUT, sindicalistas cutistas, mais esquerdistas.

> O PATRONATO FALA DO "CUSTO BRASIL", MAS NÃO TEM CORAGEM DE DIZER: "TIRA OS 8% DA FOLHA E VOLTA A ESTABILIDADE DO TRABALHADOR!"

ENTREVISTADOR(A): A estabilidade dos trabalhadores urbanos também já existiu.

Francisco Urbano: Foi perdendo...

ENTREVISTADOR(A): Foi um pouco antes, eu acho.

Francisco Urbano: Foi em 1967, com o Fundo de Garantia. Mas naquela época o FGTS não se aplicava aos rurais.

ENTREVISTADOR(A): Para os rurais foi só em 1988?

Francisco Urbano: Só em 1988. Não só perdemos a estabilidade com a extensão do Fundo de Garantia, dizendo que a igualdade é igualdade para todos, como perdemos também a indenização dos direitos de todo o período trabalhado.

ENTREVISTADOR(A): Antes, quando o trabalhador era mandado embora, ele podia entrar com um processo e receber...

Francisco Urbano: Todo o tempo que ele tinha sido empregado, o tempo que ele conseguisse provar. Após a Constituinte houve a mudança, tem que entrar com processo no máximo até dois anos após ser demitido. Para cobrar somente os últimos cinco anos. E o que foi anterior ele perde.

ENTREVISTADOR(A): Mesmo se ele tiver sido lesado por 10, 20 ou 30 anos?

Francisco Urbano: Isso mesmo. No setor urbano já era assim. Foi uma equiparação por baixo. Onde a gente ganhou na previdência foi no direito da mulher, mas o maior ganho foi do conjunto da sociedade, e nós incluídos aí nesse processo. Mas nós, rurais, tivemos muitas perdas e uma foi na reforma agrária. A lei que está aí hoje usa simplesmente a expressão "propriedade produtiva e improdutiva". Mas se uma terra é "improdutiva", ela serve para alguma coisa? É uma linguagem marota, cretina. Desapropriar coisa improdutiva? A linguagem do Estatuto da Terra é a seguinte: propriedade explorada e não explorada, latifúndio por dimensão e por exploração. Agora é só propriedade produtiva e improdutiva. Antes esse produtivo que eles chamam era a empresa rural. Pelo Estatuto da Terra, a empresa rural não podia ser desapropriada, mas para ser empresa rural, tinha que explorar 80% da área da propriedade, ter 100% de aproveitamento produtivo, respeitar o direito trabalhista, garantir o bem-estar social do proprietário e de quem nela trabalha. Com o descumprimento disso, perdia a qualidade de propriedade produtiva, de empresa rural. Hoje, simplesmente se define que não é produtiva, mas não está dito que ela perde o direito.

Para desapropriar uma fazenda porque deixou de cumprir o direito ambiental, o direito trabalhista, porque não pagou um tostão à previdência, é muito difícil. Só se ocupar a fazenda, criar caso, quebrar. Aí prendem o trabalhador, matam um bocado e só depois, lá na frente, desapropriam, certo? Mas porque ela foi praticamente abandonada, destruída e não está mais produzindo. E não pelo fato de ela estar descumprindo a legislação trabalhista e ambiental. Mesmo durante o regime militar, nós conseguimos desapropriar usina de açúcar em Pernambuco, no Rio de Janeiro, por descumprimento de direito previdenciário e trabalhista. A dívida deles era muito grande e eles recebiam uma mixaria de indenização, porque era descontada toda a dívida dos direitos trabalhistas e previdenciários, que eles não pagavam. E conseguimos muitas áreas assim. Mas hoje é difícil, porque o próprio processo de modernização do sistema produtivo cria dificuldades até para um juiz compreender bem a situação. E com um Judiciário conservador como o nosso, reacionário... Nosso Judiciário é mais reacionário que a Igreja, porque eles têm poder de decisão.

Acho que nós tivemos muitos avanços nesse processo, mas, para mim, o avanço mais extraordinário foi disciplinar a garantia da liberdade e da democracia, liberdade como expressão democrática, de cidadania, porque esse negócio de liberdade para passar fome, liberdade de morrer de fome, de ser assassinado, isso não... Isso é a liberdade burguesa e eu quero que a gente um dia chegue à democracia com qualidade de vida.

ENTREVISTADOR(A): Como é que você vê a questão dos mecanismos de solução de conflitos, a atuação da Delegacia Regional do Trabalho, do Judiciário, do Ministério Público, a própria negociação direta entre os sindicatos dos trabalhadores e o patronato? Você acha que teve alguma mudança cultural nessas questões?

Francisco Urbano: Na época do regime militar e antes da Constituinte, o processo de negociação com o empresariado era uma crueldade. Você precisava encontrar um Delegado de Trabalho mais compromissado, encontrar um juiz para fazer uma articulação. E não tinha democracia, o Estado não tinha liberdade para isso, o patronato tinha toda força, todo poder. Porque nós éramos considerados subversivos, né? Qualquer coisa era subversiva. Mas, a partir do que se consolidou com a Constituição, eu acho que, apesar de tudo, avançou muito o processo de negociação no campo, muito empresário melhorou o nível, começaram a entender que nós éramos parte integrante da sociedade. Antes, não aceitavam sentar com o trabalhador, preferiam ir para o dissídio porque era de advogado para advogado, não precisavam estar conversando com esses "miseráveis", camponeses, sindicalistas rurais. Essa foi uma mudança muito boa.

Agora, uma coisa é certa, o patronato rural aprendeu muito, se articulou muito para tentar derrubar a gente. Nós, sindicalistas rurais, não nos preparamos com o mesmo conteúdo para fazer o enfrentamento da modernização do setor agrícola e dos mecanismos empresariais no processo de mudança. Não dá para brigar como a gente fez naquelas campanhas salariais, no grito, "na porrada". Os caras foram para o esquema tecnológico de acesso à informação econômica, o "diabo". E nós abandonamos o que tínhamos de melhor na campanha salarial, que era a assessoria de vocês, pagando uma mixaria, e vocês trabalhando junto com a tropa, pareciam militantes sindicais, fazendo estudo, correndo risco de apanhar, e o pessoal achando que estava gastando muito dinheiro... Que visão equivocada... Dá para enfrentar o patronato, no setor canavieiro, no setor de café, no grito hoje? Não, é com informação econômica e técnica do processo de modernização.

ENTREVISTADOR(A): Entre os trabalhadores rurais, os canavieiros foram os que mais fizeram greves. Mas, de 2007 para 2011, caiu quase pela metade o número de canavieiros...

Francisco Urbano: Em alguns lugares até mais. Desde quando nós começamos a fazer greves em Pernambuco e comparado com hoje, quantos assalariados tem? Menos de 20%. Antes eram 130-150 mil pessoas assalariadas no setor canavieiro em Pernambuco. Hoje não tem nem 20 mil. E o pior é que não conseguimos fazer uma discussão sobre onde colocar esse pessoal. Era hora de termos força para fazer o governo intervir também. Como fazer para garantir o cidadão e não só a máquina, garantir os resultados do avanço tecnológico? Eu considero que não deveria existir nenhum cortador de cana, porque é a atividade mais cruel. O cara começa a trabalhar com 14-17 anos e, com 30 anos de idade, está liquidado. Então, tem que ser máquina mesmo, mas tem que ter um projeto para o homem que deixou de ser cortador de cana.

> QUANDO COMEÇAMOS A FAZER GREVES EM PERNAMBUCO, ERAM 130-150 MIL PESSOAS ASSALARIADAS NO SETOR CANAVIEIRO. HOJE NÃO TEM NEM 20 MIL.

ENTREVISTADOR(A): Para a gente terminar, eu gostaria de perguntar em que você está trabalhando hoje, depois que deixou a CONTAG?

Francisco Urbano: Deixei em 1998, quando Manoel Santos foi eleito. A gente fala muito em renovação, mas nunca sai do cargo. E como renova assim? Tenho o maior orgulho de vir aqui na federação, de ser tratado com respeito. Passar dos 19 aos 57 anos de idade sendo dirigente e hoje, em qualquer estado, em qualquer lugar, ser bem recebido significa que não fui um dos piores dirigentes, certo? Passei 24 anos na CONTAG, e sou bem recebido hoje pelos mais jovens e pelos mais antigos. Isso é bom, é uma alegria muito grande.

Meu sonho era deixar de ser dirigente e trabalhar como uma espécie de consultor, assessor. A aposentadoria que eu tenho não dá para me sustentar, então tenho que trabalhar. Teve um período no governo Fernando Henrique Cardoso que eu trabalhei no Pronaf [Programa Nacional de Fortalecimento da Agricultura Familiar]. No governo [de Dilma Rousseff], trabalho como consultor no Programa Nacional de Crédito Fundiário, que tem tudo a ver com a minha vida, porque é crédito para o agricultor[7]. As pessoas têm compromisso político, ideólogo, compromisso com a sociedade. Mas eu gostaria muito que me chamassem, que me mandassem falar, fazer reunião no interior, dentro do mato mesmo, junto com os trabalhadores.

ENTREVISTADOR(A): Muito obrigado pela entrevista.

---

7. Posteriormente, passou a Coordenador de Regularização Fundiária, na Secretaria de Reordenamento Agrário no Ministério do Desenvolvimento Agrário.

4

PAULO RENATO PAIM

Sindicato dos Metalúrgicos de Canoas
Entrevista em 16 de agosto de 2011

ENTREVISTADO: Paulo Renato Paim — ex-presidente do Sindicato dos Metalúrgicos de Canoas (RS), ex-deputado federal constituinte e atual senador da República, pelo Partido dos Trabalhadores (PT).

Foto: Arquivo pessoal

ENTREVISTADOR(A): Gostaríamos que você nos contasse sobre sua história de vida, sua formação e como você entrou na política.

Paulo Paim: Eu nasci em 15 de março de 1950, em Caxias do Sul (RS). Sou filho de pai e mãe que ganhavam o salário mínimo, em uma família de dez irmãos. Desde menino, sempre tive esse viés de querer participar da vida política, quem sabe até por instinto de contestação aos preconceitos, que é o que a gente mais sentia por ser pobre e negro. Acabei sendo presidente de sala de aula, presidente de grupos estudantis. Com 16 anos, eu era presidente no Ginásio Estadual para Trabalhadores, que funcionava no horário noturno, cargo que ocupei até os 18 anos, ainda no período da ditadura. Depois fui afastado dali, devido ao meu envolvimento com a defesa da democracia, e fui para o Ginásio Estadual Santa Catarina, também noturno. Tinha feito um acordo com o pessoal do Exército, que eu saía de um, mas me comprometia a não fazer política no outro. Em dois meses, eu era presidente do grêmio (*risos*). Então, foi um processo meio natural. Depois desse período, eu tive que sair também do ginásio noturno, ainda na época da ditadura...

ENTREVISTADOR(A): A sua família tinha história de participação na política?

Paulo Paim: Nada, nada. Não tinha ninguém na política. Dos dez filhos, sou o único que enveredou por esse caminho, para o movimento sindical e para a política partidária. Depois eu me mudei de Caxias para Porto Alegre. Até hoje sou funcionário do Grupo Tramontina. Acabei sendo eleito para presidir a CIPA [Comissão Interna de Prevenção de Acidentes]. Na CIPA, ainda era aquela história de o presidente ser indicado pelo empresário e o vice pelos trabalhadores. Eu disse que só aceitaria ser presidente se eu fosse eleito. E consegui mudar internamente, fui eleito presidente e elegemos também o vice.

ENTREVISTADOR(A): Como você entrou no movimento sindical?

Paulo Paim: Eu entrei no movimento sindical por uma vontade dos próprios trabalhadores da região, quando descobriram que tinha alguém na "fábrica x" que exigiu que sua eleição para a presidência da CIPA fosse pelo voto direto e não por indicação da empresa. O sindicato era mais conservador, muito lento, muito devagar, e os trabalhadores me convidaram para ir às assembleias. E a partir daí foi natural. Fui convidado a assumir a chapa de oposição no Sindicato dos Metalúrgicos de Canoas, onde eu já residia. Em 1980, assumi a presidência do sindicato.

ENTREVISTADOR(A): Em 1978, a greve da Scania, no ABC paulista, teve um impacto nacional muito grande. Como é que isso chegou lá no Rio Grande do Sul e, particularmente, para você?

Paulo Paim: Em 1978, eu ainda estava dentro das fábricas. A gente assistia a mobilização dos trabalhadores como um grande movimento, mas pela imprensa, pelo jornal. Eu não participei desse momento. Eu entrei no movimento sindical a partir de 1979, 1980. Só daí para a frente é que acompanhei todas as greves.

Em 1980, houve uma greve em Candiota, interior do Rio Grande. Para chegar lá, eram seis horas de viagem. Estavam morrendo trabalhadores na obra de Candiota.

> EM 1980, HOUVE UMA GREVE EM CANDIOTA, INTERIOR DO RIO GRANDE. ESTAVAM MORRENDO TRABALHADORES NA OBRA.

ENTREVISTADOR(A): Eles trabalhavam na construção civil?

Paulo Paim: Construção civil. Eu fui para lá e a obra parou por 12 dias. Eram em torno de 10 mil trabalhadores. Paramos tudo e só voltamos a trabalhar depois que foi instalada uma comissão de fábrica com estabilidade e ainda foi garantida uma reestruturação na questão da segurança.

ENTREVISTADOR(A): Essa greve da construção civil foi a primeira de que você participou diretamente?

Paulo Paim: Foi a primeira de que participei diretamente, da construção civil em Candiota/Bagé, em 1980. Foi uma greve muito forte, porque tinham morrido dois ou três trabalhadores por acidente de trabalho. E eu me lembro que tinha a história do fura-greve, né? Para ver a radicalidade do movimento, eu disse: "olha pessoal, aqui ninguém vai furar greve. Morreram dois ou três por acidente de trabalho. A gente não quer que morra mais ninguém. E para não morrer ninguém, não pode ter fura-greve, senão as coisas vão continuar acontecendo". E a peãozada: "É isso aí mesmo!". E ninguém furou a greve. Mas foi uma greve interessante. Lembro-me que recebi deles, no encerramento da greve, um quadro de papelão, que tenho até hoje em casa, com São Sebastião cheio de flechas. "O Paim é nosso São Sebastião". E todos assinaram atrás, cinco, dez mil assinaturas. Não dava para contar, faziam fila para assinar... Foi um belo momento da minha vida.

Fiz outro movimento no polo petroquímico de Triunfo. Fui chamado no meio da noite, porque a polícia estava atirando nos trabalhadores. Eu fui para lá. Conseguimos mediar. Acabamos com o conflito e chegamos a um acordo. Foi um triunfo. Isso deve ter sido em 1981. Eu já estava na presidência do sindicato.

ENTREVISTADOR(A): O Miguel Rossetto[1] [ex-presidente do Sindicato dos Petroquímicos de Triunfo] também estava lá?

Paulo Paim: O Rossetto ainda não estava lá naquela época. Ele veio depois. O Rossetto foi da base do meu sindicato, inclusive. Ele era

---

1. Miguel Rossetto também foi entrevistado e seu depoimento será publicado em outro livro desta Coleção.

da Coensa. Teve uma greve na Coensa e ele participou ativamente. Mas foi outro momento. Essas greves que eu te falo foram anteriores.

ENTREVISTADOR(A): São as primeiras grandes greves do Rio Grande do Sul?

Paulo Paim: Nesse período pós-ditadura, sim. Nós acabamos fazendo uma série de greves e exigindo comissão de fábrica, exigindo que se cumprissem os acordos, enfim... Foram momentos muito firmes. Fizemos comissão de fábrica na Massey, na Vogue e na Coensa, já com o Rossetto, onde ele era a maior liderança da empresa, da nossa base. Foram greves bem-sucedidas.

Depois eu participei de inúmeras greves. Dali para frente foi uma loucura. As greves dos trabalhadores nas indústrias de calçados, no Vale dos Sinos, foram muito fortes. Eu acabava participando, direta ou indiretamente. Não é que eu estivesse liderando; eu ia lá apoiar. A liderança era dos trabalhadores e do líder sindical. Mas eu sempre estive junto, na mesa de negociações.

Houve momentos bonitos dessa história toda. Houve uma greve dos motoristas de ônibus. Aí me chamaram para essa negociação. Lembro que o César Valente era um grande empresário, que representava o lado empresarial. Então, estávamos todos na mesa, negociando e eu disse: "Olha pessoal, tem um problema. Vou ter que sair". "Por quê?". "Minha filha faz 15 anos e eu tenho que dançar a valsa com ela. Eu vou lá e volto aqui". E ele disse: "Tudo bem, assunto encerrado. Nós vamos aguardar até você voltar". Fui lá, dancei a valsa e voltei. Enfim, nós fizemos o acordo, negociamos a greve, o pessoal voltou a

> FUI LÁ, DANCEI A VALSA E VOLTEI. ENFIM, NEGOCIAMOS A GREVE, O PESSOAL VOLTOU A TRABALHAR E COM UM BOM ACORDO.

trabalhar e com um bom acordo. São momentos bonitos, que mostram que vale a pena essa luta.

ENTREVISTADOR(A): Naquela época, você presidiu uma entidade estadual de trabalhadores, não é?

Paulo Paim: De 1981 a 1982, fui presidente da Central Estadual de Trabalhadores do Rio Grande do Sul, porque eu participava das greves em todo o estado. Era uma entidade que unia todo o movimento sindical do campo, da cidade, do setor público e privado em uma única central. Naquela época, ainda não existiam as centrais sindicais nacionais; a CUT foi criada só em 1983.

ENTREVISTADOR(A): E aquela famosa caminhada, na greve geral de 1983? Como foi?

Paulo Paim: Aquela sim foi muito bonita e muito forte. Nós fizemos a primeira caminhada no Brasil, segundo alguns estudiosos me falaram. Os companheiros entendiam que eu devia coordenar aquele movimento. Então, coordenei a greve geral no Rio Grande do Sul[2]. Foi a minha responsabilidade. No dia da greve, o pessoal queria que eu ficasse na Assembleia Legislativa, devido à questão de segurança e tal. Eu disse: "Eu não vou ficar na assembleia coisa nenhuma! Eu vou para a rua!". E fomos para a rua, participando, ajudando, verificando os piquetes, a mobilização toda. "Pau" pra cá, "pau" pra lá. E diziam que iam me prender. "Vão prender nada!". E de manhã nós nos organizamos, no Sindicato dos Metalúrgicos de Canoas, que pegava todo o Vale dos Sinos. É semelhante ao ABC, em São Paulo. Reunimos os

---

2. Essa greve geral, de âmbito nacional, foi convocada em agosto de 1983, em protesto contra o Decreto-lei n. 2.045, que arrochava fortemente os salários de todos os trabalhadores brasileiros.

GREVES NO BRASIL (DE 1968 AOS DIAS ATUAIS)

trabalhadores que estavam em greve, em torno de cinco mil, e fomos para Porto Alegre a pé. Em plena ditadura!

Canoas se divide com Porto Alegre por uma ponte e o pessoal da imprensa avisou: "Olha Paim, quando vocês atravessarem a ponte... Dali vocês não passam. O pessoal vai metralhar vocês!". "Que metralhar coisa nenhuma!". Fiz a proposta na assembleia: "Quem é que está disposto a sair daqui e ir a Porto Alegre a pé?". E a peãozada toda parada mesmo, decidiu: "Vamos embora!". Saímos e atravessamos o centro da cidade de Canoas, onde a polícia estava achando que a gente ia quebrar tudo. Fomos com o carro de som: "Ninguém vai sequer pisar na grama, não vai ter um vidro quebrado em loja nenhuma!". E passamos. Chegamos à ponte, o Exército estava colocado ali, as Forças Armadas, e nós ainda com os cinco mil. Eles foram só abrindo e nós fomos passando. Quando chegamos à Avenida Farrapos, já éramos uns dez mil, mais ou menos. Foram se somando, se somando, se somando e... Pô, agora me veio aquela emoção! Com 61 anos, tu começas a ver o filme na tua frente. E foi um filme muito bonito. O pessoal jogando confete dos edifícios, batendo palma. "É isso aí, vamos lá, é a democracia!". Quando vimos, já não tinha limite, eram mais de 15 ou 20 mil pessoas. Fomos em direção ao Palácio Piratini. Quando chegamos em frente ao Piratini, ali estavam mais umas dez mil pessoas. Já éramos mais de 30 mil. E todo mundo esperando o meu pronunciamento. E eu sem dormir... Esse é o lado meio cômico da história: a noite sem dormir, caminhada de Canoas a Porto Alegre a pé, mais ou menos 30 quilômetros, e eu puxando o batalhão junto. Era esse o pique. "Vamos lá, vamos lá, vamos lá!". E falaram uns dois ou três, estava perto da hora de eu falar e eu desmaiei. "Pô, nosso líder desmaiou!" (risos). Caí duro mesmo. Não sei o que me deu, se foi pressão... Caí duro. Depois de uns cinco minutinhos, acordei. O pessoal todo preocupado com o que tinha acontecido. Se foi tiro ou não foi. Que nada! Tinha desmaiado mesmo. O que aconteceu depois? Outro companheiro falou, eu me recuperei e peguei a fala.

Teve outro episódio interessante. Na época, havia provocadores no meio do movimento. Infelizmente isso era normal. E eles começaram a gritar: "Vamos invadir o Palácio! Vamos invadir o Palácio!". E não tinha quem segurasse 30 mil pessoas, não é? Peguei o microfone e comecei a falar: "Pela liberdade, pela democracia, pela justiça, pelo emprego, pelo salário, taxa de juros, fora FMI!", aquele negócio todo. E daí os provocadores começaram a gritar: "Paim, Paim, Paim, vamos invadir agora sim!". E eu disse: "Não, nós não vamos invadir o Palácio coisa nenhuma, nós vamos fazer o nosso ato de protesto aqui. Nós vamos subir, em comissão, e vamos dialogar com o governador Jair Soares. Ninguém vai invadir, ninguém vai quebrar um vidro ou uma porta do Palácio!". Quando comecei a falar, é claro que eu sabia que a massa vinha conforme a minha orientação. Mas eles cortaram o microfone e gritaram: "Vamos invadir, vamos invadir, vamos invadir! Não tem Paim. Vamos invadir!". E comecei a fazer aquilo que a gente faz até hoje: "Pessoal, eu vou falar e a turma que está mais próxima vai repetir: Não à invasão, não à provocação! Não à invasão, não à provocação!". E o pessoal começou a dizer isso, aí serenou e eles sumiram naquela massa. Fizemos uma comissão e fomos falar com o governador. Foi um momento muito tenso, muito tenso mesmo. Algumas pessoas disseram: "Você tem que dar uma coletiva, Paim, porque é um fato inédito". "Que coletiva, rapaz, eu tenho que tratar é dos trabalhadores". E não dei a coletiva. O pessoal todo ali, aquela folia, polícia para cá, polícia para lá. Como eu ia dar coletiva com os trabalhadores podendo até serem mortos?

ENTREVISTADOR(A): Mas foi um movimento que teve uma adesão maior do que você podia esperar?

Paulo Paim: Total, total. Foi maior do que nós podíamos imaginar. Quando nós saímos de Canoas, foi com o objetivo de fazer um protesto contra a ditadura. Era um movimento com 30, 40 mil pessoas, ao natural, sem nada organizado. Teve um momento lindo que foi quando nós saímos da Avenida Farrapos e, subindo para o Palácio, os estudantes estavam ali, todos participando da greve. Acho que uns cinco mil estudantes. Eles diziam: "Abram alas para os trabalhadores passarem!". E os estudantes se uniram a nós e prosseguimos a caminhada. Foi muito bonito. Das greves de que participei, acho que essa foi a mais bonita; foi a greve geral de 1983, que foi feita em todo país e unificava todos. Porque nós tínhamos um adversário comum, um inimigo comum, que era a ditadura.

> **DAS GREVES DE QUE PARTICIPEI, ACHO QUE A MAIS BONITA FOI A GREVE GERAL DE 1983, QUE FOI FEITA EM TODO PAÍS E UNIFICAVA TODOS.**

ENTREVISTADOR(A): E quando você começa a participar do movimento sindical nacional? Você participou da fundação da CUT?

Paulo Paim: Sim. Em 1983, com a fundação da CUT, houve um racha no movimento sindical e tive que optar, embora eu tenha resistido. Entendia que o movimento sindical poderia continuar de forma unitária, até mesmo com uma única central. Mas não foi esse o entendimento da maioria. Me submeti naturalmente e virei, em 1983, secretário-geral e depois vice-presidente da CUT nacional, na gestão do [Jair] Meneguelli[3], que era o primeiro comandante e eu era o segundo nome da chapa. Foram momentos muitos bonitos de que eu participei, da formação da CUT, enfim...

Na época, eu entendia que a central vinha para aglutinar todos os trabalhadores, independentemente da questão partidária. E entrei na CUT com essa visão. Tanto que o PCdoB (Partido Comunista do Brasil), o PSB (Partido Socialista Brasileiro), o PDT (Partido Democrático Trabalhista) e tantos outros partidos estavam na fundação da CUT. Inúmeros partidos estavam. Eu não era filiado a partido nenhum e fui eleito secretário-geral em um congresso e vice-presidente no congresso seguinte. Tinha

---

3. Ver o depoimento de Jair Meneguelli neste Livro 2.

uma ligação muito forte, na base, com o PT e o PDT. A presidenta Dilma e o [ex-]esposo dela, o Carlos Araújo, me ajudaram muito, inclusive na chapa que me elegeu presidente do Sindicato dos Metalúrgicos, indo em porta de fábrica panfletar e pedir voto. E tinha também o professor Adair, uma liderança forte no PT, que também estava junto. Então, no momento em que entrei no movimento sindical, tinha uma vinculação muito forte com o PDT e o PT.

ENTREVISTADOR(A): Como se deu sua aproximação ao Partido dos Trabalhadores?

Paulo Paim: Aí já foi um pouco mais tarde. Em 1986, houve no Rio Grande do Sul um grande congresso de trabalhadores na véspera da Constituinte, e foi decidido que alguém tinha que representar os trabalhadores gaúchos. Eram mais de mil delegados. Fizemos um longo debate e foi definido, por unanimidade, que meu nome deveria ser indicado para ser deputado federal constituinte. Assim entrei na política, de novo, a exemplo do que ocorreu no sindicato, por um movimento de baixo para cima. E mandaram que eu escolhesse o partido: "Escolha quem você quiser, se é o PMDB (Partido do Movimento Democrático Brasileiro), se é o PDT, se é o PCdoB, se é o PT", que eram os partidos com os quais eu tinha mais identidade. Sempre tive uma relação muito boa com o PCdoB, o PT e o PDT.

ENTREVISTADOR(A): Ah, você não era filiado ao PT?

Paulo Paim: Não, eu não era filiado a nenhum partido. E no meu sindicato, não queria saber se o cara era filiado ao PDT, ao PSB, ao PC, sei lá o quê. Eu queria era saber que aquele era um momento em que os trabalhadores se reuniam para defenderem suas causas. Durante todo o período em que presidi o sindicato, se perguntassem para mim a filiação da diretoria, alguns eu sabia, mas metade eu não sabia. Então, só entrei na política por uma decisão de um congresso de trabalhadores do Rio Grande do Sul. Foi no Sindicato dos Metalúrgicos de Porto Alegre, onde estavam todos representados e tiraram meu nome. Foi por isso que virei deputado. Senão, não seria deputado.

Depois, houve um grande evento em Canoas e o Lula foi. No fim do evento, o professor Adair conseguiu fazer com que o Lula falasse comigo. Terminou o comício, o debate, eu estava indo embora e o Adair disse: "O Lula quer muito falar contigo. Vamos passar no sindicato". O Lula foi lá, falou comigo uma hora, uma hora e meia, aquele papo dele que todo mundo sabe (*risos*) e acabei me filiando ao PT. E concorri a deputado federal.

ENTREVISTADOR(A): Foi seu primeiro contato pessoal com o Lula?

Paulo Paim: Foi, foi a primeira vez. Eu já tinha sido indicado para ser deputado federal constituinte. Mas eu acompanhava a trajetória do Lula, naturalmente. Não vou dizer que estive em São Bernardo, porque não estive. Não sou daquele tempo. Acompanhava de longe aquela caminhada toda. Fui conhecer São Paulo na fundação da CUT. Como conheci praia depois dos 25 anos; eu não conhecia praia (*risos*) para você ter uma ideia.

> NÃO VOU DIZER QUE ESTIVE EM SÃO BERNARDO, PORQUE NÃO ESTIVE. NÃO SOU DAQUELE TEMPO. ACOMPANHAVA DE LONGE AQUELA CAMINHADA TODA.

ENTREVISTADOR(A): Nessa sua entrada na vida sindical e partidária, você teve algum processo de formação anterior, na Igreja, em algum partido?

Paulo Paim: Na verdade, não tive formação nenhuma, a não ser o SENAI [Serviço Nacional de Aprendizado Industrial]. Eu apenas me formei no SENAI, que foi minha base de formação. É por isso que até hoje aposto muito no ensino técnico. Não que eu ache que o Sistema "S" é o céu; tem que mudar muito. Mas o ensino técnico é fundamental[4].

Minha formação foi a própria vida mesmo. Como diz o outro: a lida, a peleia do dia a dia. É como diz aquela frase: o importante é fazer o correto, fazer o bem, não interessa a quem. No resto, a energia do universo conspira a teu favor. Eu sempre agi assim na vida. Nunca pensei em ser deputado, nunca pensei em ser senador. Pensei só em defender aquilo que eu acreditava que era justo. E a escola de samba Imperadores do Samba, que é uma das maiores de Porto Alegre, vai contar minha vida na avenida, no carnaval [de 2012]. E o título é: "O leão da Imperadores, que faz o bem, não interessando a quem". De 35 letras, muito bonitas, tiveram que escolher uma. E o eixo é esse que eu contei.

ENTREVISTADOR(A): Mas desculpe insistir nesse ponto. Você tem uma trajetória um pouco rara dentro da esquerda brasileira. Teve influência do PDT, do PT, do PCdoB e, aparentemente, você resistiu a uma adesão até 1986, quando se tornou deputado.

Paulo Paim: Até hoje me chamam de rebelde, viu? Sou Dilma, defendo a Dilma, mas tem algumas coisas que eu brigo. Tem vezes que eu confesso que acontece isso.

ENTREVISTADOR(A): Na Constituinte de 1987-88, você teve um papel importante na liderança do PT. Como foi essa história? Na verdade, você entrou como um jovem petista, um recém-petista.

Paulo Paim: Recém-petista. Entrei e concorri em seguida. "Tem que se filiar até tal dia, Paim, para poder concorrer". Aí me filiei para concorrer a deputado federal Constituinte. Não foi nada programado.

---

4. Sistema "S" é o nome que se dá para o conjunto das entidades de aprendizagem profissional: Serviço Nacional de Aprendizagem Industrial (SENAI), Serviço Nacional de Aprendizagem Comercial (SENAC) e os de outros setores (transportes, agricultura etc.).

GREVES NO BRASIL (DE 1968 AOS DIAS ATUAIS)

ENTREVISTADOR(A): E essa posição, digamos, de independência em relação aos diversos grupos do PT te deu um papel especial na Constituinte?

Paulo Paim: Eu acho que sim. Tenho uma relação boa até hoje com todos os grupos do PT, tenho muito respeito por eles, como eles também me respeitam, mas com uma certa independência. Não que eu não tenha posição, tenho posição. Se vai coincidir com esse grupo ou aquele, não tem nada a ver.

Na Constituinte, teve um episódio interessante também. Eu morava junto com o Lula e o Olívio, porque quando vim para cá, o Lula[5] e o Olívio[6] eram mais experientes e pensaram: "Esse negão é meio rebelde e meio independente; se ficar sozinho, a gente não sabe onde ele vai parar" (*risos*). Então me convidaram para morar com eles. Tudo bem. E era para dois anos o nosso acordo. Um dia eles chegaram em casa e eu tinha sumido. Prenderam o Paim? Um parente do Olívio que coordenava o apartamento disse: "Ele chegou aqui, pegou as roupas e foi embora". Mas eu tinha o maior carinho e sempre tive muito respeito pelo Lula. Naquele tempo, eu já o acompanhava quando ele ia a algumas embaixadas, fazer palestras. E tenho muito respeito, tanto por ele quanto pelo Olívio, que é uma "figuraça".

O Olívio é uma pessoa especial, ele é "fora de série". Se eu tivesse que escolher duas pessoas no Brasil, eu escolheria o Lula e o Olívio. Não sei se vocês entrevistaram o Olívio. Ele é "fora de série". Nascem poucos assim. Para mim, um é o Lula e o outro é o Olívio, pela história, pela forma, pelo caráter, tenacidade, pela seriedade, pela visão do coletivo. Enfim, é um grande quadro. Por que eu estou falando de Olívio e Lula? Chegou um momento de decidir quem é que ia coordenar, na Constituinte, o capítulo de Direitos Sociais, que para nós, do PT, na minha concepção, era o mais importante. Tudo era importante, mas na minha visão social, pela qual brigo até hoje, era o mais importante. Havia três candidatos: eu, Olívio e o Lula.

---

5. Luiz Inácio Lula da Silva também foi entrevistado e seu depoimento foi publicado no Livro 1 desta Coleção.

6. Ver o depoimento de Olívio Dutra neste Livro 2.

Ia para votação. Daí o Lula disse: "Acho que vou abrir mão. Fica entre o Paim e o Olívio. Ambos são bons quadros". Aí o Olívio pediu a palavra e disse: "Acho que tem que ser o Paim". Eu falo desse episódio em alguns livros que escrevi, do gesto de grandeza dos dois. Se eles fossem personalistas e quisessem ficar com o "coração" do que era mais sagrado para o PT, na nossa visão de sindicalistas, eles teriam dito: "Não, vou ser eu, sinto muito". Mas ambos abriram mão e pediram que eu coordenasse o capítulo da Ordem Social. Por isso eu diria, rendendo homenagem a ambos, que me tornei importante na Constituinte, porque eu falava pelo PT na Comissão, onde foram tratados todos aqueles assuntos. O pessoal dizia: "O Paim quer fazer da Constituição um dissídio coletivo". Eu coloquei o direito de greve, o direito sindical, toda a pauta do movimento sindical, o aviso prévio proporcional, salário mínimo, na forma que eu entendia como correta. E não só eu, foi uma construção coletiva, mas ajudei a formular do artigo 6º ao 12, que tratam de todos os direitos sociais, e claro, com aval do PT.

ENTREVISTADOR(A): Eu tenho lido muito a documentação da Constituinte e o Ulisses Riedel foi chamado várias vezes...

Paulo Paim: Sim, o Ulisses Riedel, do DIAP [Departamento Intersindical de Assessoria Parlamentar]. Eles formularam junto com o movimento sindical grande parte daquele texto que nós do PT, com algumas mudanças, introduzimos sob nosso ponto de vista. Mas nós participamos juntos da elaboração. E aquele é que foi o texto básico, digamos, para a Ordem Social. O Ulisses Riedel teve um papel fundamental.

ENTREVISTADOR(A): Mas houve um acordo. Tem uma coisa muito impressionante, porque ele, aparentemente, serviu como homem de coesão entre diversas alas do movimento sindical.

Paulo Paim: Sim, sim. O DIAP, na época — e espero que seja assim até hoje —, unificava o movimento sindical. Era o único órgão que

GREVES NO BRASIL (DE 1968 AOS DIAS ATUAIS)

tínhamos em Brasília. Departamento Intersindical de Assessoria Parlamentar. Então, ele conseguia unificar.

Esse texto, que foi a base para os assuntos sociais, nós construímos com todo movimento sindical, nós parlamentares, eu, o Lula, o Olívio, o Ulisses, enfim, elaboramos aquele documento. Nós todos juntos. Esse texto foi apresentado como texto do movimento sindical. E o Ulisses Riedel é que fazia essa grande mediação com todas as centrais e facções. Naquele tempo não tinha tanta central, acho que eram duas, três no máximo.

ENTREVISTADOR(A): Eram a CUT e a CGT.

Paulo Paim: Então, o Ulisses cumpria esse papel de mediação, dialogava com um, com outro. E nós também tivemos uma boa relação com todos os segmentos, como tenho até hoje.

ENTREVISTADOR(A): Voltando ao nosso assunto principal, observa-se que ocorreu uma mudança muito grande do movimento grevista, de 1970, 1980, comparado ao de agora. Entre 1985 e 1990, o Brasil foi o país com maior número de greves do mundo, segundo estatísticas oficiais da OIT [Organização Internacional do Trabalho]. Depois isso começou a cair e hoje o Brasil tem um padrão mediano de greves. Muita gente fala em uma crise do sindicalismo. Eu queria saber sua visão sobre como é o movimento sindical hoje. O que mudou na greve de hoje em relação ao passado? Uma visão mais analítica, comparando o início do movimento com o período atual.

Paulo Paim: Eu vou dar o meu ponto de vista com muita sinceridade. Para mim, a qualidade do movimento sindical e de seus

> PARA MIM, A QUALIDADE DO MOVIMENTO SINDICAL NÃO SE MEDE PELO NÚMERO DE GREVES.

dirigentes não se mede pelo número de greves, mas pela qualidade dos acordos que eles conseguem construir. Se a gente voltar para o Velho Oeste, o bom mocinho, o bom pistoleiro, era aquele que tinha mais marcas no cabo do revólver, lembram? Cada um que ele matava, ele guardava a marca porque ele era o "bam, bam, bam" (*risos*). Para mim, o bom dirigente sindical não é aquele que conta a sua capacidade e sua competência pelo número de greves que fez e sim pela construção coletiva que conseguiu fazer. Pode ver que eu falei mais aqui de mediações que fiz, que fui chamado para fazer. Primeiro, porque não consigo conceber que alguém faça greve porque gosta. Ninguém gosta de greve. Eu não gosto. Eu duvido que tenha um trabalhador que goste. Principalmente o dirigente. O dirigente, quando vai para uma greve, sabe que está envolvendo a vida de milhares de pessoas, porque não são só aqueles mil ou cinco mil que estão ali, são muitos milhares. Como é que fica?

ENTREVISTADOR(A): É muito fácil entrar, mas é muito difícil sair de uma greve...

Paulo Paim: Como é que fica o salário deles no fim do mês? Como é que fica o leite, o pão, o ônibus? Enfim, a responsabilidade do dirigente é muito grande. Por isso é que eu digo que a greve, no fundo, é o símbolo da incompetência entre as partes. É claro que alguns não gostam quando eu digo "as partes". Na nossa visão, nós vamos sempre dizer que foi o outro lado. Porque se o outro lado fosse um pouco mais competente, teria ajudado a construir o entendimento, não teria havido paralisação e ele não teria o prejuízo enorme que com certeza teve. No mínimo, é o símbolo da incompetência de uma das partes, que não soube evitar a greve e construir uma saída negociada.

Eu participei ativamente de um período, de 1980, 1990, mas acho que, a partir desses novos tempos, estamos vivendo outro momento. Na minha avaliação, sendo mais atual, um grande problema do movimento sindical foi que nós não preparamos a safra que deveria nos substituir. E aí eu me incluo. Se vocês olharem para trás, vão se lembrar do Jacob Bittar [ex-presidente do Sindicato dos Petroleiros de Campinas, depois prefeito da cidade], do Abdias [Nascimento] no Rio [depois deputado federal e senador], do João Paulo Pires[7] em Minas [ex-presidente do Sindicato dos Metalúrgicos de João Monlevade (MG) e depois deputado federal constituinte], do Jaques Wagner[8] [ex-presidente do Sindicato dos Petroquímicos da Bahia, depois deputado federal constituinte e governador da Bahia]. Teve também uma safra do Rio Grande do Sul, o Miguel Rossetto[9] — que foi vice-governador —, nós mesmos, o Olívio. São nomes que foram referências. Enfim, você tem grandes nomes daquela safra, tanto que geramos um presidente da República e, como eu digo, surge um em cada duzentos milhões. Geramos o Lula que, sem sombra de dúvidas, é um ícone para todos nós. Além de não prepararmos novos quadros, a partir do momento em que nós assumimos as instâncias de poder, seja nos estados, ou mesmo no governo federal, acabamos trazendo para dentro dessas estruturas grande parte daqueles que estavam mais próximos a nós. E essa moçada que veio não deixou quadros atrás de si e passou a impressão de que, por esses quadros estarem na estrutura de poder, estava tudo resolvido. E não estava. Não está. Não existe isso.

Acho que essa crise do movimento sindical aconteceu porque nós assumimos o poder no Brasil. Isso é fato, é real. Houve uma época em que o João Paulo Cunha [deputado federal pelo PT-SP] era presidente da Câmara e eu era presidente do Senado, porque era vice-presidente e o [então presidente José] Sarney estava afastado. E o Lula era presidente da República. Todos ex-sindicalistas. Nós assumimos o poder e grande parte do movimento sindical passou a entender que o importante era apoiar. Eu sou daqueles

---

7. João Paulo Pires Vasconcelos também foi entrevistado e seu depoimento está no Livro 1 desta Coleção.

8. Jaques Wagner também foi entrevistado e seu depoimento será publicado em outro livro desta Coleção.

9. Miguel Rossetto também foi entrevistado e seu depoimento será publicado em outro livro desta Coleção.

que acha que tem que apoiar e criticar. O Gilmar Carneiro [ex-presidente do Sindicato dos Bancários de São Paulo] tinha uma frase de que nunca me esqueço: "Paim, sempre orai e vigiai". Essa frase é dele, ele usa até hoje. Então não dá para achar que, porque parte dos sindicalistas passou quase a comandar o país, estava tudo resolvido. Não é assim. Bem ao contrário. Tem que cobrar, tem que mobilizar, tem que pressionar, seja o Legislativo, seja o Executivo e o próprio Judiciário. E o movimento sindical, no primeiro momento, não entendeu isso. Talvez agora esteja entendendo um pouco. E sempre é tempo de dar o passo.

Quando escrevi o livro *O rufar dos tambores*, há sete anos, eu já dizia isso que estou dizendo aqui e continuo dizendo. É um equívoco achar que agora que o Lula fez a sucessora, que é a Dilma, que inclusive me ajudou a entrar na política sindical, que nós temos só que bater palma. Bater palma não ajuda a Dilma. Tem que bater palma, sim, parabéns aqui, parabéns ali, como eu fiz ontem na tribuna. Foi um ato de apoio a Dilma, onde eu elenquei mais de 20 projetos belíssimos. Mas disse que "Temos problemas aqui, aqui eu quero ver como é que fica, aqui nós precisamos mobilizar, pressionar". Só vai acontecer se houver pressão. O movimento sindical tem que entender que não é governo. Por que o movimento sindical não pode ter senso crítico em relação a um governo que ele ajudou a eleger? Qual é o problema? Eu que sou senador do PT, sou da base, tenho vínculo forte, e não nego, com o Lula e com a Dilma, me dou o direito de ter senso crítico. Não posso ser mais crítico que o próprio movimento sindical. Pelo contrário, o movimento sindical tem que ser muito mais crítico que eu, inclusive para me criticar. Dizer: "O Paim podia fazer mais. Por que o Paim não faz isso e aquilo?" E me chamem para uma reunião e digam: "Olha, meu amigo, as tuas raízes, a tua história são nossas. E nós queremos caminhar contigo, como sempre caminhamos, mas tu também tens que avançar mais aqui e ali". Isso não ia ajudar meu mandato? Claro que ia. E a mesma coisa eu diria nas instâncias do nosso governo.

ENTREVISTADOR(A): Quando você falou que, de certa forma, vocês erraram, no sentido de não deixarem herdeiros...

Paulo Paim: Eu me incluo, viu?

ENTREVISTADOR(A): Isso é possível resolver agora? Porque tem um *gap* [vácuo] geracional aí, né?

Paulo Paim: Acho que é possível, se o movimento sindical atual entender que nós não somos governo. Nós, eu digo, o movimento sindical. Nós apoiamos esse governo em tudo aquilo que ele efetivamente acertar, mas temos o direito de criticar aquilo que nós entendermos que não acertou. Se o movimento sindical buscar essa linha de independência, vai saber apoiar o governo e se estruturar cada vez mais dentro das fábricas.

A dificuldade é enorme porque nós não preparamos as bases. Não gosto desse termo base, porque parece chavão, não é? Mas nós não preparamos a discussão que a gente tinha que fazer com nosso povo da importância do Congresso Nacional, para elegermos deputados federais e senadores, porque é por aqui que passam as principais propostas de interesse do movimento sindical e dos trabalhadores.

O Congresso hoje está mais conservador. Se vocês olharem para trás, da Constituinte para cá, a cada ano o Congresso fica mais conservador, fica menos comprometido com as causas sociais. Cada vez é mais difícil aprovar qualquer projeto de interesse dos trabalhadores.

Temos aqui representantes do empresariado, do setor que manda na economia, que tem o poder econômico na mão. Na Constituinte, nós avançamos um pouco e, de lá para cá, eles foram vendo que tinham que ter mais gente deles aqui dentro. E estão tendo cada vez mais força. Não estão mais só patrocinando esse ou aquele candidato, estão sendo candidatos eles mesmos. Você vai ver aqui presidentes de diversas confederações de empresários que são senadores ou são deputados. Existem, no mínimo, três senadores que são presidentes de confederações nacionais do empresariado, que agem aqui dentro diretamente porque são presidentes. É o caso da Kátia Abreu [da Confederação Nacional da Agricultura, CNA], o Armando Monteiro [da Confederação Nacional da Indústria, CNI] e o da Confederação Nacional do Transporte, CNT, não lembro bem...

ENTREVISTADOR(A): O Clésio Andrade.

Paulo Paim: Clésio, exatamente. Eu me lembrei aqui, rapidamente, de três, mas deve ter mais. E na Câmara não é diferente. Ontem eu estava em uma reunião com o movimento sindical e eles disseram que a Comissão do Trabalho da Câmara dos Deputados virou comissão do empresário, e não do trabalho.

ENTREVISTADOR(A): Você tem se notabilizado por ser protagonista de várias questões importantes do ponto de vista da agenda sindical e nacional. A discussão do salário mínimo, dos aposentados...

Paulo Paim: Da jornada de 40 horas, que é uma emenda minha e do Inácio Arruda, que apresentamos em 1995.

ENTREVISTADOR(A): Por que é tão difícil mobilizar o Congresso para mexer na estrutura sindical? Estrutura sindical entendendo, inclusive, a legislação do sustento, direito de greve, o sistema de negociação.

Paulo Paim: Eu apresentei há 20 anos um projeto que regulamenta o direito de greve. Até hoje não foi aprovado. Na questão da estrutura sindical, fui o relator do projeto que, depois de muita negociação, regulamentou as centrais sindicais. Fiquei com a relatoria principal e chamei dois senadores da oposição, para convencê-los de que era possível. Aprovamos o reconhecimento das centrais sindicais, foi para a Câmara e ela votou. Mas nós construímos, nessa mesa, o grande acordo da regulamentação das centrais sindicais e foi um trabalho muito bem articulado, com muito movimento aqui dentro.

> **EU APRESENTEI HÁ 20 ANOS UM PROJETO QUE REGULAMENTA O DIREITO DE GREVE. ATÉ HOJE NÃO FOI APROVADO.**

ENTREVISTADOR(A): Após a Constituinte, até 1995, havia um esforço do PT e do PDT de manter sob controle a CETASP [Comissão de Trabalho, Administração e Serviço Público, da Câmara dos Deputados]. Tinham, senão a presidência ou a vice-presidência, a maioria. Isso por um tempo razoável, em várias gestões.

Paulo Paim: Eu fui presidente da Comissão, inclusive.

ENTREVISTADOR(A): E depois o PT e o PDT não priorizaram essa comissão, numa estratégia partidária.

Paulo Paim: Correto.

ENTREVISTADOR(A): Quer dizer, PT e PDT deram prioridade para outras comissões que não a comissão de trabalho...

Paulo Paim: Com a minha discordância. Mas é verdadeiro o que você está dizendo. No Senado, também, o PT não tem a Comissão de Assuntos Sociais, que seria a Comissão de Trabalho e Serviço Público da Câmara. Nós não temos. E só temos a presidência da Comissão de Direitos Humanos, porque ninguém quis e eu quis. Eu faço da Comissão de

Direitos Humanos quase um fórum de debate permanente da questão dos trabalhadores. Lá discuto tudo sobre o mundo do trabalho. Por exemplo, agora vou discutir a defesa da CLT [Consolidação das Leis do Trabalho] com mil dirigentes sindicais, na Comissão de Direitos Humanos. E inventei uma Subcomissão na Comissão de Assuntos Sociais, chamada Trabalho e Previdência, e ali faço os grandes debates. Está no jornal de hoje que eu debati ontem lá o aviso prévio proporcional que, naturalmente, o setor empresarial era contra. Sou a favor e que bom que o Supremo Tribunal Federal também esteja se colocando a favor.

Mas, de fato, houve essa posição partidária de não dar prioridade para a Comissão do Trabalho, nem para a Comissão de Assuntos Sociais, nem para a Comissão de Previdência. No meu tempo na Câmara, brigávamos por esse espaço, tanto nós como o PDT, havia até uma disputa. Eu me lembro do Amaury Müller, do PDT, já falecido, e que foi um grande presidente da comissão, gaúcho também. Ele foi num período, eu fui noutro. Mas o PT fez as suas opções, entendendo que, para a macroeconomia, para quem é governo, era mais importante a Comissão de Economia, Comissão de Constituição e Justiça, Comissão de Infraestrutura, e "soltou" aquelas comissões que, para mim, são fundamentais. Nós não poderíamos deixar de encaminhar bons quadros para o debate nessas comissões. É o que eu faço, praticamente, "solito", cuido das duas. Vou para a Comissão de Assuntos Sociais e vou para a Comissão de Direitos Humanos, que é onde se travam os debates mais importantes. Não estou desprestigiando nenhum outro senador, mas é orientação partidária que eles têm que cobrir outras áreas. Então, me preocupo com essas duas. Pelos vínculos e raízes minhas, que não consigo abandonar. Sempre digo que olho para a floresta, mas sempre procuro olhar além da floresta. É além da floresta que eu vejo o nosso povo, nossos trabalhadores e como eles estão vivendo.

GREVES NO BRASIL (DE 1968 AOS DIAS ATUAIS)

ENTREVISTADOR(A): Você se sente ainda um militante sindical?

Paulo Paim: Ah, me sinto, com muito orgulho. Eu me sinto até hoje um militante sindical. Tanto que, quando posso, quando tenho tempo, vou para os congressos de sindicalistas, de aposentados e pensionistas. Não consigo dar conta, não é? Porque, veja bem, sou autor do Estatuto do Idoso, da Igualdade Racial, da Pessoa com Deficiência, da Política de Salário Mínimo e agora do Estatuto do Motorista. E isso envolve um mundo enorme. Também esse mundo da Previdência. Eu não consigo dar conta das agendas. Se o dia tivesse 48 horas, assim mesmo não daria para cumprir as agendas.

ENTREVISTADOR(A): Senador, você disse que apresentou um projeto para regulamentar a questão das greves no setor público...

Paulo Paim: Sim, há 20 anos. Público e privado, nenhum foi votado.

ENTREVISTADOR(A): O do setor público ficou sem regulamentação até há alguns anos...

Paulo Paim: Continua. O Supremo Tribunal Federal apenas decidiu estender, temporariamente, o mesmo princípio que ele adota no setor privado, mas eu queria que houvesse um projeto que regulamentasse tudo.

ENTREVISTADOR(A): E a greve no setor público gera mais polêmica, por gerar mais desgaste para a população, não é? Como você vê essa questão?

Paulo Paim: Acho que tem que ter o direito também. O Brasil não vai inventar a roda se assegurar o direito de greve no serviço público. Acho que é um direito que tem que ser assegurado, dentro de alguns parâmetros. Você não pode proibir que o servidor público tenha o direito. Mas a greve tem benefícios e consequências. Ele vai se submeter às consequências do direito de fazer a greve. No meu projeto, eu garanto o direito de greve para todos, tanto da área pública, como da área privada, dentro de certos parâmetros mínimos de atendimento à população em setores estratégicos. Por exemplo, você não pode dizer que vai parar totalmente um hospital. Você tem que manter um plantão de emergência, que garanta atendimento à população. Você não pode dizer que vai parar totalmente uma refinaria. Vai explodir a refinaria. Então você tem que ter certos cuidados e isso a gente regulamenta no projeto que eu apresentei. Acho que tem que haver uma regulamentação. Se tem que ter limite, que tenha limite, mas é preciso regulamentar. O que não pode é não regulamentar. Acho que nós temos que caminhar para a regulamentação definitiva do direito de greve, de sindicalização, inclusive do acordo e do dissídio coletivo dos servidores públicos.

> **A GREVE NO SETOR PÚBLICO DEVE SER ASSEGURADA, DENTRO DE ALGUNS PARÂMETROS. VOCÊ NÃO PODE PROIBIR QUE O SERVIDOR PÚBLICO TENHA ESSE DIREITO.**

ENTREVISTADOR(A): Quando a gente olha para os dados das greves, comparando o setor público e privado, percebe que as greves no setor público costumam ter uma duração maior. A solução do conflito no setor público é mais difícil, não há alguns mecanismos que existem no setor privado. No setor privado, tem a Superintendência Regional do Trabalho, no limite tem a Justiça do Trabalho, e eles acabam arbitrando...

Paulo Paim: Por que não tem para o servidor público? Qual é o problema? Por que a Justiça não pode também definir em última instância? Se a greve, digamos, chegou a um momento que exorbitou todos os parâmetros da razoabilidade, por que o Judiciário também não entra? Qual é o problema? Eu acho que os mesmos parâmetros que nós temos para a área privada poderiam ser assegurados para o servidor público. Toda greve tem limite, nós sabemos. É até bom que em certos momentos a Justiça entre. Tem aquela história: você entra numa greve, vai, vai e, de repente, a coisa complica. Vai ao Judiciário, faz um apelo para que ele chame a conciliação e, no fim, tome uma decisão. Às vezes, isso é até a salvação da greve.

Mesmo no setor privado, a situação se deteriorou bastante. Hoje, um dos grandes prejuízos para o movimento sindical, na minha avaliação, é que quando não havia entendimento no momento da greve, entre o empregado e o empregador, o que é que nós fazíamos — ou até o empregador? Nós recorríamos ao Judiciário. Agora eu só posso recorrer ao Judiciário se o empregador concordar. Se não, não posso. Eu paro uma fábrica e o cara diz: "Não pago e não tem jeito, te vira". E eu não posso nem pedir para o Judiciário arbitrar. Devia ser o interesse de uma das partes, do empregado ou do empregador. Mas não pode mais, só se o outro lado concordar, se não, não deu.

ENTREVISTADOR(A): Mas, no setor privado, durante esse longo período de grandes greves, houve um aprendizado dos dois lados. Sindicalistas e empresários se profissionalizaram, digamos assim, nos mecanismos de negociação coletiva. No setor público, a negociação vai diretamente para a esfera da política. Na verdade, não tem um mecanismo de negociação estabelecido.

Paulo Paim: Por quê?

ENTREVISTADOR(A): Inclusive porque o aumento salarial dos servidores públicos passa pelo Parlamento, tem que entrar no orçamento. Com isso, o que ocorre? Você politiza a negociação, ou melhor, na verdade, não há negociação. A negociação tem que ser feita diretamente com atores políticos, não tem profissionalização.

Paulo Paim: Concordo com a tese de vocês. Na área privada, o direito de greve é antigo e a moçada foi aprendendo. Por isso disse que o bom mesmo não é fazer greve, é construir um bom acordo. No serviço público, não precisava ser diferente. Por que não há possibilidade? Porque, embora o Parlamento decida, a orientação vem do Executivo. A negociação é lá, o certo é negociar lá, e nós aqui aprovarmos o que for consequência da mesa de negociação. É equivocado usar o agente, no caso, o deputado ou senador, para que vá interferir na mesa de negociação e chegue aqui dizendo: "Eu mediei a negociação". Ele não tem que mediar, ele não tem que negociar. Nosso papel é aqui dentro. Tem que vir de lá para cá, mediante um acordo construído. Então, no caso do servidor público, seria fundamental que as lideranças que falam pelo governo e as que falam pelos trabalhadores construíssem o acordo possível e encaminhassem para cá, para ser aprovado, colocado no orçamento e aplicado no ano subsequente.

ENTREVISTADOR(A): No final do governo Lula, o Congresso Nacional ratificou a Convenção 151 da OIT, que trata da regulação da negociação do servidor público.

Paulo Paim: É o caminho, acho que é por aí que nós avançamos. Tem que fortalecer as mesas de negociação, isso é fundamental. Eu digo que a negociação não é para discutir a lei, é para discutir o que está acima da lei. Quando o Fernando Henrique Cardoso era presidente, ele mandou para a Câmara dos Deputados um projeto de lei que dizia que acima da lei estava o negociado entre as partes. Eu fui para a tribuna, peguei a Constituição e disse: "Vocês, aqui hoje, estão arrancando o coração e a alma da Constituição. E isso nós não vamos permitir!". Daí, um deputado me chamou de "santo" para cima. Eu peguei a Constituição e encaminhei "pela via aérea" em direção a ele (*risos*). O pior é que errei o alvo e pegou em outro deputado. Daí "quebrou o pau", foi tapa para todo lado...

ENTREVISTADOR(A): Você foi o precursor do sapato do Bush...

Paulo Paim: Foi mais ou menos isso (*risos*). E, no fim, voltamos aos trabalhos e perdemos por dois ou três votos, se eu não me engano. No dia que o projeto foi aprovado na Câmara, falei: "Tudo bem, vocês aprovaram. Mas eu vou dizer o seguinte: não sou mais candidato a deputado federal, é fim de ano, vou concorrer ao Senado e vou derrubar esse projeto de vocês lá!". E ainda disse: "O Lula vai se eleger e, consequentemente, vai nos ajudar a derrubar esse projeto lá". Por sorte, me elegi senador. Foi aí que vim para o Senado e a primeira coisa que fiz quando cheguei aqui foi entrar com o pedido, o Lula apoiou, o Jaques Wagner também, e nós derrubamos. Acho que só por isso já valeu eu ter vindo para o Senado.

ENTREVISTADOR(A): Mas você não acredita que o Supremo Tribunal Federal interferiria nessa decisão? Porque era inconstitucional, rigorosamente inconstitucional.

Paulo Paim: Era inconstitucional, mas entre o céu e a terra tem muita coisa. E o setor patronal jogou muito pesado. Da forma como eles redigiram, eles alteraram a Constituição, embora eu entendesse que era uma cláusula pétrea, que não poderia ser modificada, inclusive argumentei isso[10]. Agora, se passa aquilo... Até hoje, tem muita gente no Brasil que defende que o importante é a livre negociação entre as partes e não o que está na CLT. Eles dizem que o que está na Constituição dependeria de uma Lei

> ATÉ HOJE, TEM MUITA GENTE NO BRASIL QUE DEFENDE QUE O IMPORTANTE É A LIVRE NEGOCIAÇÃO ENTRE AS PARTES E NÃO O QUE ESTÁ NA CLT.

---

10. Cláusulas pétreas são aquelas que não podem ser modificadas nem por Emenda Constitucional; somente em caso de uma nova Constituição.

Complementar que não foi aprovada, enfim, aí cada um busca seus argumentos, não é? Para atender ao cliente, cada advogado levanta a sua tese e às vezes mostra que quem foi apunhalado pelas costas é o culpado, porque ele vacilou na luta e ele mesmo se matou. Por isso é que eu digo que o nosso receio era grande também.

ENTREVISTADOR(A): Você acha que ainda existem riscos de os dispositivos constitucionais da área social e do trabalho serem alterados?

Paulo Paim: Com certeza! Aqui dentro, meus amigos, minhas amigas, se o movimento sindical não antenar para isso, a tendência é, cada vez mais, que o Parlamento aprove a livre negociação para tudo. E os direitos sociais e os da CLT desaparecem. E para a Previdência, para quem não sabe, o que eles querem é que a aposentadoria seja de um salário mínimo. Daí para frente é a aposentadoria complementar, cada um faça a sua, como bem entender, junto à área privada. Já me apresentaram esse projeto quando eu era deputado, eu quase tirei o pessoal da sala... Só por cima do meu cadáver! Mas o princípio hoje é o mesmo, porque o salário mínimo recebe a correção pela inflação mais o PIB. Eu viajei o país para ajudar a construir essa proposta. Mas o aposentado só recebe a inflação. A cada ano que passa, o salário mínimo vai se aproximando... Nós tínhamos, alguns anos atrás, 12 milhões que ganhavam o salário mínimo, hoje são 18 milhões e só oito milhões que ganham mais. E essa é cada vez mais a tendência. Vai chegar o momento em que o teto da Previdência vai ser um salário mínimo, para a área pública e para a área privada. Porque agora, com a aposentadoria complementar do serviço público, o teto é o da previdência, que é R$ 3.650,00. Mas a partir do momento em que o salário mínimo vai subindo e o salário do aposentado vai diminuindo, o teto vai chegando ao limite. E com esses redutores que vão sendo aplicados, como o Fator Previdenciário e tantos outros, o projeto a longo prazo da elite brasileira é que a Previdência deva dar um seguro social de um salário mínimo. Quem quiser ganhar mais, que faça a sua previdência privada, o que é perigosíssimo. É o que o Chile e outros países fizeram.

Se nós analisarmos nos últimos anos, da Constituição para cá, em relação ao direito dos trabalhadores, só houve retrocesso. A única coisa que houve foi a regulamentação das centrais sindicais. Daí para baixo, só retrocesso.

ENTREVISTADOR(A): Última pergunta. Como é que você vê o futuro do movimento sindical?

Paulo Paim: Acho que ninguém pode prever o futuro... Mas considero que o movimento sindical cumpre um papel fundamental para a democracia e até mesmo para um governo popular. Mas não pode se tornar serviçal de quem está no poder. Tem que haver uma certa independência mesmo, para não fazer uma enorme confusão, que o trabalhador nem entenderia.

Eu uso muito uma frase que o [Nelson] Mandela usou quando ele assumiu a presidência da África do Sul, naquele estádio de futebol. Ele reuniu os principais líderes do movimento social e disse: "Se mobilizem, me pressionem. Para que lá dentro dos palácios executivos eles saibam também o que vocês pensam, que o outro lado vai pressionar. Eu preciso que vocês se mantenham mobilizados". É assim que eu vejo o movimento sindical. O movimento sindical tem a obrigação de estar sempre tensionando o Congresso e o próprio Executivo. Um exemplo: nesse momento de crise, o setor empresarial pressiona, acaba sendo atendido para enfrentar a crise. E os trabalhadores? E os idosos? E os aposentados? Se ficarem quietinhos dizendo que está tudo bem, o que a presidenta vai dizer? "Os trabalhadores estão felizes da vida e os empresários também estão felizes, estamos atendendo às reivindicações deles". Então, entendo que o movimento sindical peca quando fica muito passivo, só olhando as coisas acontecerem.

É preciso nunca esquecer que o rufar dos tambores nas ruas é que faz com que as coisas aconteçam no Executivo, no Legislativo e mesmo no Judiciário. Não adianta Dilma, nem Lula, nem Pedro, nem Paulo, nem João. Se a gente não ouvir a caminhada, a batida do tambor, o toque da nossa gente, do nosso povo, nós continuaremos sempre carregando o piano, botando o piano na sala, e, quando o baile começa, nós somos chamados a nos retirar.

ENTREVISTADOR(A): Muito obrigado pela entrevista.

5   CYRO GARCIA

Sindicato dos Bancários do Rio de Janeiro
Entrevista em 26 de abril de 2011

ENTREVISTADO: Cyro Garcia — ex-presidente do Sindicato dos Bancários do Rio de Janeiro (1988-1991), dirigente da CSP — CONLUTAS

Foto: Arquivo pessoal

ENTREVISTADOR(A): Conte-nos quais são suas origens e sua trajetória até chegar ao movimento sindical.

Cyro Garcia: Nasci em 1954 e sou mineiro de Manhumirim. Meu pai, Josias, era agricultor, trabalhador rural, depois foi trabalhar na cidade como comerciário. Minha mãe, Donatilla, era filha de um pequeno produtor rural na cidade de Espera Feliz. Meu avô tinha três filhos, ela era a filha mais nova e todos cresceram na lavoura. Ela fez o segundo grau em Jequitibá, uma cidade perto de Manhumirim, num colégio evangélico para moças. Estudou contabilidade, concluiu o segundo grau, mas não seguiu adiante nos estudos. Casou-se com meu pai e vieram para o Rio de Janeiro. Aqui, ela chegou a fazer um curso técnico de enfermagem, mas nunca se firmou nessa profissão. Ela era excelente costureira, com ótima clientela.

Meu pai foi caminhoneiro, durante um período. Depois, quando veio para o Rio de Janeiro, foi trabalhar com meu tio, que tinha uma mercearia bem consolidada, no bairro de Vista Alegre. Depois se tornou taxista. De taxista, foi ser motorista e vendedor de produtos da Perdigão, um monte de coisas. Quando meu avô faleceu, houve a partilha da fazenda dele. Meu pai foi para lá, tentou administrar a parte que nos coube, mas não deu muito certo. Nós ficamos aqui. Depois, ele voltou para o Rio de Janeiro.

Tenho dois irmãos do casamento do meu pai com minha mãe, um já falecido, o Sílvio, e minha irmã, mais nova do que eu quatro anos, a Cyleimar, que fez Ciências Sociais na Universidade Federal Fluminense. Meu irmão acabou não fazendo curso superior, mas entrou na área de teatro, trabalhou a vida inteira nisso, foi ator, diretor teatral. Além deles, tenho mais três irmãos e três irmãs por parte de pai.

Dos três aos seis anos, morei em Carangola (MG), onde fiz o jardim da infância. Vim para o Rio de Janeiro e entrei no primário com seis anos, em 1960. Cursei o ginásio de 1967 a 1970, em plena ditadura, mas eu não tinha nenhuma noção do que vivíamos aqui no nosso país. Meu pai não tinha relação nenhuma com política e minha mãe também não era ligada. Eu achava que vivíamos numa democracia. Era isso que diziam. Em 1968, com todo aquele conflito, não participei de absolutamente nada. Eu morava em Vista Alegre, uma "província". Aliás, uma vida ótima.

Eu tinha dois vizinhos muito legais, já rapazes, o Francisco [que veio a falecer em 2015] e o Antônio. Num belo dia, eles falaram que tinham que viajar e que queriam me dar uns livros. E me deram um monte de livros. Foi quando conheci Máximo Gorki, Tolstói, Dostoiévski; não tinha só revolucionário, não. Tomar contato com a literatura russa foi algo importante para mim, fiquei apaixonado pelas coisas que li. Dias depois, eles apareceram numa manchete de jornal como assaltantes de banco. Foi um choque para todos nós da rua. A gente não tinha a dimensão do que era aquilo. Foi passado para todo mundo como se eles fossem assaltantes. "Mas como? O Chiquinho e o Antônio assaltantes? Isso não existe! Eles são tão legais!". Depois eles apareceram presos. Só muito tempo depois, fui ter a noção de que eles, na verdade, participavam da resistência à ditadura, da luta armada, e vim encontrá-los na fundação do Partido dos Trabalhadores (PT).

MAS COMO? O CHIQUINHO E O ANTÔNIO ASSALTANTES? ISSO NÃO EXISTE! ELES SÃO TÃO LEGAIS!

Fiz o ensino médio no Colégio Estadual Rivadávia Correia, que é ali na Central do Brasil. Aí, pronto. Você sai da "província" e as coisas começam a acontecer. O centro era como se você vivesse em outra cidade, outro mundo, outra realidade. Em Vista Alegre, a gente era mesmo muito provinciano: de casa para o colégio e vice-versa. A vida era toda ali. Não tínhamos informações, não tínhamos contato com as coisas que estavam acontecendo e a censura era muito grande. A passeata dos 100 mil que aconteceu aqui, em 1968, saiu nos jornais, mas nós não tínhamos hábito de ler jornais. Televisão, então, nem se fala. Tudo censurado. Quando passava alguma coisa, era tão direcionada, com uma censura tão brutal, que a gente nem percebia.

ENTREVISTADOR(A): Com que idade você começou a trabalhar?

Cyro Garcia: Com 16 anos. Eu ainda estudava no Rivadávia Correia, quando comecei a trabalhar no escritório de advocacia do dr. Ondomar Sarti, na Avenida Rio Branco, porque eu tinha vontade de fazer Direito. Era um emprego informal, não tinha carteira assinada, não tinha nada; o que tinha era uma ajuda de custo. O salário mínimo era de Cr$ 312 (trezentos e doze cruzeiros) e eu ganhava Cr$ 80, ou seja, pouco mais de um quarto do salário mínimo. Mas aquele dinheiro dava, eu ajudava em casa, dava para fazer uma série de coisas. Como aquele dinheiro rendia! E, além do dinheiro, o chefe também me dava entradas para os jogos do Botafogo, porque ele era juiz da Federação Carioca de Futebol. Quando cheguei ao Rio de Janeiro, vi o Garrincha jogar. Eu não podia ser de outro time, só poderia ser do Botafogo. Não sei como as pessoas torciam para outros times vendo um cara como aquele jogar (*risos*). Só que eu peguei, também, aquela fase em que o Botafogo ficou 21 anos sem ganhar nada, e foi justamente nesse período que eu ganhava os ingressos. Eu nunca vi tanto insucesso na minha vida, porém o que eu não ganhava em dinheiro, ganhava em satisfação, em emoção, e em frustração também.

Fiz o terceiro ano naquele esquema de pré-vestibular no Miguel Couto Bahiense. Foi aí, em contato com meus professores de História, o Rubem Aquino e o Luiz Sérgio, que fui ter noção de que vivíamos numa ditadura. Fiz uma aposta com um colega, o Altair. Falei para ele que vivíamos numa ditadura e ele respondeu: "Que ditadura? Isso aqui é uma democracia!". A gente foi conversar com os professores de História e eles falaram que vivíamos numa ditadura. O Altair ficou de boca aberta. Foi aí que percebi que eu estava começando a ter noção das coisas.

GREVES NO BRASIL (DE 1968 AOS DIAS ATUAIS)

Depois, tive meu primeiro emprego de carteira assinada. Fui contínuo, no condomínio do Edifício Cidade do Rio de Janeiro. Ganhava um salário mínimo (Cr$ 312,00) na carteira, mais Cr$ 50,00 por fora. E, como eu falei, se com Cr$ 80,00 eu achava que o dinheiro já dava, com Cr$ 362,00 o dinheiro dava "pra caramba". Ainda naquele ano de 1973, me tornei bancário, no Banco União Comercial, que era um banco privado — depois encampado pelo Itaú —, onde fiquei até 1976. Foi nesse período que me sindicalizei. Mas me sindicalizei única e exclusivamente por conta do aspecto assistencial. A "galera" falava que tinha um ótimo departamento odontológico, com ótimo dentista, a gente só pagava a mensalidade. Eu falei: "Estou dentro!". Mas não tinha noção de nada. O sindicato estava sob intervenção e era só assistencialista. E eu ainda não tinha uma consciência mais crítica.

ENTREVISTADOR(A): Foi nessa época que você fez o curso de Direito?

Cyro Garcia: Em 1974, entrei na Faculdade de Direito, na Universidade Federal do Rio de Janeiro. Participei da reconstrução do CACO (Centro Acadêmico Cândido de Oliveira), que tinha sido dirigido pelo Vladimir Palmeira e estava fechado desde a época em que ele foi expulso da escola, em 1968. Criamos um jornalzinho feito a mimeógrafo, cujo nome foi dado por mim: *Brecha*, que era uma ironia com a política de "abertura" da ditadura. Nós participamos da reabertura. Mas nunca tive uma relação muito forte com o movimento estudantil. Participei ali da reabertura do CACO, porque era estudante da faculdade e todo mundo de esquerda se juntou naquele episódio. Mas não tinha ainda relação com qualquer corrente política. Tinha um envolvimento com teatro. Eu e meu irmão tínhamos o Grupo Quebra-Cabeça, que fazia muitas apresentações nos subúrbios e também aqui no centro. A gente criou, na Faculdade, o Teatro de Resistência dos Alunos de Direito — TRALD. Essa foi a primeira coisa na qual comecei a me destacar, pois era um teatro de resistência, era também um movimento político. Era um grupo de teatro, mas estava também dentro daquela onda.

Foi na Faculdade de Direito que tive meu primeiro contato político, de maneira organizada. O Hélio Fernandes Filho, jornalista [que veio a falecer em outubro de 2011], me convidou para uma reunião no seu apartamento, para discutir o apoio à candidatura a deputado federal do Lysâneas Maciel, em 1974. Essa foi a primeira experiência de participação política na minha vida. Ele era do MDB (Movimento Democrático Brasileiro), que, no bipartidarismo que vivíamos, era o partido de oposição à ditadura. Ele era do chamado grupo "Autêntico", setor progressista do MDB.

Eu estava ainda avançando minha consciência, estava em processo de construção. Pelo menos na escola, já estava fazendo alguma coisa. O movimento estudantil entrou em ascenso, principalmente depois da morte do [jornalista Vladimir] Herzog e do [operário] Manuel Fiel Filho, no DOI-CODI em São Paulo[1]. Tinha ainda o Movimento do Custo de Vida, no qual setores da Igreja cumpriram um papel muito importante. Então, começou a acontecer uma série de coisas, "tudo ao mesmo tempo agora".

ENTREVISTADOR(A): E quando você começa a participar do sindicato?

Cyro Garcia: Fiz concurso e passei no Banco do Brasil [BB]. Tomei posse no dia 7 de janeiro de 1976 e tudo mudou na minha vida. Quando entrei no Banco do Brasil, num primeiro momento, eu era aquele mineiro do subúrbio, filho da classe trabalhadora. Naquela época, era um emprego maravilhoso, um salário maravilhoso. E eu, um garoto de 22 anos, queria fazer tudo o que não tinha feito até então: inglês, francês, frequentar cinema assiduamente...

---

1. O Destacamento de Operações de Informações — Centro de Operações de Defesa Interna (DOI-CODI) foi um órgão de inteligência e repressão, subordinado ao II Exército, sediado em São Paulo.

Na Aliança Francesa, conheci um bancário do BANERJ [Banco do Estado do Rio de Janeiro], o Antônio Carlos, e a gente fez amizade. Um belo dia, ele me passou um envelope e disse que era um material que ele tinha recebido e achado legal. Pela primeira vez, recebi um jornal da Frente de Oposição Sindical Bancária (FOSB). Li aquele jornal e foi como se tivesse descoberto o mundo. Vi a realidade de exploração do bancário e disse que queria conhecer aquele pessoal. Teve uma festa em Campo Grande onde eles estariam. Nessa festa, conheci a "galera" da oposição bancária, que era clandestina — por isso eu tinha recebido o jornal dentro de um envelope. Era uma garotada e todos eram funcionários do Banco do Brasil ou do BANERJ, os dois bancos estatais, todo mundo aprovado através de concurso público.

> **LI AQUELE JORNAL DA FRENTE DE OPOSIÇÃO SINDICAL BANCÁRIA E FOI COMO SE TIVESSE DESCOBERTO O MUNDO.**

Eu tinha vivido a realidade de banco privado, que não tinha nada a ver com a realidade de banco estatal. Naquele tempo, havia uma grande diferença salarial e passei a ganhar três vezes mais do que antes, quando eu já achava que tinha um bom salário. Entrei como escriturário — cargo que ocupei durante toda a minha vida — e me aposentei agora [2011], com 37 anos de bancário, somando os dois bancos.

A gente estava, naquele momento, com muita vontade de fazer as coisas, de mudar, engajados na luta contra a ditadura. E a ditadura começando a ir mal das pernas, com a questão do fim do milagre econômico abrindo espaço. Houve, ainda, a denúncia pelo DIEESE da manipulação do índice inflacionário, que foi fundamental para dar um aquecimento nas lutas salariais a partir de 1977, porque todo mundo sabia que estávamos sendo roubados escandalosamente. E 34% naquela época [a perda calculada pelo DIEESE] era coisa "pra caramba", era uma manipulação escandalosa dos índices oficiais.

No sindicato, havia uma Junta Interventora. Só que nós éramos a oposição nova, a garotada. Tinha a oposição tradicional, que era o pessoal do Partido Comunista Brasileiro (PCB). Era o Ivan Pinheiro, o [Roberto] Percinoto, o Auri e outros companheiros. O Írio Lima, aposentado do Banco de Crédito Real, que tinha uma cabeça mais arejada, resolveu fazer a ponte entre nós. O Írio conheceu a gente, gostou da gente, e acabamos conhecendo a "galera" da oposição tradicional.

ENTREVISTADOR(A): Naquela época, você chegou a participar de alguma organização clandestina?

Cyro Garcia: Minha atuação, em 1976, era somente na oposição bancária. Havia duas organizações de esquerda, revolucionárias, que faziam parte da FOSB: a Liga Operária, uma organização trotskista, que depois eu vim a integrar, e o MEP — Movimento de Emancipação do Proletariado. O MEP era, basicamente, de funcionários do Banco do Brasil. Na Liga Operária, tinha gente do Banco do Brasil e do BANERJ, éramos um pouco maiores. Acontece que, em 1977, o MEP "caiu". Houve uma repressão sobre a organização e vários dos meus companheiros da oposição bancária foram presos. A Fernanda Carísio, que hoje é do PT e faz parte da corrente Articulação, o Robertinho Valente e o Errol eram pessoas que militavam e foram presas na véspera do dia em que eu ia sair de férias e viajar para Minas Gerais. Eu estava sendo "namorado", no processo de captação, por duas organizações. Na Faculdade de Direito, pelo MR-8 [Movimento Revolucionário 8 de Outubro] e, nos bancários, pela Liga Operária. Só que minha identidade era muito maior com a realidade bancária, onde eu comecei a me engajar mesmo, muito mais do que na faculdade.

Quando eu estava me preparando para a viagem, coincidentemente, o MR-8 me passou um jornal e a Liga Operária me passou um jornal também. O jornal do MR-8 era sobre a importância de se construir um partido revolucionário. Era um jornal muito didático e realmente fez minha cabeça. Eu pensei: "De fato, é preciso construir um partido revolucionário. A luta sindical é limitada, economicista. Precisamos ir além, se queremos realmente transformar a realidade".

Viajei para Minas, mas eu não conseguia tirar da cabeça a "galera" que tinha sido presa, sem saber o que estava acontecendo com eles. Abreviei minhas férias, voltei e resolvi entrar para a Liga Operária. O jornal do MR-8 me "ganhou" para a Liga Operária (*risos*). Depois eu falei isso pra eles e eles ficaram "putos" da vida (*risos*). Na primeira reunião da Liga Operária, estavam os companheiros da FOSB, era o mesmo pessoal, menos o MEP, claro. Eram meus colegas do Banco do Brasil, do BANERJ. Tive que adotar um nome clandestino, pois todos tinham nomes clandestinos. Aí ingressei, em 1977, na Liga Operária, que teve um papel fundamental na minha vida. Fiz uma opção ali para a vida inteira, pois sempre fiz parte da mesma organização e estou nela até hoje, apesar de todas as transformações pelas quais ela passou.

ENTREVISTADOR(A): E quando você participa da primeira greve?

Cyro Garcia: No final da década de 1970, o movimento foi crescendo. Lembro-me de que a primeira campanha salarial importante que fizemos foi em 1978, por um auxílio-alimentação que se chamava "Panelão". Foi uma campanha muito forte, que, na verdade, germinou a greve de 1979.

> FOI UMA CAMPANHA MUITO FORTE, QUE, NA VERDADE, GERMINOU A GREVE DE 1979.

Em 1978, aconteceram eleições no sindicato. A Junta Interventora foi derrotada pelo pessoal do Partido Comunista Brasileiro. Foram duas eleições para valer uma. A primeira foi anulada. Na ocasião, nós resolvemos não participar e demos apoio crítico à chapa do PCB. Eles eram a direção tradicional da categoria, nós respeitávamos isso e apoiamos a chapa deles criticamente.

Mas nós botamos um "submarino" na chapa. Tínhamos um companheiro do Bradesco, o Carneiro, já falecido. Mas ninguém achava que ele era "nosso", pois éramos muito jovens e o Carneiro já era um senhor. Nós conseguimos captar o cara já maduro, ele se identificou conosco, era uma pessoa maravilhosa e entrou na chapa.

Essa primeira eleição já foi ganha pela oposição, mas a Junta Interventora conseguiu anular. Na segunda eleição, concorreram quatro chapas. A "pelegada" se dividiu numa chapa da Federação, que era o Laércio, e uma chapa dos interventores; teve a chapa da oposição tradicional; e nós também inscrevemos uma chapa. A gente tinha a avaliação de que a oposição tradicional não corria risco, porque, senão, não faríamos aquilo. Se a gente avaliasse que a nossa divisão poderia implicar a vitória dos "pelegos", seria criminoso lançarmos uma chapa, mas eles estavam numa crise tão grande, que nem conseguiam se encontrar. E as duas chapas da esquerda ficaram na frente.

Foi nesse pique que o PCB assumiu o sindicato, em 1979. E, naquele ano, veio a primeira greve bancária durante a ditadura. Foi uma greve nacional, mas não tinha um comando nacional. Pipocaram várias greves e as resoluções foram distintas. A do Rio Grande do Sul durou 14 dias e foi vitoriosa. Foi a greve que alçou o Olívio Dutra[2] como grande liderança. Certamente, vocês vão entrevistar também o Olívio, porque ele é um cara importante. O Arlindo [Ramos], que era um "pelego reciclado", dirigiu a greve de Belo Horizonte. E nós aqui, com o PCB, que mais criou empecilhos do que dirigiu a greve. Falando de maneira clara, o PCB traiu a greve. A greve foi traída por uma análise de conjuntura equivocada deles. Nós fizemos uma greve de 48 horas, fortíssima, principalmente no Banco do Brasil e no BANERJ, mas também nos bancos privados. Uma greve maravilhosa. Mas os companheiros

---

2. Ver depoimento de Olívio Dutra neste Livro 2 da Coleção.

do PCB fecharam o sindicato, pegaram os cartazes que diziam "Estamos em Greve", levaram para a sede campestre e queimaram. Cometeram um equívoco muito grande, a partir da análise de conjuntura de que aquilo poderia comprometer a abertura, que as lutas poderiam justificar um fechamento, que a gente tinha que segurar para dar continuidade à abertura "lenta, gradual e segura", como diziam os militares. Quando, na verdade, aquele era o momento em que poderíamos forçar para acelerar essa abertura. A conjuntura estava pedindo isso.

Aliás, essa análise de conjuntura custou caro ao PCB que, antes de 1964, era um grande partido. Depois, na década de 1980, se transformou numa organização diminuta, com várias crises, rachas, cisões. Hoje é uma pálida lembrança do que foi o "partidão" um dia.

Aquela foi a minha primeira greve como dirigente. Ainda não era dirigente sindical, mas um dirigente da luta.

ENTREVISTADOR(A): Qual era a pauta dessa greve?

Cyro Garcia: A pauta da greve era a questão salarial, auxílio-alimentação, que já tinha sido germinado na campanha do "Panelão". Quer dizer, eram coisas básicas, queríamos aumento de salário.

Mas era um momento de ascenso muito grande. Em 1979, várias categorias fizeram greve. Você tinha greve na construção civil, quebra-quebra nas obras do metrô, greve de professores, de metalúrgicos. Lembro-me de que até coveiro fez greve, foram as primeiras greves de coveiro. Imagina! Todo mundo fez greve. Meu grande sentimento em relação à postura do PCB é que, assim como a greve no Rio Grande do Sul foi vitoriosa, a nossa também poderia ter sido. A greve foi muito forte, foi

> LEMBRO-ME QUE ATÉ COVEIRO FEZ GREVE, FORAM AS PRIMEIRAS GREVES DE COVEIRO. IMAGINA!

um negócio impressionante. No Rio de Janeiro, paramos o centro, paramos essa cidade por dois dias!

Eu, Tiago, Peninha, Fernanda, que éramos as principais lideranças da oposição que vinha da FOSB, o Ivan Pinheiro e o Zola, que eram diretores do sindicato, fomos enquadrados na Lei de Segurança Nacional. Tivemos que ir para a clandestinidade durante o segundo dia da greve e organizarmos um comando alternativo.

Eu me lembro de que para irmos à assembleia, que foi na quadra do Salgueiro, a gente foi protegido por um "cordão", formado pelo Modesto da Silveira, a Heloneida Studart e o Raimundo de Oliveira, que eram os parlamentares progressistas aqui do Rio de Janeiro. Os membros do comando alternativo foram presos na escadaria da Assembleia Legislativa do Estado do Rio de Janeiro (ALERJ), para onde tiveram que se transferir após a direção ter fechado o sindicato e os parlamentares terem se recusado a recebê-los no interior da Assembleia. Entre eles, a Glória Maria e a Lídia Maria, que eram irmãs e trabalhavam no BANERJ, e que passaram para a história como as "irmãs Maria". Além de presas, foram demitidas e só reintegradas na gestão [do ex-governador] Leonel Brizola.

A gente voltou, suspendeu a greve no final do segundo dia. Era repressão, gente presa, sindicato fechado, sem o apoio da diretoria do sindicato, tivemos que recuar. Isso custou uma onda de demissões muito grande na categoria. A patronal "passou o facão", muita demissão mesmo. Durante muito tempo, quando eu e o Tiago entrávamos nos bancos, éramos cobrados por causa das demissões, até porque eles sabiam que nós é que tínhamos defendido a greve na assembleia. O PCB inflamou, inflamou, inflamou, mas na hora "H" "puxou o tapete" e nós "ganhamos" a assembleia deles. Então, eles nos responsabilizaram pela greve também. A oposição tradicional dizia que nós éramos irresponsáveis, que tínhamos dirigido a greve e éramos culpados por todas aquelas demissões. Então, nós carregamos, durante um período, esse ônus das demissões.

ENTREVISTADOR(A): Essas demissões ocorreram também nos bancos públicos?

Cyro Garcia: Não, só em bancos privados. Nos bancos públicos, nós respondemos a inquéritos administrativos. Mas eram aquelas "balelas". Eu me lembro até da minha defesa: "Eu estava indo para o banco, como todo dia faço para cumprir com meus deveres, quando vi uma confusão na porta da agência, e aí fui-me embora, porque não queria me envolver com aquilo...". E todo mundo deu uma resposta meio parecida com essa, entendeu? Mas os inquéritos não foram para frente, foram arquivados depois. Só a Glória e a Lídia foram demitidas do BANERJ.

ENTREVISTADOR(A): Nessa greve é que você foi preso?

Cyro Garcia: Fui enquadrado na Lei de Segurança Nacional, mas não fui preso, porque o processo foi arquivado. Mas, em 1980, fui preso por estar prestando solidariedade à grande greve dos metalúrgicos do ABC (SP), de 41 dias. Nós criamos um movimento de solidariedade aqui, com um bônus que reproduzia uma nota, um xerox, para a pessoa trocar por dinheiro e a gente mandar para lá. Um belo dia, eu e o Mancha (Luiz Carlos Prates) — hoje dirigente do Sindicato dos Metalúrgicos de São José dos Campos (SP) — estávamos dentro de um ônibus no Catumbi, teve uma *blitz* e os caras pegaram a gente com 36 jornais da Convergência Socialista e aquele monte de xerox de dinheiro. Os caras falaram: "Quem faz isso, falsifica dinheiro também". Olha que absurdo! Chamaram um oficial que, quando viu o jornal, disse: "Quer dizer que vocês são desses socialistas que infectam a nossa pátria?". E ordenou que colocassem a gente no camburão. Pronto, lá fui eu, e fui liberado só no outro dia. Foi a minha primeira prisão, que não foi diretamente dirigindo uma greve, mas prestando solidariedade à greve do ABC. Também pesou o clima, pois havia a abertura, mas ainda estávamos na ditadura, essa que é a verdade. A ditadura foi até

1984, cada vez com menos força, mas ainda tinha esses "espasmos". E, também, não posso deixar de citar o racismo, pois tanto eu quanto o Mancha somos negros.

ENTREVISTADOR(A): O sindicato continuou fechado após a greve?

Cyro Garcia: Depois da greve, o sindicato sofreu nova intervenção. Em 1982, houve eleição novamente e foi uma disputa só nossa com a oposição tradicional. A Junta Interventora nem conseguiu formar uma chapa. Foi a primeira vez que fui candidato a presidente. Nós tivemos 40% dos votos, o que consideramos um resultado estupendo.

ENTREVISTADOR(A): Vocês estavam aliados com outras forças?

Cyro Garcia: Sim, com outras forças. Nós já tínhamos fundado o PT, tinha outras correntes internas do partido junto conosco. O MEP já não era mais MEP, tinha passado por um processo de transformação e se chamava Movimento Comunista Revolucionário (MCR); tinha a Ala Vermelha; tinha um pessoal do "racha" do próprio Partido Comunista do Brasil (PCdoB), que depois se organizou na tendência "Caminhando" do PT, e outras correntes. E várias pessoas independentes em torno da gente.

Mas nós éramos a corrente majoritária, a Convergência Socialista; por isso eu era "o cabeça" da chapa. Aqui, no Rio de Janeiro, nós tínhamos uma força muito grande. Em São Paulo, naquele momento, tinha o pessoal da OSI [Organização Socialista Internacionalista], o [Luiz] Gushiken[3], a Tita [Dias], que eram trotskistas também, mas de uma outra corrente. Nós também tínhamos uma presença lá. E tinha o Augusto Campos, do BANESPA [Banco do

---

3. Luiz Gushiken também foi entrevistado e seu depoimento consta do Livro 1 desta Coleção.

Estado de São Paulo], que não era ligado ao trotskismo, nem sei exatamente qual era a tradição do Augusto, mas era uma liderança importante. Mas aqui, nós tínhamos um peso muito grande e dividíamos isso com o PCB, que no Rio era muito forte. Perdemos essa eleição, mas fincamos nossas raízes. Nos bancos públicos, nós já éramos fortes. No Banco do Brasil, a gente infernizava a vida do Ivan, que era a grande liderança do PCB. Tínhamos jornais por seção, uma organização de base muito legal, muito viva.

> **MAS AQUI, NÓS TÍNHAMOS UM PESO MUITO GRANDE E DIVIDÍAMOS ISSO COM O PCB, QUE NO RIO ERA MUITO FORTE.**

ENTREVISTADOR(A): Nessa época, vocês participavam de articulações com outras oposições sindicais?

Cyro Garcia: Em 1979, no movimento sindical, estava ocorrendo um processo de reorganização. Foi realizado o ENTOES — Encontro Nacional dos Trabalhadores em Oposição à Estrutura Sindical; o ENOS — Encontro Nacional das Oposições Sindicais; foi criada a ANAMPOS — Associação Nacional dos Movimentos Populares e Sindicais. Tinha uma série de coisas acontecendo e a gente participava, de alguma forma, de tudo isso. Com as greves de 1978, um ano antes da nossa primeira greve bancária, surgiu o sindicalismo autêntico ou "novo sindicalismo", que projetou a figura do Lula[4], do Jacob Bittar [então presidente do Sindicato dos Petroleiros de Campinas], do Henos Amorina [então presidente do Sindicato dos Metalúrgicos de Osasco], um movimento que começou a "criar vida". Nós, da Liga Operária, tínhamos influência em Santo André, onde surgiu o Zé Maria [de Almeida, atual

---

4. Luiz Inácio Lula da Silva também foi entrevistado e seu depoimento foi publicado no Livro 1 desta Coleção.

presidente do Partido Socialista dos Trabalhadores Unificado — PSTU[5]], que é desse período. Aqui, o PCB continuava sendo a direção tradicional, que ganhou a eleição com o Percinoto. Mas nós éramos uma oposição muito forte.

ENTREVISTADOR(A): É nesse momento que surge a Convergência Socialista?

Cyro Garcia: Nós estávamos num processo de reorganização do movimento sindical e também de reorganização partidária. A Liga Operária mudou de nome e passou a se chamar Convergência Socialista, com o objetivo de lançar a proposta de construção de um Partido Socialista, que, num primeiro momento, seria uma frente. Nós chegamos a conversar até com o Almino Afonso [ex--ministro do Trabalho no governo João Goulart, que voltou do exílio com a Anistia, em 1979] e outros setores que falavam de socialismo. Depois, no final das contas, não saiu o Partido Socialista, todo mundo foi embora, só ficamos nós mesmos, com o nome de Convergência Socialista, que virou uma tendência interna do PT.

Inclusive, a gente teve papel protagonista nisso, porque teve um Congresso dos Metalúrgicos em Lins (SP), em que o Zé Maria lançou a tese da necessidade de criação de um partido de trabalhadores, sem patrões. Essa ideia foi "comprada" pelos sindicalistas, principalmente pelo Lula. Tem uma discussão historiográfica se foi em Lins ou na Bahia. Na verdade, essa proposta surgiu em Lins e foi defendida pelo Zé Maria, que era metalúrgico em Santo André. Agora, é óbvio que essa proposta só veio a tomar corpo por conta dos outros setores, que tinham muito mais influência do que nós e que "compraram" essa ideia.

---

5. José Maria de Almeida também foi entrevistado e seu depoimento será publicado em outro livro desta Coleção.

ENTREVISTADOR(A): Você participou da criação da CUT?

Cyro Garcia: A reorganização partidária deu como fruto o PT. Mas o processo de reorganização sindical foi mais complexo. Existiam todas essas articulações que mencionei. O ENOS tinha só o pessoal das oposições sindicais, mais ligado à esquerda, um pessoal mais revolucionário, que tinha muita desconfiança em relação aos sindicalistas autênticos, do novo sindicalismo, e que diziam: "Esses caras são todos 'pelegos' também!". Achavam que o Lula era "pelego" também... Depois, nós participamos do Encontro Nacional dos Trabalhadores em Oposição à Estrutura Sindical, que juntava todo mundo. A ANAMPOS pegava também o pessoal do movimento popular, o pessoal da Igreja. Dentro disso tudo, veio a 1ª CONCLAT [Conferência Nacional das Classes Trabalhadoras], em 1981 — da qual participei como delegado —, com o objetivo de criar uma Central Única dos Trabalhadores.

Aí, aconteceu uma coisa muito engraçada. As comissões de discussão na CONCLAT eram enormes, com centenas de pessoas. Fui para a Comissão de Política Salarial e Previdência Social. E o Expedito, que depois veio a ser deputado estadual em São Paulo, e que era da diretoria dos metalúrgicos de São Bernardo do Campo (SP), foi eleito presidente dessa comissão. Porque era uma disputa entre nós e os reformistas — o pessoal do MR-8, do PCB e "companhia limitada". Essa frente petista ganhou e o Expedito ficou na presidência. Depois, teve uma disputa para saber quem seria o relator. Nosso nome era o Waldemar Rossi, que era membro da Oposição Sindical no Sindicato dos Metalúrgicos de São Paulo. Ele era uma liderança da Igreja e tinha um peso enorme dentro do movimento sindical. Mas ele disse que não queria ser o relator e que estava apoiando o "companheiro Cyro", da oposição bancária do Rio de Janeiro. Eu nem era nada naquele momento e, de repente, começaram a gritar meu nome: "Cyro, Cyro!". Houve a votação e fui eleito relator. E chegavam umas 300 propostas por escrito. Era uma loucura para dar conta daquilo tudo. Eu me lembro de uma companheira baiana, que pegou o micro-

MAS COMPANHEIRA, AQUI NÃO É PARA CANTAR; NÓS ESTAMOS AQUI PARA ORGANIZAR A LUTA!

fone e disse que queria cantar (*risos*). Eu falei: "Mas companheira, aqui não é para cantar; nós estamos aqui para organizar a luta!" (*risos*). De tudo acontecia naquela comissão. Mas consegui dar conta.

Depois, foi eleita a Comissão Nacional pró-CUT. Essa história vocês sabem, né? Ela "racha" e, em agosto de 1983, nós fundamos a CUT. O motivo do "racha" tem a ver com a greve de 21 de julho de 1983. Foi chamada uma greve geral, pela Comissão Nacional pró-CUT, e teve um setor que foi contra. E um setor que implementou, ligado ao PT. Mas, no Rio de Janeiro, os bancários não pararam, porque, aqui, quem dirigia o sindicato eram os reformistas ligados ao PCB.

A gente fez um ato na Cinelândia no final do dia e, nesse ato, aconteceu um negócio incrível. O Ivan, a grande liderança da Unidade Sindical, que era uma articulação intersindical que existia no Rio de Janeiro, foi discursar, mas a "galera" se sentiu traída pelo fato de os bancários do Rio não terem entrado na greve. E aí, ele recebeu uma vaia, que não conseguia falar, e teve que entregar o microfone. A maior liderança do movimento sindical do Rio de Janeiro simplesmente não conseguiu tomar a palavra num ato, porque recebeu uma vaia de uma magnitude ensurdecedora. Ele ficou possesso e entrou numa de que nós é que tínhamos sido responsáveis pela vaia. Ao contrário, nós fomos contra a vaia, tentamos segurar a vaia, pois estávamos num ato de unidade de ação e queríamos preservar a unidade na luta, apesar de todas as críticas que nós tínhamos, porque "roupa suja se lava em casa". Eles não conseguiram falar e ficou demonstrada a força do nosso movimento na base, que era o que acontecia nas assembleias. A direção sindical não conseguia ter o controle. A participação da base era tão grande, que a oposição tinha seu espaço e acabava impondo determinadas coisas.

ENTREVISTADOR(A): Você participou da primeira Direção Nacional da CUT?

Cyro Garcia: No congresso que criou a CUT, em São Bernardo do Campo, eu já entrei na Direção Nacional — que era grande —, não na Executiva. A CUT tinha um estatuto muito mais democrático do que tem hoje. As oposições tinham um espaço muito grande e uma das principais bandeiras da CUT era exatamente a luta contra essa estrutura sindical atrelada ao Estado. Isso foi se perdendo e, no Congresso de 1988, ela se burocratizou muito. Sintomaticamente, no ano da Constituinte. A gente não via a CUT com a mesma ênfase que ela tinha no início, na defesa da luta contra a estrutura sindical. Essa ideia foi perdendo força, à medida que a CUT foi ganhando os aparelhos sindicais — o que ocorreu como num jogo de dominó, por todo o Brasil; onde a gente chegava ia ganhando sindicato e mais sindicato —, e isso foi levando a um processo de acomodação. "Ah, era legal ser contra a estrutura sindical quando a gente estava fora dela, mas agora que estamos dentro não é tão ruim assim...". Isso aconteceu, lamentavelmente, e foi ganhando força, principalmente na década de 1990. Porque, na década de 1980, ainda era a luta, eram as greves...

ENTREVISTADOR(A): Isso aconteceu também no Rio de Janeiro?

Cyro Garcia: Com a fundação da CUT, as oposições sindicais como um todo se fortaleceram no Rio de Janeiro. De dirigente sindical com mandato mesmo, só tinham o Abdias José dos Santos, do Sindicato dos Metalúrgicos de Niterói, o Jorge Bittar, do Sindicato dos Engenheiros, o Luciano Ponzi, do Sindicato dos Radialistas, alguns sindicatos pequenos, como o dos Assistentes Sociais, e as oposições.

Todos os grandes sindicatos, como os bancários, os metalúrgicos, os ferroviários, todos os sindicatos de peso estavam na mão da Unidade Sindical. Mas em todas essas categorias, as oposições sindicais eram muito fortes.

Aí, aconteceram coisas importantes, como a greve da FIAT em Xerém, na Baixada Fluminense, que sucedeu a Fábrica Nacional de Motores. A greve foi dirigida por uma comissão de fábrica dentro da empresa, onde surgiram o Gianinni, já falecido, o Leal e outros companheiros. Foi uma tremenda greve de ocupação. Isso acabou fortalecendo uma oposição nos metalúrgicos. Nos bancários, também, a gente estava no calcanhar da reforma, no calcanhar do PCB. Então, tudo isso foi criando um caldo que, com a fundação da CUT, se potencializou. A CUT era frágil, do ponto de vista das direções dos sindicatos, mas, do ponto de vista da base, tinha uma força muito grande.

ENTREVISTADOR(A): Após 1979, quando vocês voltaram a fazer greve?

Cyro Garcia: Em 1984, fizemos uma greve nacional no Banco do Brasil, por equiparação dos salários aos dos bancos privados, ou seja, foi dado um reajuste para iniciativa privada que não foi dado para o Banco do Brasil. E a grande discussão era a data da greve. Nós tínhamos a noção de que alguém precisaria sair na frente, senão a greve não aconteceria. A nossa proposta era que a gente daria o pontapé inicial aqui no Rio num dia e, depois, no dia seguinte, o país inteiro entraria em greve e seria uma greve vitoriosa. Nessa greve, a gente se enfrentou com o PCB, que estava na direção do sindicato. Eles defendiam que só se deveria entrar em greve no outro dia. Nós defendemos a proposta de que a greve deveria sair naquele dia. E a gente "ganhou" a assembleia deles também.

Depois, veio a greve de 1985, que ainda deve estar no *Guinness Book* como a greve com a maior quantidade de trabalhadores parados na mesma ocasião. Foram mais de 700 mil bancários parados durante dois dias, uma greve fundamental. A gente dirigiu essa greve no Rio de Janeiro, quando teve aquela assembleia no Maracanãzinho, com 15 mil pessoas. Uma greve vitoriosa.

Apesar de terem sido só dois dias de greve, foi uma "porrada" na patronal, os caras ficaram tontos. Ninguém esperava a força daquela greve do jeito que ela saiu. O Rio fez uma greve de praticamente 100%. Eu me lembro da "galera" saindo do Maracanãzinho e indo para as ruas, colar Durepoxi nas fechaduras das agências: A cidade já amanheceu com os bancos todos fechados, chaveiros sendo chamados em tudo quanto é lugar, crise de chaveiro na cidade, entendeu? (*risos*).

Lembro-me de que a outra assembleia foi na Galeria dos Empregados do Comércio e alguém da base levou uma faixa enorme: "Descubra o tesão de fazer piquete". Quando abriram aquela faixa, a assembleia foi ao delírio, foi uma coisa incrível. E os piquetes eram muito fortes, pois todos os bancos tinham os CPDs [Centros de Processamento de Dados], que funcionavam 24 horas. O do Itaú era em São Cristóvão, o do Bradesco no Flamengo, o do Nacional no Rio Comprido, o do Real perto do Santo Cristo, o do BANERJ na Gamboa, o do Banco do Brasil, no Andaraí, e tinha a compensação, que era na Praça Mauá. Havia ainda troca física de cheques.

> **A GREVE DE 1985 AINDA DEVE ESTAR NO *GUINNESS BOOK* COMO A GREVE COM A MAIOR QUANTIDADE DE TRABALHADORES PARADOS NA MESMA OCASIÃO.**

ENTREVISTADOR(A): Vocês conseguiram fechar os CPDs?

Cyro Garcia: Naquela época, parar a compensação era um "nó" no sistema financeiro, e também os CPDs que faziam viabilizar as agências. Todo o trabalho era feito nos CPDs. Fechando os CPDs, a gente estrangulava o banco no outro dia e também fechava as agências. A cidade inteira estava envolvida e nós parávamos isso tudo. Eram piquetes que duravam 24 horas, centenas de pessoas na porta dos locais de trabalho, com "troca-troca" de banco[6], para preservar a segurança. Era um negócio impressionante, muito lindo, foi muito legal ter vivido tudo isso.

Eram passeatas enormes, arrastões. Lembro-me de uma capa do *Jornal do Brasil*, na greve de 1985, com uma foto minha numa Kombi e a manchete: "Cyro Garcia, a metralhadora giratória da Avenida Rio Branco". A gente levava centenas de bancários atrás da gente, parando. Onde estivesse aberta uma agência, a gente fechava na marra. Era um negócio impressionante. E eram piquetes radicalizados. Chegavam carros-fortes querendo colocar dinheiro, a "galera" deitava na frente do carro-forte e os caras tinham que parar. Uns malucos colocavam a cabeça debaixo do pneu e o cara tinha que recuar. Era um negócio enlouquecido. As passeatas, os arrastões, fechavam os bancos na cidade inteira. E foi assim no país inteiro. Por isso, essa greve teve a maior quantidade de trabalhadores parados na mesma ocasião. Éramos mais de 700 mil bancários e foi uma greve vitoriosa.

ENTREVISTADOR(A): Nessa greve, a participação de bancários de bancos privados foi relevante?

Cyro Garcia: Na verdade, os bancos públicos tinham um nível de organização muito maior. Não tinha o nível de repressão que tinha nos bancos privados. Os grandes celeiros de piqueteiros eram o Banco do Brasil e o BANERJ. Mas havia também piqueteiros de bancos privados, que participavam da "troca-troca" de bancos. Mas claro que a grande massa vinha dos bancos públicos. E era uma solidariedade de classe, a "galera" sabia de sua responsabilidade e ia lá fazer esse papel, coisa que lamentavelmente a gente perdeu. Hoje não existe mais isso.

---

6. "Troca-troca" de banco era a tática de escalar os bancários de um banco para fazer piquetes nas agências de outro banco, para evitar retaliações.

ENTREVISTADOR(A): Voltando ao ano de 1984, qual foi a participação do movimento sindical do Rio de Janeiro na campanha das Direta Já?

Cyro Garcia: Na campanha pelas Diretas, nós tivemos um ato com mais um milhão de pessoas na Candelária, foi algo impressionante. Eu acho que o PT e a própria CUT titubearam, pois no dia de votação [da Proposta de Emenda Constitucional] das Diretas, deveríamos ter chamado uma greve geral. Nós, no interior da Central, defendemos essa proposta, mas fomos derrotados. A gente acreditava que a não convocação da greve geral facilitava a ação da oposição burguesa, para fechar o acordo em torno do Tancredo Neves. Mas foi positivo o fato de o PT não ter participado do Colégio Eleitoral[7].

Na campanha das Diretas, se a CUT tivesse chamado uma greve geral, a gente teria feito um movimento muito forte. Lamentavelmente, a CUT se recusou a cumprir esse papel. Isso, de certo modo, facilitou a conciliação em torno de Tancredo Neves, no Colégio Eleitoral, que foi a traição da campanha das Diretas Já. Você tinha um milhão de pessoas no Rio, um milhão e meio em São Paulo, milhões no Brasil inteiro, que lutaram por Diretas, para ganhar um Colégio Eleitoral que deu Tancredo e virou Sarney? E a gente só teve eleições diretas mesmo em 1989, cinco anos depois. Sem dúvida alguma, o movimento pelas Diretas ajudou a derrubar a ditadura militar, mas, em 1985, o que aconteceu foi uma transição por cima, dentro daquela máxima: "Foram-se os anéis, mas não se perderam os dedos". E a questão das Diretas ficou engasgada por um tempo. Mas tudo aquilo fortalecia o processo pela base.

---

7. Colégio Eleitoral era a sessão conjunta do Congresso Nacional (Senado e Câmara dos Deputados), com a participação de delegados das Assembleias Legislativas de todo o país, responsável pela eleição indireta do presidente da República, durante a ditadura militar (1964-1985), que elegeu Tancredo Neves e José Sarney, em março de 1985.

ENTREVISTADOR(A): Quando a gente começou a entrevista, você identificou que o subúrbio estava um pouco apartado da participação política. Mas, nesse momento das greves, você tem...

Cyro Garcia: As fábricas metalúrgicas eram principalmente nos subúrbios. Lembro-me, por exemplo, da greve na fábrica da TREU, que era na Avenida Brasil, em Coelho Neto. Foi uma greve fortíssima, dirigida por companheiros da Convergência Socialista, o Silas — que está na Suíça — e outros companheiros. Era um acontecimento. De repente, o pessoal saía da fábrica e parava a Avenida Brasil. As greves "pipocaram", ora na Avenida Brasil, ora em São Cristóvão, e a cidade inteira foi envolvida nesse processo, foi algo incrível. As assembleias de bancários eram realizadas no Clube Confiança, no Andaraí, que era um lugar de samba. Outro palco das assembleias de bancários na década de 1980 era o Circo Voador. A gente foi subvertendo os lugares, juntando essa coisa da cultura com a luta, foi um processo muito bonito.

ENTREVISTADOR(A): Ainda na década de 1980, vocês fizeram outras greves?

EM 12 DE DEZEMBRO DE 1986, FOI CONVOCADA UMA GREVE GERAL, CONTRA O PLANO CRUZADO II.

Cyro Garcia: Em 12 de dezembro de 1986, foi convocada uma greve geral contra o Plano Cruzado II [plano de estabilização econômica]. Teve o primeiro Plano Cruzado, em fevereiro de 1986, que levou o [ex-presidente José] Sarney às alturas, em termos de popularidade, mas logo depois que o PMDB fez a maior bancada [nas eleições de parlamentares constituintes, em novembro do mesmo ano], veio o Plano Cruzado II, que foi uma grande traição. Chamamos uma greve geral pela CUT e com os sindicalistas que formaram outra central, a CGT [Confederação Geral dos Trabalhadores]. Essa greve geral foi chamada pelas duas. Mas a gente não conseguiu fazer uma grande greve aqui no Rio de Janeiro na categoria bancária. Nós tentamos pelo menos parar os bancos públicos, mas foi difícil.

A greve de 1985 tinha sido vitoriosa, mas a de 1986, na campanha salarial de setembro, não teve o mesmo êxito. Os patrões se prepararam. Foi uma greve que existiu, também saiu vitoriosa, mas foi uma greve mais dura. Ela ainda estava na cabeça das pessoas, quando chamamos para uma greve geral, que era uma coisa mais política. Porque uma coisa é parar na data-base, quando a "galera" já incorporou no seu calendário que é o momento de lutar. Essa não; era uma greve política contra o "pacote" e o nível de resposta, por mais que tenhamos nos esforçado, não foi aquele que nós gostaríamos que tivesse sido.

Nessa greve geral, fui preso pela segunda vez, dentro de uma agência do Banco do Brasil, na Rua da Assembleia. Estávamos fazendo uma passeata pelo centro, com carro de som, entrei numa agência bancária para poder me comunicar com os companheiros e a PM fez uma provocação. Os policiais quebraram a porta de vidro do banco e disseram que fomos nós. E me prenderam, como forma de acabar com aquela agitação que a gente estava fazendo no centro da cidade. Fui para a Polícia Federal e só me soltaram no outro dia. De novo, "vi o sol nascer quadrado". Eu era uma das principais lideranças e minha prisão desarticulou mais ainda o que a gente estava fazendo aqui.

ENTREVISTADOR(A): Houve, também, uma greve no Banco do Brasil pela equiparação com o Banco Central, não foi?

Cyro Garcia: Em 1987, fizemos uma greve fortíssima que, do ponto de vista da história, representou um momento muito importante na categoria bancária, pois teve a ver com o aspecto da solidariedade entre os bancos. Foi uma greve fora de data-base, uma greve no primeiro semestre. A inflação corroía muito os salários, então a gente fazia uma campanha antecipada, antes da data-base. Foi uma greve muito forte, no mesmo esquema de todas as outras: piquetes, Banco do Brasil, BANERJ, bancos privados, uma greve fortíssima, que durou nove dias.

No final do oitavo dia, o Banco do Brasil, espertamente, fez uma proposta aos funcionários de uma suposta equiparação com os funcionários do Banco Central, de 40%. Era uma luta antiga a equiparação com o Banco Central. E você estar numa greve e levar 40% não é qualquer coisa. Só que não tinha nenhuma garantia, era uma coisa "de boca". Fomos para a assembleia defender a continuidade da greve, mas fomos derrotados. O pessoal, como por exemplo o Amaral, que depois foi presidente do Sindicato, e outros ligados a outras correntes petistas que nós chamamos desse espectro mais ao centro defenderam a proposta de aceitar o acordo. O Banco do Brasil saiu da greve e ela despencou.

Os companheiros de bancos privados identificaram, na saída da greve, uma traição do pessoal do Banco do Brasil. A greve não continuou no BB por dois motivos: em primeiro lugar, porque a consciência era muito economicista e os caras levaram 40%; e segundo, porque nós tentamos manter o Banco do Brasil na greve, mas fomos derrotados na assembleia.

OS COMPANHEIROS DE BANCOS PRIVADOS IDENTIFICARAM, NA SAÍDA DA GREVE, UMA TRAIÇÃO DO PESSOAL DO BANCO DO BRASIL.

Ainda que, depois, o pessoal do Banco do Brasil tenha voltado em outras greves, nunca mais foi a mesma coisa. O sentimento de traição bateu de maneira muito forte. Não tinha mais aquela magia da unidade da categoria, aquilo se perdeu. A patronal atacou a categoria nos bancos privados, houve demissões. Foi um trauma na categoria, mas, mesmo assim, em 1988, a gente assumiu o sindicato e reconstruiu essa questão. De 1988 a 1991, continuou tendo greves e os bancos públicos continuaram cumprindo um papel importante.

ENTREVISTADOR(A): Vocês ficaram na direção do sindicato de 1988 até...

Cyro Garcia: Até 1991. Em 1994, lançamos uma chapa de oposição e perdemos. Em 1997, iríamos novamente lançar uma chapa de oposição — nós já estávamos fora do PT, fomos expulsos em 1992, e formamos o PSTU, em 1994. A gente fundou o PSTU, mas continuou na CUT. Nós só saímos da CUT em 2003. Eu já não estava mais na Executiva, quem estava era o Zé Maria. Eu fui membro da Executiva Nacional da CUT por três gestões.

Em 1997, a "galera" da [corrente] Articulação [da CUT] nos procurou, com uma análise de conjuntura que bateu com a nossa. E eles disseram: "Nós, divididos, estamos apanhando como 'boi-ladrão'. Vocês continuam sendo uma força importante na categoria. Mas se forem fazer uma chapa de oposição, irão perder novamente". E era verdade. Afinal, tínhamos perdido todo nosso trabalho nos bancos privados. Todas as nossas lideranças em bancos privados, em 1994, foram demitidas. Com raríssimas exceções, como o Alexandre que permanece na categoria até hoje, e a galera que era do BANERJ, que foi privatizado, mas continuou. Nós éramos, disparado, a maior corrente da categoria, mas a gente foi exterminada nos bancos privados. Continuamos sendo fortes nos bancos públicos, como somos até hoje.

Mesmo eles, da Articulação, sendo da direção do sindicato, quem dirigia os bancos públicos éramos nós. Nas assembleias, nas eleições, tínhamos a maioria de delegados sindicais. Mas eles dirigiam a maioria dos bancos privados. E a categoria dos bancários mudou o perfil; antes a maioria era dos bancos públicos, hoje a maioria é dos bancos privados. Então, por conta disso, eles ganhavam.

Mas, em 1997, eles chamaram a gente para formar uma chapa unitária. Nós discutimos, avaliamos que poderíamos ajudar mais dentro do que estando fora, e a gente compôs novamente com eles.

Voltamos para a direção do sindicato, mas aí já como corrente minoritária. Eles reservaram 25% para nós, naquela formação de chapa. Participei da Executiva, mas já era outra coisa. A gente foi até 2006, em três gestões. Tivemos enfrentamentos importantes contra as políticas de FHC e conseguimos algumas vitórias parciais dentro do Banco do Brasil. O banco queria, por exemplo, demitir todo o quadro de apoio e nós conseguimos impedir. Criou um quadro de "excedentes" no Brasil inteiro, que era assim: "Só precisa de X aqui, tudo que for X + Y está fora". Tentaram fazer isso no Rio de Janeiro e conseguimos impedir. A gente estava na luta defensiva, mas continuava com uma força ainda muito grande.

ENTREVISTADOR(A): Como você avalia o impacto do ascenso do movimento sindical no ambiente político?

O LULA FOI O DEPOSITÁRIO DE TODA A LUTA DOS ANOS 1980. DAS GREVES DOS BANCÁRIOS, MAS TAMBÉM DE TODAS AS CATEGORIAS, NO PAÍS INTEIRO.

Cyro Garcia: O Lula foi o depositário de toda aquela luta da década de 1980. Nós estamos falando aqui das greves dos bancários, mas estamos falando de greves no país inteiro, em todas as categorias. E ele era a maior liderança que se forjou nesse processo. Em 1988, quando o PT teve sua primeira grande vitória eleitoral, aquilo mostrou a guinada à esquerda da consciência da classe trabalhadora, o que teve a ver, inclusive, com a questão da repressão na Companhia Siderúrgica Nacional [CSN], em Volta Redonda (RJ). A CSN estava fazendo uma "puta" greve de ocupação, eu participei, fui lá dentro, levando a solidariedade dos bancários, levando comida para as pessoas. E essa greve foi duramente reprimida, com ocupação do Exército e três operários assassinados, o William, o Valmir e o Barroso. Isso fez com que a greve recuasse, por conta da força da repressão, mas, do ponto de vista da classe, foi o contrário; foi uma guinada à esquerda muito grande, que levou à vitória do PT em 32 prefeituras.

Foi algo tão interessante, que até nós, da Convergência Socialista, ganhamos uma prefeitura, em Timóteo, no Vale do Aço, em Minas Gerais, com o companheiro Geraldo Nascimento, que era membro da Convergência. Parte da nossa Direção Nacional foi para o secretariado de Timóteo. Aconteceu uma mudança grande também na nossa organização interna, porque, de repente, a gente tinha que cuidar de Timóteo, que era uma cidade no Vale do Aço, uma região que tinha a Usiminas e a ACESITA, usinas importantes. Nós formamos Conselhos Populares, colocamos em um ginásio quase três mil pessoas para dar posse ao Conselho Popular de Timóteo. Foi um processo lindo, maravilhoso. Mas tudo acabou como numa "noite de verão", quando o nosso companheiro, diante de uma greve de professores, teve a mesma postura de enfrentamento que outros tiveram, dizendo que professor é setor essencial, não pode fazer greve... E olha que o Geraldo tinha uma ética impressionante.

Uma grande preocupação nossa, da Convergência Socialista, tinha a ver com a questão do salário, que é a primeira fonte de corrupção, de cooptação, dos companheiros oriundos das lutas sindicais, das lutas populares, para o aparelho da burguesia. A gente achava que o salário deveria ser aquele que os companheiros tinham antes [de assumir um cargo no Executivo ou no Legislativo]. A diferença devia ser para apoiar a luta. Eu, por exemplo, estive como deputado federal durante um período e ficava com o meu salário do Banco do Brasil. O restante era para apoiar o movimento, até porque nossa concepção é que o mandato é para apoiar as lutas e não para você mudar de vida, se dar bem. Mas, lamentavelmente, não é essa a concepção da esmagadora maioria dos deputados petistas hoje. Acho que vai ser até difícil achar uma honrosa exceção. Posso estar sendo injusto, mas acho que vai ser difícil de achar. Pode ser que tenha. Como sou formado em Direito, dou o benefício da dúvida.

Eu, por exemplo, no período que fui parlamentar, se ganhasse R$ 3 mil e passasse a ganhar R$ 12 mil, eu ficava com os R$ 3 mil e os R$ 9 mil eram integralmente para apoiar o movimento. E o Geraldo tinha essa concepção e nunca titubeou nessa questão.

A gente disse: "Calma Geraldo, são trabalhadores, temos que discutir, temos que negociar". Conclusão, não teve jeito e nós acabamos expulsando o Geraldo Nascimento, que hoje é da tendência Articulação, do PT, e perdemos um excelente quadro. Mas, a partir dali, nossos caminhos tomaram rumos diferentes. Nós nos demitimos do secretariado e fomos embora de Timóteo. Se a gente, como trotskista, não acredita no socialismo em um só país — aquela polêmica com Stálin —, quanto mais no socialismo numa prefeitura em Timóteo (*risos*). Não ia dar certo mesmo...

ENTREVISTADOR(A): E o impacto na Constituinte?

Cyro Garcia: A chamada Constituição cidadã teve uma série de conquistas sociais por conta da força do movimento popular naqueles anos. E só não foi mais além, na questão da estrutura sindical, por conta do processo de adaptação da direção da CUT ao próprio aparato sindical. Esse processo repercutiu muito fortemente no Congresso Nacional da CUT de 1988, onde as oposições sindicais começaram a perder espaço, os dirigentes sindicais começaram a ganhar mais peso e teve toda uma mudança no estatuto da Central, que já foi mostrando essa burocratização. Isso se refletiu na pressão sobre a própria Constituinte. A gente tinha espaço, naquele momento, com tudo o que estava acontecendo no país, para tentar acabar com o imposto sindical, mas não acabou porque, objetivamente, as direções majoritárias da CUT fizeram "corpo mole", porque estavam adaptadas a essa estrutura, já não tinham mais aquele vigor do início da década de 1980 e isso só foi piorando depois. Tanto na CUT, como no próprio PT.

ENTREVISTADOR(A): Você diz "Tanto na CUT, como no PT". Em que sentido?

Cyro Garcia: O Congresso do PT, de 1991, foi uma guinada à direita total e absoluta, que também se refletiu na CUT. Alguns fatores contribuíram para isso, um deles foi a derrota do Lula para o Collor, em 1989. Nós tínhamos, de certa forma, conseguido neutralizar a implementação do projeto neoliberal em nosso país, pelo menos por uma década, a década de 1980. Com todas aquelas lutas, nós conseguimos derrotar o Plano Cruzado, o Plano Bresser, o Plano Verão. Foram vários planos que nós derrotamos com a nossa luta na década de 1980. Na verdade, o neoliberalismo já era hegemônico no mundo inteiro, mas o Brasil estava na contracorrente, o Brasil era um polo de resistência. Mas com a posse do Collor, as coisas se modificaram. E olha que o Lula quase chegou lá, bateu "na trave". Foi um susto enorme na burguesia deste país, mas, a partir dali, começou a ser implantado o projeto neoliberal. E é óbvio que isso repercutiu no movimento sindical.

Outro fator foi a queda do Leste Europeu, que, é óbvio, repercutiu na esquerda mundial, com consequências também na esquerda brasileira e no movimento sindical. Com o fim da experiência do chamado socialismo real, com a queda do Leste Europeu, começou a se discutir dentro do PT que o partido precisava fazer uma inclinação, porque estava ficando isolado, sem aliados. Começou, a partir daí, uma guinada muito grande do PT, nos seus pressupostos teórico-programáticos.

Isso se deu, principalmente, a partir do processo de burocratização dos quadros do PT, via aparelho Legislativo e Executivo burguês. Porque, com a vitória de 1988, o PT ganhou um monte de prefeituras, um monte de mandatos, uma série de dirigentes da base petista foram cumprir esses mandatos e isso passou a ser a realidade. A dependência desses "aparelhos" acabou se tornando, inclusive, uma dependência material. Porque é aquela coisa: eu sou marxista e considero que a existência determina a consciência; não é o contrário. Se o cara que ganhava R$ 1 mil passa a ganhar R$ 12 mil, ele faz tudo para continuar ganhando esses R$ 12 mil. E o que ele menos faz é impulsionar uma luta que possa ameaçar essa sua nova situação. *Grosso modo*, é mais tranquilo ele ficar por ali, acomodado. E é óbvio que isso interfere também no movimento sindical. No movimento sindical, houve um processo de acomodação, de adaptação ao aparelho, à estrutura sindical, a essa coisa dos privilégios dos dirigentes sindicais liberados, de não terem que bater cartão, de terem privilégios salariais, viagens, congressos, os *plus* que têm, sem falar no prestígio junto à categoria, uma série de outras coisas.

> **NO MOVIMENTO SINDICAL, HOUVE UM PROCESSO DE ACOMODAÇÃO, DE ADAPTAÇÃO AO APARELHO, À ESTRUTURA SINDICAL.**

Houve um congresso da CUT em que foi aplicado um questionário com a pergunta: "Qual é a sua profissão?". E a maioria respondeu que era dirigente sindical. O nível de adaptação era tão grande que o cara esqueceu que dirigente sindical é apenas uma função, é uma representação. Ele não se identificava como bancário, petroleiro ou professor. Isso é fato, é verdade. Tal era o nível.

ENTREVISTADOR(A): Na sua opinião, em que medida tudo isso impactou na postura da CUT?

Cyro Garcia: A CUT, na década de 1990, deixou de ser o sindicato para lutar e passou a ser o "sindicato-cidadão". Foi a primeira vez que foi cunhado esse termo "sindicato-cidadão". Isso já é um problema, porque o conceito de cidadania é um conceito que se contrapõe ao de luta de classes; cidadão é qualquer um, sou eu e é o banqueiro, meu patrão. Qualquer um é cidadão. Quando você entra na discussão de cidadania, você está diluindo um conceito de classes sociais, de enfrentamento entre classes sociais. E a sociedade é formada por classes sociais, que têm um antagonismo feroz. Se não for o antagonismo entre a burguesia e o proletariado, o capitalismo não se mantém. Quando você vai falar de "sindicato-cidadão", você começa a diluir o conteúdo de classe e vai mudando o perfil da Central. O sindicato não é mais para lutar, sindicato é para negociar. Sindicato bom não é o que luta, é o que negocia. A negociação é uma decorrência do processo de mobilização. Mas o pessoal começou a fazer as coisas invertidas, como se a negociação, por si só, suspensa no ar, pudesse garantir as coisas.

Veio ainda aquela proposta do governo Collor para um "entendimento nacional". Nós e outros setores da esquerda da CUT éramos contra essa ida ao "entendimento nacional", mas fomos derrotados. Lamentavelmente, o [Jair] Meneguelli[8] se prestou ao papel de cumprimentar o Fernando Collor no Palácio do Planalto.

Depois, vieram as Câmaras Setoriais, no ABC, onde a pauta dos trabalhadores passa a ser a pauta do empresariado. Não é mais a pauta dos trabalhadores; é a pauta do empresariado, que começa a ser defendida pelos trabalhadores.

A CUT participou, também, da Reforma da Previdência no governo Fernando Henrique Cardoso, com o Vicentinho [Vicente Paulo da Silva, ex-presidente da CUT[9]], que trocou a necessidade de comprovação do tempo de serviço pelo tempo de contribuição, como condição para acessar o benefício da aposentadoria. O que foi um prejuízo para o trabalhador, porque nem todos os trabalhadores têm como comprovar tempo de contribuição. Isso teve o aval da CUT. Então, a CUT mudou completamente e ficou com a "cara" da Força Sindical, essa é que é a verdade. E hoje, não existem grandes diferenças entre elas. Tanto é que elas estão juntas em uma série de coisas.

---

8. Ver depoimento de Jair Meneguelli neste Livro 2 da Coleção.

9. Vicente Paulo da Silva também foi entrevistado e seu depoimento será publicado em outro livro desta Coleção.

ENTREVISTADOR(A): Na década de 1990, quando a gente olha os dados, percebe que continuam ocorrendo muitas greves, principalmente até 1997, quando há um declínio...

Cyro Garcia: Eu diria que foi até 1995, quando houve um elemento divisor de águas, que foi a greve dos petroleiros. Foi uma greve muito forte, que chegou a causar desabastecimento de combustíveis, mas uma greve que ficou isolada e acabou sendo derrotada. O Fernando Henrique jogou pesado para derrotar aquela greve, mandou o Exército para as refinarias e, a partir daí, o movimento sindical deu uma "imbicada". Tanto é que o movimento social que mais teve ação na década de 1990 não foi o movimento sindical. Foi o MST [Movimento dos Trabalhadores Rurais Sem-Terra], que, mesmo no governo FHC, conseguiu expropriar uma área do tamanho de Portugal. E olha que foi num governo duríssimo.

> O FERNANDO HENRIQUE JOGOU PESADO PARA DERROTAR AQUELA GREVE E MANDOU O EXÉRCITO PARA AS REFINARIAS.

Para nós, das estatais e do funcionalismo público, foram oito anos sem reajuste. Demissões em empresas estatais, coisa que nós nunca tínhamos tido. Passamos a viver com o fantasma da demissão. Quando o FHC começou a bater, bater, bater, o movimento sindical começou a perder força, por duas questões: uma tem a ver com essa guinada à direita e essa opção pelo "sindicato-cidadão", pelo sindicato de negociação. Depois, na nossa leitura, a CUT não cumpriu um papel que deveria ter cumprido em relação à greve dos petroleiros, porque nós tínhamos que ter levado — eu era da direção da CUT, mas fui voto vencido — a uma generalização, a uma solidariedade muito mais ampla. A greve dos petroleiros, por mais forte que tenha sido, ficou isolada e acabou sendo derrotada.

Com essa combinação da mudança de perfil, "sindicato-cidadão", sindicato de negociação, e mais a derrota dos petroleiros, a CUT voltou a utilizar métodos como as tais greves por empresa, mas perdeu aquela noção de quando nós a criamos, que era de unificar a classe trabalhadora. Cada vez mais assistimos a uma fragmentação. Você vai para greves isoladas, para greves de empresa, nem tem mais a perspectiva da greve por categoria. Então, é uma greve aqui, greve-surpresa, greve "kinder--ovo", uma série de coisas para fazer uma greve, que é uma greve muito mais controlada e muito mais domesticada do que eram aquelas na década de 1980.

ENTREVISTADOR(A): Começou a entrar Participação nos Lucros ou Resultados, a PLR, que fragmenta, é por empresa mesmo...

Cyro Garcia: Mas isso não impede... A nossa PLR é negociada no acordo coletivo, para todos os bancários. Não é por empresa. Mas, principalmente no ABC, que era o principal centro, começou a ter muita atomização das coisas, invenção de nomes, "vaca brava", "kinder-ovo", tudo para ocultar conscientemente o que estava acontecendo: a fragmentação das lutas. Pois algumas dessas greves poderiam ter sido generalizadas, pipocaram em vários lugares ao mesmo tempo. Por que não? Mas era consciente essa postura de fragmentação.

ENTREVISTADOR(A): Naquele momento, veio também a questão das privatizações, que impactaram fortemente o movimento sindical.

Cyro Garcia: O "carro-chefe" da política do FHC era a privatização. Essa era a principal bandeira: privatizar, privatizar, privatizar! Mas aí, começou a ter uma "esquizofrenia" na CUT. Enquanto muitos de nós estávamos na porta da Bolsa de Valores levando bomba de gás lacrimogênio, levando "porrada", apanhando, fazendo atos contra a privatização, lá dentro você tinha uma série de dirigentes ou ex-dirigentes sindicais, via fundos de pensão, "batendo o martelinho" na privatização da Vale do Rio Doce, do Sistema Eletrobras. Você tinha gente da CUT do lado de fora, dizendo não à privatização, e tinha gente da CUT lá dentro, dizendo: "Que legal, a Vale é nossa! Opa, a Embratel é nossa!". Porque, na verdade, o PT, via movimento sindical, passou a assumir um papel de acionista minoritário do neoliberalismo. Essa é a questão. O PT passou a ser o acionista minoritário, via gestão dos fundos de pensão, FUNCEF [Fundação dos Economiários Federais], PETROS e PREVI, que é o fundo do Banco do Brasil, o maior de todos. Avalizou a política de privatização do governo FHC. Então, era uma "esquizofrenia".

O PT começou a participar do FAT [Fundo de Amparo ao Trabalhador], via CUT, ou seja, começou a integrar os órgãos de gestão do capital financeiro mesmo. E isso teve consequências na luta. A queda das lutas, depois da greve de 1995, foi muito grande, teve uma diminuição brutal no número de greves. Nos bancários, por exemplo, o máximo que a gente fazia era paralisação de uma hora, greve mesmo não teve, nos dois mandatos de FHC. Só viemos retomar as greves bancárias no governo Lula, já nos anos 2000.

ENTREVISTADOR(A): Uma coisa que marcou a década de 1990 foi a crise e o desemprego. Quando olhamos para as greves, há muitas com reivindicações de caráter defensivo. No setor privado, a maioria por descumprimento de direitos, atraso de salário por conta da crise, e no setor público, muita coisa de manutenção das condições vigentes. Mas tinha um movimento de resistência. Você falou mais da atuação da direção, mas também havia um constrangimento da base pelo desemprego.

Cyro Garcia: Se eu mesmo, que era uma liderança do movimento, fiquei sentindo meu emprego ameaçado, imagina o bancário com uma consciência média... Fiquei pensando no que faria da minha vida se fosse demitido. Então, era muito difícil a mobilização, o medo era muito grande. Eu me lembro, por exemplo, de que na

Caixa Econômica Federal [CEF] teve uma portaria chamada RH 008, que demitiu 800 pessoas da noite para o dia. Isso na CEF, que era um banco público. No Banco do Brasil, passou a ter demissão por ato de gestão; se o gestor achasse que o seu desempenho não estava legal, tinha a prerrogativa de demitir. Isso, óbvio, interferiu, mas o papel das direções também contribuiu para isso, ao optarem por um processo de negociar sem pressão objetiva. Porque, tudo bem, o sindicato é para negociar; mas é a pressão que garante uma negociação vitoriosa.

> PORQUE, TUDO BEM, O SINDICATO É PARA NEGOCIAR; MAS É A PRESSÃO QUE GARANTE UMA NEGOCIAÇÃO VITORIOSA.

Por exemplo, não sei o que vai acontecer com a Construção Civil no Programa de Aceleração do Crescimento, mas, se eles conseguiram alguma coisa, foi por conta dos quebra-quebras, da luta que aconteceu. Passaram a ter reajuste nas cestas, passagem de avião para visitar a família, tratamento digno nos alojamentos, porque teve mobilização.

ENTREVISTADOR(A): Queria saber: como se dá a negociação durante a greve? Quando a categoria deflagra a greve, há uma ruptura do processo de negociação, mas para a greve terminar, a negociação precisa ser retomada de alguma forma. Como é essa dinâmica?

Cyro Garcia: A questão é a seguinte: a greve é um processo de interrupção. Inclusive, do ponto de vista legal, ocorre a suspensão do contrato de trabalho. Mas as negociações não param, até porque a greve está interferindo no lucro do capital, e o capital precisa restabelecer a normalidade da situação. Esse é um processo, por excelência, de acelerar as negociações. É um momento em que você está com as cartas na mão, se você está com uma mobilização forte, para impor determinadas condições. Acho que a grande questão é que, na década de 1980, nós utilizávamos isso com força nas negociações, sabíamos da força que tínhamos e íamos para a mesa para arrancar as reivindicações.

É uma coisa tão incrível, que aqui no Rio de Janeiro nós quebramos um paradigma. Por exemplo, naquela questão dos bancos privados, se falava muito da organização de bancos públicos, mas quando se falava de greve de bancos privados era uma coisa... E nós fizemos uma greve no Banco Nacional, na minha gestão, que foi vitoriosa e estendeu a conquista para o país inteiro, uma coisa impressionante. A "galera" sozinha do Nacional. Os outros sindicatos do país, ligados à Articulação petista — pois já havia divisão —, em vez de entrarem na greve e nos apoiar, vinham para cá para filmar as agências onde tínhamos mais dificuldade, para dizer que não tinha greve. Isso é uma coisa complicada, também, né? Você está em greve e o seu aliado, em vez de estar fazendo seu jogo, está fazendo o jogo do patrão? Isso aconteceu aqui e, mesmo assim, essa greve foi vitoriosa. Uma greve de bancos privados, organizada pelos bancários de bancos privados. Foi uma greve tão forte, que nós fomos para a mesa de negociação, conseguimos a vitória e sua extensão para o país inteiro. Foi uma coisa que aconteceu na minha gestão e da qual me orgulho muito. Foi uma quebra de paradigma. Nós tínhamos essa capacidade de analisar o *timing* e saber nos apoiar na força do movimento. Depois acabou acontecendo o oposto, hoje inclusive.

ENTREVISTADOR(A): Você disse que, nos governos FHC, não houve greves de bancários. A que você atribui isso?

Cyro Garcia: Além de a década de 1990 ter tido esse perfil que te coloquei, da negociação pela negociação, sem estar apoiada no processo de base, as dificuldades que aconteceram por conta da política repressiva, isso também é um dado da realidade. A gente não pode fazer uma análise unilateral, isso que você falou é verdade. Várias empresas estatais foram privatizadas, a gente perdeu a

Embratel, todo o setor siderúrgico, os bancos públicos estaduais, e tome demissões, queda de direitos, então tudo isso, é óbvio, foi colocando uma conjuntura mais desfavorável. Mesmo assim, tivemos lutas, como a greve dos petroleiros, que foi fortíssima, em pleno governo FHC. E poderia ter tido um resultado diferente se eles tivessem contado com maior solidariedade, conseguido sair do isolamento, mas infelizmente não aconteceu.

A gente só teve a retomada das greves de bancários no governo Lula, em 2003. Foi uma greve vitoriosa, em que, por ironia do destino, mais uma vez os bancos públicos queriam equiparar o seu reajuste ao dos bancos privados. Eles fecharam acordo em 12% e os bancos públicos estavam nos oferecendo 6,5%. Fizemos uma greve belíssima, de dois dias, e o Banco do Brasil e a Caixa acabaram cedendo, inclusive em outras conquistas.

ENTREVISTADOR(A): Nessa época, já era negociação na mesa única com os bancos privados e os públicos?

Cyro Garcia: Ainda não. Porque, durante a década de 1990, os bancos privados tinham reajuste e a gente não. E a nossa luta era por uma mesa única, para a extensão do acordo. Só que essa é uma questão tática. Hoje, a mesa única é utilizada contra nós pelos bancos públicos. É no banco público que tem mobilização, movimento real. Eles utilizam a dificuldade de mobilização dos companheiros dos bancos privados, que lutam, mas têm mais dificuldade de organização, e com o pretexto da estabilidade da economia, jogam essa dificuldade de mobilização nos bancos privados sobre nós. Há greves no Banco do Brasil, na Caixa, mas eles oferecem índices rebaixados, por conta de ser uma mesa de negociação única. Minha corrente é contra a mesa única de negociação. Nós achamos que tinha que ser negociação separada, Banco do Brasil e CEF, que aumentaria muito mais o nosso poder de fogo do que numa mesa única. Mas, naquele momento, ainda não era mesa única e, por isso, fizemos a greve.

ENTREVISTADOR(A): Em 2003, a categoria já estava com apenas uns 400 mil trabalhadores, consequência de um processo intenso de automação.

Cyro Garcia: Automação violenta, o advento do autoatendimento, a substituição dos bancários por terceirizados, pois continua tendo milhares de bancários no sistema financeiro, mas terceirizados. A compensação física de cheques está acabando. Não vai ter mais troca física de cheque, agora será tudo por digitalização. No Banco do Brasil, os bancários não estão perdendo emprego, mas estão perdendo a função, tendo que ir para outras funções, pois algumas não existem mais. Isso está acontecendo agora, neste momento. E isso foi acelerado ao longo da década de 1990. Isso, é claro, interferiu, pois o cara sabia que o emprego dele estava ameaçado de alguma forma, com essa diminuição brutal dos postos de trabalho.

No entanto, a greve de 2003 fortaleceu a categoria e fomos para uma tremenda greve em 2004. Mas o que aconteceu naquele ano? Fizemos uma greve fortíssima, de 30 dias. Porém, assim como, em 1995, FHC elegeu os petroleiros para ser a "sua greve", para dar o exemplo para o restante da classe trabalhadora, em 2004 o Lula elegeu a nossa. O Lula já tinha dado o seu "cartão de visita", com a reforma da Previdência no serviço público, logo em 2003. A gente achou que a CUT cometeu uma traição, ao não encampar a luta dos servidores. Ao contrário, acabou apoiando, até envergonhadamente, a reforma da Previdência, e a gente saiu da CUT para formar a CONLUTAS. Outros setores saíram para formar a Intersindical.

ENTREVISTADOR(A): Houve um ano em que vocês foram ao Tribunal Superior do Trabalho?

Cyro Garcia: Em 2003, a gente já estava fora da CUT e houve eleição, quando fizemos um acordo: "Desde que o sindicato se mantenha com autonomia e independência em relação ao governo, a gente permanece até 2006". E fizemos a gestão 2003/2006. Só que o acordo ficou no papel.

A CUT deu apoio ao governo "de mala, cuia e baga-gem", com uma ferocidade impressionante, e isso passou a se refletir nas nossas lutas. A greve de 2004 ocorreu contra a direção do movimento, que queria acabar com ela desde o primeiro dia. Além de lutar contra seu adversário, você precisava lutar também contra seus generais, que estavam do outro lado, na verdade. Eles estavam muito mais preocupados com a política econômica do governo, do que com as reivindicações da categoria bancária. Isso era uma coisa descarada, já não tinha como disfarçar. Só não foi uma derrota pela atuação da oposição. É por isso que a gente continua com um peso grande nos bancos públicos. Porque a "galera" dos bancos públicos não iden-tifica neles seus representantes, e sim os representantes da empresa.

Mas, em 2004, o Lula resolveu bater duro na nossa greve, não negociar, jogar pesado. Só que a greve foi tão forte, que acabou indo para um empate. Por uma decisão da oposição bancária, não só do Rio de Janeiro, a gente acionou o Tribunal Superior do Trabalho e conseguimos uma saída via TST. Se fosse pela negociação com a empre-sa, iríamos para uma derrota, que era o que os dirigentes da CUT queriam, para que a greve dos bancários cumpris-se o mesmo papel que cumpriu a greve dos petroleiros.

ENTREVISTADOR(A): Mas, a partir dali, passou a ter greve de bancários todo ano.

Cyro Garcia: Todo ano tem greve, mas é uma greve cada vez mais domesticada. A nego-ciação é muito mais um faz de conta do que uma negociação de fato. É cada vez mais um jogo de cena, um jogo de cartas marcadas. Quem está do lado de cá da mesa e quem

> TODO ANO TEM GREVE, MAS É UMA GREVE CADA VEZ MAIS DOMESTICADA. A NEGOCIAÇÃO É MUITO MAIS UM FAZ DE CONTA DO QUE UMA NEGOCIAÇÃO DE FATO.

está do lado de lá falam a mesma língua, não existe um confronto na mesa de negociação como havia. Para poder superar determinados limites, você tinha que implementar a luta, de fato. Quando não tinha força, era preciso recuar, porque você sabia também dos seus limites. Mas hoje não, há um grande acordo de quatro mãos, em que é preparada uma proposta palatável entre os representantes da empresa e os representantes sindicais, que estão a serviço da política econômica da empresa. Lamentavelmente é esse sindicalismo que temos, tanto na Força Sindical, como na CUT.

Já começa pelas reivindicações: a categoria tem uma perda muito grande, se considerar desde os anos 1980, 1990 e o Plano Real. Mas eles vão e discutem apenas a inflação dos últimos 12 meses, que geralmente é baixa, a inflação dos índices oficiais, que não têm nada a ver com tarifas de energia, de transporte, alimentos etc. E jogam mais alguma coisa, o chamado "aumento real". Isso é uma farsa. Como você vai ter aumento real, se está com perdas acumuladas de 90% e você pede 12%? Isso é uma brincadeira. Mas é assim que eles "brincam" com a consciência da categoria. E têm conseguido impor esse esquema, em que você já pede um índice rebaixado, para fechar um acordo mais rebaixado ainda. Pede 12%, para fechar com 7%. Para depois dizer que foi uma grande vitória, porque a inflação foi de 6,5%. Pô, 0,5% de aumento real! E a gente só vai acumulando perdas. E negociando uma série de coisas. A PLR, por exemplo, não tinha que ser negociada no período de campanha salarial, até porque tem uma lei, que dá conta da PLR. Mas eles acabaram colocando essa negociação junto. A "galera" geralmente está endividada no cheque especial, no cartão, e aí eles jogam: "Olha, vai entrar tanto de PLR, mas se fecharmos o acordo hoje à noite". Aí, a maioria vai lá, levanta o dedinho para pegar o dinheiro da PLR, que vai transitar na conta um ou dois dias no máximo, e depois volta para a mesma "m..." que estava antes da campanha.

Eu digo que eles têm um tripé para desmontar as greves da categoria bancária e torná-las cada vez mais domesticadas, ainda que elas existam. Primeiro, a mesa única com a FENABAN [Federação

Nacional dos Bancos, a entidade patronal], que é jogar a dificuldade de mobilização dos bancários de bancos privados sobre os de bancos públicos e estabelecer patamares baixos de negociação. Segundo, misturar PLR com campanha salarial, fechar acordos "favoráveis" na PLR e vincular o pagamento à aprovação do acordo. Terceiro, a negociação de dias parados. Antes, na década de 1980 e até na década de 1990, isso era uma questão de honra, dias parados a gente não negocia, a greve é um direito. Para nós, precisa ser pago como dia trabalhado. Hoje, os dirigentes sindicais negociam esses dias, o que é uma forma de premiar o infrator. O cara faz a greve e teve conquistas, em tese, por conta da luta dele, e vai ter que pagar os dias! E quem não faz a greve vai receber a mesma coisa que ele, pois vai ter o acordo estendido, porque não tem a diferenciação para quem fez e para quem não fez a greve. E esse "fura-greve" não tem dia descontado, nem nada. Isso vai jogando setores da categoria contra a própria greve. É outro instrumento do tripé, para enfraquecer cada vez mais as lutas, pelo menos na categoria bancária, que é a que eu conheço bem. E a cada ano que passa, a greve vem mais fraca.

A greve acontece, até porque ela passou a ser uma válvula de escape. Hoje, a pressão é tão grande nos bancos públicos e privados, que a "galera" precisa daquele momento. É também uma "greve de pijama", não é aquela dos piquetes maravilhosos de que falamos. O cara está em greve, mas está no *shopping*, está fazendo exame médico, está indo para a praia, ou está se informando pelas redes sociais e vai muito pouco à assembleia. Diferentemente do que acontecia antes, que eram assembleias de milhares, hoje elas são cada vez menores. Quando muito tem assembleia de aprovação de greve, que é maior, mas vão o quê? Mil e poucas pessoas, a cada ano menos.

> É TAMBÉM UMA "GREVE DE PIJAMA", NÃO É AQUELA DOS PIQUETES MARAVILHOSOS DE QUE FALAMOS. O CARA ESTÁ EM GREVE, MAS ESTÁ NO *SHOPPING*.

Ou seja, o cara não participa nem da assembleia para saber se quer ou não o acordo. Só quer saber quando terá que voltar. E quem define quando volta é a "galera" que está furando a greve, que está dentro das agências, esperando uma ordem da superintendência para ir à assembleia aprovar o acordo.

ENTREVISTADOR(A): Pegando sua fala como um todo, o movimento sindical ganhou força quando, na concepção dos grupos de esquerda, era visto como um caminho limitado, não era visto como a força para a transformação. Hoje você tem uma ideia de que o movimento sindical tem um papel central na sociedade, de formação inclusive, mas não consegue mobilizar, não consegue dar um passo adiante.

Cyro Garcia: Mas a questão é que, no governo Lula, o movimento sindical foi cooptado. Na década de 1990, já havia uma central sindical cooptada, que era "chapa branca", a Força Sindical. A CUT, com todas as divergências que poderíamos ter no método, de privilegiar negociação, essa coisa do "sindicato-cidadão", fazia oposição ao governo, ainda era oposição ao governo. A Força Sindical não, já foi fundada com dinheiro de empresários, cumpria esse papel de ser uma central "chapa branca". Com o advento do governo Lula, a CUT também passou a ser uma central "chapa branca". Hoje, as duas maiores centrais sindicais estão totalmente cooptadas, a serviço do modelo econômico que está aí, a serviço do governo. Com fissuras aqui e ali, mas não têm divergência de estratégia.

Acho que esse é o grande problema do movimento sindical, mas também de outros setores importantes do movimento social organizado, como, por exemplo, a União Nacional dos Estudantes, que na década de 1980, e mesmo na década de 1990, tinha um papel importante na luta dos estudantes, e que hoje foi totalmente cooptada pelo governo. Também setores do próprio MST, não digo o MST como um todo, mas setores dele. O governo Lula conseguiu navegar em dois mandatos num momento com índices econômicos favoráveis, crescimento econômico, o que fez com que ele tivesse essa popularidade que está aí, saiu com índices nas alturas, elegeu a Dilma com sobras — nem era preciso o segundo turno, se não fossem determinados vacilos. Mas o movimento social e as correntes majoritárias foram cooptadas pelo governo.

Um dos mecanismos foi a legalização das Centrais Sindicais, e a destinação a elas de parte do imposto sindical, um "bolo" de dinheiro, que só as confederações recebiam e cada central passou a receber. Houve, também, a ampliação da participação nos fundos de pensão, na gestão de grande parte das empresas estatais, que hoje têm ex-sindicalistas na direção, principalmente nos Recursos Humanos, que é o mais interessante. Hoje, no Banco do Brasil, por exemplo, todos os negociadores são ex-dirigentes sindicais, são caras que estavam do meu lado e hoje, quando vou para mesa, estão do outro lado, negociando pelo patrão.

ENTREVISTADOR(A): Eles são mais difíceis?

Cyro Garcia: Claro, porque conhecem as nossas manhas, eles são mais difíceis de serem derrotados, porque vêm do movimento sindical, conhecem por dentro. O grande remédio, a eficácia, está na questão da cooptação mesmo, na questão da distribuição de cargos. No Banco do Brasil, por exemplo, nós temos uma comissão da empresa. Eu digo que não é uma comissão *de* empresa; é uma comissão *da* empresa. Porque os nossos salários, eles negociam muito mal, mas os deles eles negociam muito bem. O negociador aqui do Rio de Janeiro, por exemplo, com três anos de empresa já é AP-8, o que um monte de gerentes com 20 anos não é. O cara virou comissionado, sendo que,

> PORQUE CONHECEM AS NOSSAS MANHAS, SÃO MAIS DIFÍCEIS DE SEREM DERROTADOS. ELES VÊM DO MOVIMENTO SINDICAL, CONHECEM POR DENTRO.

muitas vezes, toma posse nunca agência em que ele nunca pisou. Isso é nos Correios, na Petrobras, na CEF, sem falar na influência que eles têm nas empresas privadas, por conta dos fundos de pensão. Nomeiam gente para os conselhos da Vale, da Perdigão, da Sadia. E são milhares e milhares de cargos e postos, muitíssimo bem remunerados, tanto na iniciativa privada como na pública. É mole, assim! Ele vai lutar para quê? Quem tem que lutar somos nós, que estamos aqui, "ralando" feito uns condenados, sofrendo assédio moral, apanhando.

Outro dia saiu na imprensa uma estatística que nos dois governos do Lula, nos ministérios, tinha mais cargo de confiança do que gente concursada. É uma hipertrofia de cargos de confiança, onde estão quem? Vários sindicalistas. Isso foi algo que o Lula trouxe, essa cooptação "por atacado". Não foi nem uma cooptação paulatina. E isso é nojento. Vejo um cara, do outro lado da mesa, com aquela "cara de pau", tentando me convencer das coisas, tentando fazer um grande malabarismo. Eu acho deplorável, mas é parte da realidade que a gente tem que enfrentar hoje.

ENTREVISTADOR(A): Parece que, nas últimas greves, houve uma participação um pouco maior dos bancários de bancos privados, não é?

Cyro Garcia: O clima dentro de uma agência bancária é muito pesado. O nível de adoecimento de bancários é muito grande. Os companheiros de bancos privados também veem a greve como aquele momento de poder dizer para o patrão: "Me enxerga, pois eu existo!". Pena que ainda não conseguem transformar essa indignação em pressão organizada, até porque as direções do movimento não querem, preferem lidar com essa coisa de criar uma válvula de escape, e fica todo mundo feliz. Eles vão lá, negociam um acordo que depois vendem para a categoria como se fosse uma grande vitória.

Por outro lado, não ocorrem mais aquelas demissões em massa depois da greve, como aconteceu em 1979, como foi em 1987.

Os patrões da FENABAN, dos bancos privados, têm sido mais flexíveis em relação aos dias parados, pois também é menos gente que para e por menos dias do que nos próprios bancos públicos. Hoje, tem uma pressão muito maior para cobrar dias de bancários do Banco do Brasil e da CEF, pelos nossos ex-sindicalistas que estão nos RHs, do que nos bancos privados. É verdade que neles há menos bancários que param e por menos dias, mas, do ponto de vista da relação capital-trabalho, não deixa de ser absurdo que seja num banco público que essa questão do exercício de um direito — que é um direito constitucional — seja cobrada com muito mais empenho, no sentido de impor um ônus, do que nos bancos privados. É isso que estamos vendo hoje, lamentavelmente, fruto desse processo de cooptação do movimento.

ENTREVISTADOR(A): Uma das coisas que se diz hoje é que, com o autoatendimento e o atendimento via Internet, o impacto da greve é menor, os bancos não deixam de lucrar por conta da greve, de forma que o poder de barganha do trabalhador fica limitado.

Cyro Garcia: Isso é verdade. Mas acho que uma greve tem três aspectos. Um deles é o econômico, que é essa relação capital-trabalho, quando o assalariado pode utilizar a paralisação para atingir o lucro da patronal. Mas ela tem dois outros aspectos: o social e o político. Não é só uma questão econômica.

> UMA GREVE TEM TRÊS ASPECTOS. UM DELES É O ECONÔMICO, MAS ELA TEM DOIS OUTROS ASPECTOS: O SOCIAL E O POLÍTICO.

Para uma empresa, ainda mais hoje, você tem toda uma disputa no mercado pela imagem, pela questão da responsabilidade socioambiental, e uma greve não é boa para ela, não é boa para o patrão. Mesmo que os grandes lucros dele continuem, porque as operações continuam sendo feitas pela Internet, porque é difícil parar uma mesa de câmbio, as mesas que fazem as grandes aplicações na Bolsa de Valores. Significa que os trabalhadores da empresa, de alguma forma, estão se insurgindo contra algo que não está legal. Então, para quem quer defender o discurso da responsabilidade socioambiental, a greve é um problema, pois vai contra a imagem.

E tem a questão política propriamente dita, no caso dos bancos públicos, por exemplo. Estar em greve em um banco do governo significa diretamente dizer que o governo, enquanto patrão, não serve, que temos que entrar em greve para conseguir as coisas. Isso é algo que entra na disputa da consciência da classe, da opinião pública. É óbvio que é uma luta desigual, pois enquanto a gente entra com uma "materiazinha" paga, com uma "Carta à População", eles entram com o Jornal Nacional, para dizer que já foi oferecido tanto, que já recebemos tanto, que somos baderneiros, que somos isso e aquilo, que onde tem greve tem baderna, prejuízo ao direito de ir e vir, prejuízo aos outros setores da sociedade e coisa e tal. Mas isso faz parte. Na década de 1980, éramos "baderneiros" do mesmo jeito.

É por isso que eu falo que a greve é tudo isso, mexe com muitas questões e não apenas com a questão econômica. Tem toda uma discussão no movimento sindical bancário sobre como é essa coisa da Internet, da informática. Alguns dizem que temos que ter outra forma de luta, porque a greve não atinge mais o lucro... Gente, não temos que inventar a roda! A greve continua sendo o principal instrumento de luta do trabalhador, seja aqui ou na China.

ENTREVISTADOR(A): Que alternativas costumam ser apresentadas?

Cyro Garcia: O pessoal fala, por exemplo, em não vender produtos, porque hoje o bancário virou um vendedor. Só que para não vender os produtos, é preciso ter uma organização muito maior, pois você está ali dentro, diretamente submetido a um processo de assédio moral brutal, porque o gerente está ali, a capatazia... Você precisa de uma organização muito maior do que na greve, com agência fechada. O autoatendimento dá uma aliviada para a população, pois, tendo o autoatendimento, ela fica tranquila. Porque, se você radicaliza e fecha o autoatendimento, você se choca diretamente com a população. Mas eu acho que há momentos em que a gente tem mais é que fechar, radicalizar mesmo, mas isso vai depender da força da greve, do que está em jogo, depende de uma série de fatores. A greve não é uma questão somente de afetar o lucro, até porque as outras dimensões que destaquei também acabam afetando o lucro. Quando você afeta a imagem da empresa, está afetando o lucro também, de uma outra forma. Tanto assim, que todas as empresas têm um balanço contábil e um balanço social, por conta dessa discussão da responsabilidade socioambiental. Você está interferindo nisso aí. Então, a greve continua sendo uma arma muito importante.

ENTREVISTADOR(A): Você poderia fazer um histórico das decisões da Justiça do Trabalho, que impactaram positiva ou negativamente na categoria dos bancários?

Cyro Garcia: O nosso movimento sempre privilegiou a negociação direta. Nossas grandes vitórias foram via negociação direta mesmo. Mas o TST teve importância na greve de 2004 — como eu disse antes. Foi via TST que conseguimos encontrar uma saída para a greve, senão o impasse certamente acarretaria uma derrota para os bancários. Mas nós tivemos sentenças que levaram ao fim de movimentos grevistas. Foi o caso da greve no Banco do Brasil, em 1991, que durou 21 dias. Durante 19 dias, ela foi considerada legal pelo TST. Como a gente votou pela continuidade do movimento, fizemos mais dois dias e eles foram considerados ilegais. A greve acabou recuando. Então, a sentença do tribunal interferiu. Enquanto ela foi considerada legal, maravilha. Mas foi o Tribunal se reunir novamente e considerá-la ilegal, que isso interferiu na categoria.

SEMPRE PRIVILEGIAMOS A NEGOCIAÇÃO DIRETA. NOSSAS GRANDES VITÓRIAS FORAM VIA NEGOCIAÇÃO. MAS O TST TEVE IMPORTÂNCIA NA GREVE DE 2004.

O interdito proibitório é uma "sacanagem" com a categoria bancária e com os trabalhadores como um todo. Criar uma situação para inviabilizar a formação de piquetes, de comissões de esclarecimento, é uma questão jurídica que tem uma interferência direta, porque neutraliza a possibilidade de você ter contato com os bancários, fazer o "corpo a corpo". E o interdito também acarreta multas para o sindicato.

ENTREVISTADOR(A): O interdito é uma novidade dos anos 2000?

Cyro Garcia: Sim, foi algo dos anos 2000. Mas vamos tirar da conta do Lula — que já é tão pesada (*risos*) — e colocar na conta da Justiça do Trabalho. O interdito é algo terrível contra nós, sem dúvida alguma.

Uma coisa que, se for implementada, vai ter um impacto negativo é a questão da diminuição do número de dirigentes sindicais liberados. Isso, num banco público, não tem tanta interferência, mas no banco privado se você não atuar com estabilidade, você não tem como atuar. Hoje, é uma questão que depende de acordo. Aqui no Rio, nós temos 137 dirigentes. Uma parte fica na base, mas tem uns 50 liberados para o sindicato. Querem que seja um número limitado aos sete do estatuto-padrão do Ministério do Trabalho. Seria um absurdo, um retrocesso total e os patrões estão querendo. É uma discussão que está rolando nos tribunais e, se vingar, vai ter sérias consequências para a categoria.

Temos uma questão pendente desde 1987, que é aquela história dos 40% do Banco Central que, supostamente, nos foram concedidos e que até hoje não foram pagos. Ganhamos e não levamos. Alguns lugares receberam, mas sindicatos pequenos. Mas todos os grandes sindicatos perderam e o nosso está em fase terminal. Porque é uma questão política, tínhamos 12 mil pessoas envolvidas, naquela época. Cada um receberia, hoje, perto de 1 milhão de reais. Desde 1987, está correndo no TST.

Nós falamos muito da categoria bancária — e eu dirigi um dos principais sindicatos do país — mas, realmente, na década de 1980, pelo peso da Convergência Socialista no movimento sindical, nós chegamos a exercer — e foi por isso que eu fui para a Executiva Nacional da CUT — um papel de liderança nacional, não tinha só a participação na categoria bancária. Foi o caso da greve na CSN: fui lá, participei da ocupação dentro da CSN. Também apoiei uma greve dos metalúrgicos do [estaleiro] Verolme, quando eles desceram de macacão de Angra dos Reis e encheram essa Avenida Rio Branco. Houve ainda o apoio às oposições sindicais, viajando esse país inteiro para derrubar pelego de sindicatos de bancários. Mas não só bancários; outras categorias também. Isso é importante registrar.

ENTREVISTADOR(A): E quais são suas perspectivas, agora com a aposentadoria?

Cyro Garcia: Com minha aposentadoria, vou estar diante de um novo momento na minha vida. Vou continuar falando nas assembleias, é óbvio — não tem como eu ir para uma assembleia e ficar calado —, mas não vou chegar dizendo "Galera, vamos à greve!". Porque agora, como aposentado, não vou mais fazer greve. Mas vou atuar como uma espécie de consultor. Eu posso até me envolver num piquete, de repente até ser levado pela Polícia Militar, apanhar, ter um processo aberto contra a minha pessoa. Vai ser diferente. Eu me aposentei do banco, mas não me aposentei da luta. E vou continuar construindo o meu partido, o PSTU, e a CSP-Conlutas e, através deles, apoiar a luta dos bancários e de todos os explorados e oprimidos do nosso país.

ENTREVISTADOR(A): Muito obrigado pela entrevista.

6 | LUCI PAULINO

Sindicato dos Metalúrgicos do ABC (SP)
Entrevista em 8 de dezembro de 2014.

ENTREVISTADA: Luci Paulino — ex-dirigente do Sindicato dos Metalúrgicos do ABC e da Confederação Nacional dos Metalúrgicos — CNM — da Central Única dos Trabalhadores (CUT)

Foto: Arquivo do sindicato

ENTREVISTADOR(A): Conte-nos um pouco de sua história de vida, de sua família, suas origens...

Luci Paulino: Meu pai nasceu em São Paulo, em Atibaia, e minha mãe em uma cidadezinha próxima, no interior de São Paulo. Eles tiveram 11 filhos, sobreviveram nove, eu sou a caçula. Meu pai morreu quando eu tinha cinco anos. Ele era ferreiro, na época, o que correspondia mais ou menos a um ferramenteiro hoje. Eu sabia pouco da história dele, pois minha mãe não era de falar. Sabia que ele votava no MDB [Movimento Democrático Brasileiro, partido de oposição consentida à ditadura militar], que era envolvido, mas em casa nunca se falou muito dessas histórias. Minha mãe era lavadeira e meus irmãos homens casaram-se todos. E ficamos as quatro mulheres. Minha mãe recebia a pensão do meu pai, e lavava roupa pra fora. E esse era um dos motivos da rigidez dela com a gente; tínhamos que estar trabalhando, porque tinha aluguel para pagar, tinha um monte de coisa para fazer. Eu tenho uma irmã com Síndrome de Down, surda-muda, e eu e minhas duas outras irmãs ajudávamos a manter a casa.

ENTREVISTADOR(A): Quando você começou a trabalhar?

Luci Paulino: Minha relação com o trabalho começou muito cedo. Fui ser empregada doméstica aos nove anos. Era meio período na escola e meio período trabalhando. Terminei a quarta série do primário com 10 anos e meio. Aí não pude mais estudar, porque era uma coisa ou outra. Com 11 anos, entrei numa fábrica, sem registro — porque não podia ter registro —, onde trabalhei durante seis meses. Depois, minha mãe conseguiu um atestado de pobreza e eu tirei a carteira de trabalho. Com 12 anos, fui trabalhar em uma empresa de costura, no bairro da Mooca, em São Paulo, que fazia bolsas. Depois trabalhei numa empresa da área de alimentação e, mais tarde, com 17 anos, fui parar numa metalúrgica, fabricante de autopeças.

ENTREVISTADOR(A): Um amadurecimento muito precoce, então.

Luci Paulino: Minha mãe era evangélica, muito rígida. Minhas irmãs sofreram muito. Minha mãe dizia: "Não veste saia, não veste calça, não vai...". Eu fiz de tudo: bebi, fumei, dancei e fui conseguindo fazer meu caminho, com esse meu jeito "palhação". Comecei a namorar um rapazinho de 22 anos, quando eu tinha 10 anos de idade (*risos*). E ele acabou passando a chefe de uma empresa importante de São Bernardo, que fabricava autopeças também. Mas era um "pelegão" danado (*risos*) e muito ciumento, por conta da diferença de idade e tudo.

ENTREVISTADOR(A): Uma diferença um pouco acentuada... (*risos*)

Luci Paulino: Mas eu acabei namorando esse rapaz durante 15 anos.

ENTREVISTADOR(A): Aí, você já estava numa idade razoável, mas ele a essas alturas estava com 37?

Luci Paulino: Com 36, se não me engano. Mas a visão de mundo dele era completamente diferente da minha. No intervalo, eu também namorava outro, escondido, que hoje é meu marido (*risos*).

ENTREVISTADOR(A): Nessa época é que você fez curso no SENAI?

Luci Paulino: Eu fiz 16 cursos no SENAI [Serviço Nacional de Aprendizagem Industrial]: mecânica, hidráulica, pneumática... Porque eu não podia estudar, não tinha dinheiro para pagar escola particular e fiquei no SENAI. A empresa perguntou se eu queria fazer SENAI para aprender tornearia mecânica. Eu entrei e não saí mais, fui fazendo um curso atrás do outro. Passei cinco anos no SENAI.

Um desses cursos, meu noivo fez comigo, por ciúmes. E eu falei para ele: "Agora nós vamos sair e terminar o ginásio, o colégio".

Fomos estudar nesses supletivos, fizemos o curso e terminamos. Dois meses depois, ele morreu num acidente. Ia me buscar na empresa, um caminhão bateu no carro dele e ele morreu na hora.

ENTREVISTADOR(A): Como foi seu primeiro contato com o sindicato?

Luci Paulino: Quando entrei na empresa metalúrgica, na cidade de São Paulo, não tinha nenhuma noção de sindicalismo nessa época, porque o sindicato em São Paulo era muito arredio, não tinha proximidade com os trabalhadores. Mas a empresa em que eu trabalhava foi transferida para Santo André [na região metropolitana de São Paulo] e comecei a ver o sindicato de lá na porta da fábrica, distribuindo boletins. Mas nunca me aproximei. Foi muito interessante porque eu conheci o sindicato, mas ele não era a minha referência, porque tudo o que eu tinha de problema na fábrica eu ameaçava ir para o Ministério do Trabalho (*risos*). A minha referência era o Ministério do Trabalho.

> A EMPRESA FOI TRANSFERIDA PARA SANTO ANDRÉ E COMECEI A VER O SINDICATO DE LÁ NA PORTA DA FÁBRICA, DISTRIBUINDO BOLETINS.

ENTREVISTADOR(A): Você já reclamava então?

Luci Paulino: Já, eu era "jogo duro". Teve uma história anterior, que foi muito interessante. Quando entrei na empresa de alimentação, com 14 anos, eles me aplicaram uma suspensão. Eu falei: "Vocês vão me suspender, mas eu vou sair daqui e vou direto para o Ministério do Trabalho denunciar que eu sou menor, trabalho à noite etc. etc". Aí, eles voltaram atrás rapidinho, me pagaram e me deram o dia de folga (*risos*). Tinha uma oficina mecânica que ficava na porta da empresa e, quando saí, os mecânicos souberam que eu tinha ganhado o dia sem trabalhar e começaram a aplaudir. Foi um barato.

ENTREVISTADOR(A): Qual foi o motivo da suspensão?

Luci Paulino: A gente só podia ir ao banheiro uma vez de manhã e uma vez à tarde, e eu ia quantas vezes eu queria, porque não tinha essa... Principalmente porque eu fumo — comecei a fumar precocemente, com 10 anos — e só se podia fumar no banheiro. Tinha uma chefe nova que deu de cara comigo e falou: "Essa eu tenho que derrubar!", por conta da minha postura. Ela me deu a chave para ir ao banheiro, eu fui, voltei, depois deu vontade de novo e voltei ao banheiro, mas não pedi para ela. Ela entrou no banheiro e falou: "Volta para lá, que você está suspensa!". Eu voltei para a máquina e continuei trabalhando. Eles vieram com o papel da suspensão e eu falei: "Não assino!". Eles falaram que iam me tirar "na marra". Em frente à empresa, tinha um Corpo de Bombeiros e eles chamaram dois homens: "Você vai sair ou nós vamos ter que tirar você a força?". Eu falei: "Vocês é que sabem; eu tenho 14 anos. Põe a mão em mim para você ver o que vai acontecer com a tua carreira". Aí os bombeiros saíram de lá e detonaram a chefia: "Onde já se viu pedir para tirar uma menor?". Sobrou para a chefia. Eles viram que não tinha jeito e mandaram o gerente-geral falar comigo. Eu falei para ele: "Não saio, não assino!". E ele falou: "Luci, cá entre nós, vai para casa, descansa, para acabar com o tumulto aqui. Amanhã você volta, não tem suspensão, não tem nada, você não perdeu o dia". Então me troquei e saí. Todo mundo acompanhou esse processo, a fábrica parou. E quando eu saí, os mecânicos ficaram aplaudindo: "A Luci é doida!" (*risos*).

Eu tinha essa coisa no sangue, mas nunca soube como dar vazão a isso. E tinha uma visão muito ruim do sindicato, pensava que era como uma máfia, não sei da onde eu ouvi isso, talvez em filmes, sei lá. Não entendia de política, só tinha essa reação interna, mesmo.

Nunca fui uma pessoa muito informada, não tinha muita noção das coisas. O que eu sabia ou fazia, vinha muito mais de dentro de mim do que da informação. Eu era muito alienada. Ouvi pouquíssimas vezes minha mãe falar do golpe da década de 1960, mas só fui aprender isso tudo dentro do sindicato, onde comecei a ter formação sindical, no [Instituto] Cajamar, foi esse o aprendizado que eu tive. Antes disso, nem me ligava nessas coisas.

ENTREVISTADOR(A): Quando você participou da primeira greve?

Luci Paulino: Depois que a empresa metalúrgica veio para o ABC, aconteceu a primeira greve. O sustento da minha casa dependia também do meu trabalho e minha mãe não admitia que a gente faltasse ao serviço. Ou estava de cama ou estava trabalhando, não tinha meio caminho (*risos*). Então, imagina em uma greve, você parar e ficar em casa. A empresa tinha ônibus que levava a gente e eu me lembro que os dirigentes sindicais distribuíram um boletim dizendo que a greve ia acontecer. E quando chegou o dia, sabia que tinha greve, mas eu ia entrar no ônibus e ia trabalhar.

ENTREVISTADOR(A): Que ano era? Você lembra?

Luci Paulino: Acho que foi em 1982. Eles entraram no ônibus e fizeram um piquete para a gente descer. Eu estava sentada no último banco e um dirigente sindical muito bonito — eu era muito "farrista" (*risos*) — entrou no ônibus e disse: "Vamos descer pessoal, vamos colaborar!". Eu olhei para ele e falei: "Ah, bonitão, se você ficar eu fico (*risos*), desço não!". E ele falou: "Vamos colaborar!". E eu: "Tá, estou descendo". Desci, liguei para a empresa, para o meu chefe, e falei: "Como é que está aí?". "Está funcionando, está todo mundo trabalhando". "Então eu vou". Peguei outro ônibus e fui trabalhar. Quando cheguei à porta da fábrica, o guarda pegou a minha carteirinha e falou: "Vou segurar sua carteirinha, porque você chegou atrasada". E eu falei: "Liga para o meu chefe. Eu não vou entrar, vou voltar para casa. Eu tive um trabalho danado para chegar aqui e você vai me descontar as horas? Vai te catar!". Entrei e o engenheiro responsável pela área veio conversar comigo e com alguns outros trabalhadores: "Vocês vão ganhar o dia. Nós só vamos descontar o domingo". Falei: "Dá licença que eu estou indo me trocar e vou-me embora. Eu fiz um esforço para vir e vocês fazem isso?". Ele disse: "Ah não, a gente não vai descontar o domingo e vai ficar tudo bem". Ficamos eu e mais três pessoas, que tinham furado a greve e ido trabalhar. Acho que nunca vi um dia tão longo na minha vida! Aquilo me corroeu; ficava pensando nos meus companheiros que estavam lá fora.

ENTREVISTADOR(A): A fábrica estava vazia?

Luci Paulino: Vazia, só com nós quatro. No segundo dia de greve, eu não fui. Passaram-se 15 dias e eu não fui. Quando anunciaram que tinha terminado a greve, voltei a trabalhar. Meu chefe falou assim: "O que eu coloco no seu cartão?". "Que eu estava em greve" (*risos*).

ENTREVISTADOR(A): Mas isso não tinha orientação nenhuma?

Luci Paulino: Não, era uma coisa minha. E ele falou: "Se colocar que você estava em greve, vão te mandar embora". Falei: "Paciência, é um risco que todo mundo está correndo, não é?". Ele disse que ia colocar que não tinha transporte e que, por isso, não consegui chegar. Eu falei: "É problema seu".

Ele tinha muito medo, porque eu tinha domínio de toda área. Na verdade, era chefe sem ser, porque eu cuidava de uma área muito grande, era mecânica e eles me registravam só como meio-oficial. Ganhava um salário "merreca" e cuidava de toda área. Meu chefe sabia o valor que eu tinha como profissional, ele tinha uma relação comigo muito interessante, me respeitava muito.

A verdade é que essa coisa de liderança é muito pessoal. As meninas todas me procuravam quando tinha erro no pagamento, vinham conversar comigo, mas eu nunca trabalhei isso. Aí o Carlos Alberto Grana, que hoje é o prefeito de Santo André, entrou na fábrica.

ENTREVISTADOR(A): A fábrica fazia o quê?

Luci Paulino: Era uma fábrica de autopeças, fazia bomba de gasolina e carburadores. O Grana entrou na fábrica, recém-saído do SENAI, molecote ainda — acho que tinha 14 anos — e começou a "grudar" em mim: "Você é uma liderança, tem que participar do sindicato". Um dia eu falei para ele: "Grana, você é que tem que sair, porque ali só tem bandido" (*risos*). Foi até engraçado, porque ele falou assim: "Vamos fazer uma aposta: você vai começar a frequentar o sindicato. Se descobrir que tem bandido lá, eu saio. Mas, se for uma coisa séria, você entra". E foi assim que ele me envolveu. Falei que ele acabou com a minha vida (*risos*).

ENTREVISTADOR(A): Nessa fábrica de autopeças, a composição do pessoal era mais feminina ou masculina?

Luci Paulino: 75% eram mulheres. Era uma empresa alemã fortíssima, chegou a ter 3.500 funcionários. Mas quando foi introduzida a injeção eletrônica, ela não se preparou e não conseguiu sobreviver. Acabaram vendendo a empresa, o Bradesco comprou, ela veio para Diadema e hoje faz porta de carro, faz vidro.

Era uma empresa muito retrógrada e eu comecei a participar do sindicato, que até então era o Sindicato dos Metalúrgicos de Santo André [que mais tarde se fundiu com o Sindicato dos Metalúrgicos de São Bernardo do Campo, formando o Sindicato dos Metalúrgicos do ABC]. Fui a primeira mulher dirigente.

Tinha um velhinho que foi um dos fundadores do Sindicato dos Marceneiros — que atendia a todas as categorias e que depois acabou virando Sindicato dos Metalúrgicos —, que chorou quando eu entrei; disse que o sonho dele era ver uma mulher na direção do sindicato. Era muito bonitinho, ele morreu numa reunião do sindicato.

> **TINHA UM VELHINHO QUE CHOROU QUANDO EU ENTREI; DISSE QUE O SONHO DELE ERA VER UMA MULHER NA DIREÇÃO DO SINDICATO.**

ENTREVISTADOR(A): Durante uma reunião?

Luci Paulino: Dos aposentados. Ele disse que ia morrer no sindicato e morreu mesmo.

ENTREVISTADOR(A): Você foi para o sindicato como militante ou foi direto para a direção?

Luci Paulino: Essa história é bem interessante. Comecei a participar do sindicato e era uma participação complicadíssima, porque eram pouquíssimas mulheres que vinham para a reunião e tinha até assédio. A sorte é que eu, como mecânica, sempre trabalhei na área masculina da empresa. Então, falar palavrão, "chutar" o cara, para mim era tranquilo e, por isso, consegui enfrentar esse processo. Muitas mulheres que tentaram entrar acabaram saindo, porque "não seguravam a onda". Como eu tinha feito SENAI, para mim isso era "café pequeno".

Nunca quis entrar no sindicato, ser direção do sindicato. Sempre gostei de estar "por trás do palco", que é muito mais legal, construindo as coisas. Mas, como eu disse, a empresa em que eu trabalhava era muito retrógrada, tinha até "chapinha" para ir ao banheiro. Então, o Grana me convenceu a entrar na CIPA [Comissão

Interna de Prevenção de Acidentes] e também comecei a participar do sindicato.

Nós criamos uma comissão clandestina dentro da empresa. A gente se reunia fora do horário de trabalho, fomos pegando gente de área estratégica, inclusive do escritório e, durante muitos anos, a gente tinha todas as informações. Não sei se vocês podem publicar isso, mas nós conseguimos, inclusive, um eletricista que colocou uma escuta na sala de reunião da diretoria e a gente sabia de tudo (*risos*).

ENTREVISTADOR(A): Isso é o que a gente chama hoje de "organização no local de trabalho" (*risos*).

Luci Paulino: Foi fantástico, nós chegamos a ter uma participação bastante efetiva. Construímos a primeira greve com esta comissão clandestina. Aí o Grana e metade da CIPA foram demitidos.

ENTREVISTADOR(A): O motivo da greve era o reconhecimento da comissão de fábrica?

Luci Paulino: Era. A gente não conseguiu o objetivo, mas conseguiu trazer o pessoal de volta. Na verdade, essa foi a minha primeira greve.

ENTREVISTADOR(A): Os cipeiros não tinham estabilidade?

Luci Paulino: Tinham, mas a greve foi considerada ilegal e a empresa acabou demitindo. O forte da negociação sindical na época — eu ainda não era do sindicato — foi trazer esses companheiros de volta para a empresa. O Grana já entrou como dirigente sindical — ele ainda estava no SENAI quando concorreu, foi o primeiro mandato dele — e nós conseguimos trazer os companheiros da CIPA de volta. Nós continuamos a greve e, como eles estavam fora, tivemos que "segurar a onda" com os trabalhadores, mesmo não sendo dirigentes sindicais. Ou melhor, com as trabalhadoras. Era tanta mulher na fábrica, que quem quisesse casar era só entrar naquela empresa (*risos*).

Era até engraçado, porque nós tínhamos duas empresas fortes em Santo André, a Cofap, que tinha 6.000 trabalhadores, só homens, e a Brosol, que tinha em torno de 2.500 trabalhadores. A diversão no sindicato era que eu, como mulher, ia para a Cofap e era maravilhoso. Lá eu era linda, era boneca, era tudo (*risos*) e os homens gostavam de ir para a Brosol, porque tinha muita mulher (*risos*).

Mas, aos poucos, fomos conseguindo nos organizar e foram muitas greves.

ENTREVISTADOR(A): E como foi que você entrou na direção do sindicato?

Luci Paulino: Em 1991, comecei a "trabalhar" o nome de um dos caras que era empregado na empresa e que era muito inserido, para ser um outro dirigente sindical, além do Grana. Como a empresa era grande, precisávamos de duas pessoas, no mínimo, dentro da fábrica e a gente conseguiu negociar no sindicato para termos mais um dirigente. Foi realizada uma convenção para a escolha da chapa, à qual compareceram cerca de 350 pessoas. Eu indiquei o nome desse companheiro e ele levantou e indicou o meu. Só que eles já tinham armado tudo, porque o Grana sabia que se me convidassem, eu não aceitaria. Na votação, o companheiro só teve o meu voto; o resto foi tudo para mim, porque eles tinham articulado tudo (*risos*) para me obrigar a aceitar. E aí, como eu nunca fui de "correr da raia", acabei indo para a direção do sindicato.

> TEVE UMA GREVE QUE EU ORGANIZEI EM UMA FUNDIÇÃO, ONDE UM TRABALHADOR FALOU PARA MIM: "VOCÊ VAI NEGOCIAR OU VAI SE VENDER?"

ENTREVISTADOR(A): E você tinha qual cargo?

Luci Paulino: No primeiro mandato fui diretora de base, mas, uns tempos antes, também já tinha assumido a direção da CUT Regional do ABC, onde criamos — eu, Ivete, Maria Mendes — a Comissão das Mulheres. Fiquei com os dois cargos. Depois, a gente começou a trabalhar na CUT Nacional, junto com a Didice [Berenice] Godinho, para criar a Comissão de Mulheres dentro da CUT. Então, eu estava nos três lugares.

No segundo mandato, fui para a Direção Executiva, era Diretora de Saúde do sindicato. E foi bastante complicado. A aceitação de uma dirigente mulher pelos trabalhadores era muito difícil. Nas fábricas, a maioria eram homens e eles tinham uma resistência muito grande. Teve uma greve que eu organizei em uma fundição, onde um trabalhador falou para mim: "Você vai negociar ou vai se vender?". Mas eu "acabei" com ele e o bom é que a gente conseguiu uma excelente negociação. Era muita desconfiança por eu ser mulher. Mas tudo tem seu lado bom e seu lado ruim.

Anos depois, quando a gente foi fazer a unificação com o Sindicato dos Metalúrgicos de São Bernardo, teve uma crise muito grande, porque uma parte queria e outra não. E uma das tentativas dos que não queriam foi de me tirar da direção, porque eu era uma das que defendia a unificação. E foi muito interessante a resposta dos trabalhadores na convenção. Fiquei até envergonhada, porque — nunca gostei muito dessas coisas — eles trouxeram um cartaz com meu nome. Sabe essas bagunças?

ENTREVISTADOR(A): Um superapoio.

Luci Paulino: Sim, mas foi uma das coisas que fez valer a pena o trabalho, porque você vai se sentindo como liderança. Mas, na verdade, em todo meu processo, fui sendo arrolada, arrolada... Nunca tomei a decisão de disputar a direção. Sempre tem briga pelas Diretorias Executivas do sindicato e era um desespero. O Grana achava que eu deveria disputar um cargo na Executiva. Mas eu não disputava nada. E dizia: "Eu considero que esse processo é uma avaliação do trabalho. A direção vai avaliar e, se acharem que eu tenho que ir para a Executiva, eu vou; se não, não vou disputar".

ENTREVISTADOR(A): E desde sempre você teve uma dedicação intensa?

Luci Paulino: No começo, minha participação era muito escondida, escondida do meu noivo, escondida da minha mãe, ficava inventando desculpas para participar. Depois que minha mãe morreu e, seis meses depois o meu noivo, a minha vida tomou um rumo completamente diferente. Um ano antes de ele falecer, resolvi assumir a área sindical, mas a gente já estava numa crise muito brava. Eu fazia seminários em Cajamar. Eu ia e era uma briga... A gente brigava 24 horas, a relação estava muito difícil, mas de qualquer jeito a gente continuava junto, porque, na prática, era quase um casamento. Ele passava a semana inteira na minha casa, só ia para a casa dele nos finais de semana. Porque a gente estudava junto e chegava tarde.

Nessa época, eu já tinha um caso com o meu atual marido, que nunca assumiu que gostava de mim, dizia que eu era só um passatempo (*risos*).

ENTREVISTADOR(A): Passou tempo mesmo...

Luci Paulino: Na verdade, ele tinha medo. Depois de um ano, eu estava casada (*risos*). Mas por que eu casei? Na verdade, nunca me iludi muito com casamento. Na cabeça das mulheres, isso era muito forte, mas para mim não; para mim era o estudo, eu gostava muito. Minhas irmãs se casaram e fiquei com a que era doente e com a minha mãe. Com a morte dela, fiquei muito sozinha, perdi o chão, fiquei muito abalada tanto na esfera sindical, como no trabalho, no estudo. A saída que eu encontrei foi me "enterrar" na militância. E queria ter um filho, porque a impressão que me dava era de que um filho me conectaria com o mundo de novo. Mas meu marido não aceitava isso sem casar, e aí eu tive que casar (*risos*). Ele não queria ser pai solteiro, ah meu Deus do céu!

ENTREVISTADOR(A): Inversão total...

Luci Paulino: Casei e tive minha filha. Até hoje é uma crise monumental entre mim e ela, porque dois bicudos não se beijam, ela é tão ruim quanto eu (*risos*).

ENTREVISTADOR(A): É a velha história: quem sai aos seus não degenera...

Luci Paulino: Ela é amigona do pai. Meu marido nunca foi muito ligado na área sindical. Passou a ser neste grupo que a gente construiu na clandestinidade, na empresa onde nós trabalhávamos. Ele foi uma das pessoas que a gente cooptou. Nós fizemos o grupo, ele começou a participar e foi isso que trouxe ele para o sindicato.

ENTREVISTADOR(A): Você fez uma viagem ao exterior, quando estava grávida, não foi?

Luci Paulino: Isso foi em 1989, uma viagem para a União Soviética, durante dois meses. Foi minha primeira viagem sindical. Porque, até então, só os homens eram indicados para fazer viagens.

ENTREVISTADOR(A): Essa viagem foi organizada pelo sindicato, pela CUT?

Luci Paulino: A CUT é que organizava essas viagens. A Força Sindical nem existia, eram só a CGT [Confederação Geral dos Trabalhadores] e a CUT. Foram 12 dirigentes da CUT e 12 da CGT. Todo ano era feito esse intercâmbio, eram dois meses de curso. A gente discutia todas as viagens em reunião de diretoria e eu nunca tinha reivindicado minha ida. Mas foi interessante, porque, quando colocaram que tinha essa viagem e tinha uma vaga, todos os homens "tiraram o deles da reta", porque as mulheres deles não iam deixar, né? Tinha isso também (*risos*). Para testar como é que seria, porque nunca tinham sugerido nem deixado uma mulher ir em nenhuma viagem, falei: "Eu aceito, eu vou!". O povo "pirou", porque eu estava com seis meses de gravidez.

ENTREVISTADOR(A): Você foi grávida de seis meses?

Luci Paulino: Fui. O presidente do sindicato era o João Ramileno e ele falou assim: "Mas teu marido vai deixar?". Eu disse: "Não, meu marido não 'deixa'; a gente discute". Mas fui pra casa com medo, confesso... (*risos*).

ENTREVISTADOR(A): Você estava apostando um jogo muito alto, viajar com seis meses de gravidez para a União Soviética...

Luci Paulino: Pois é. Eu cheguei em casa, falei para o meu marido: "Olha, são dois meses...". E ele: "Nossa, que legal!". Me deu uma raiva dele! "Nossa que legal!". E já foi pegar o mapa, foi olhar... E eu pensei: "O 'filho da puta' quer me ver longe dele" (*risos*). Fiquei até meio magoada, me assustei. Vou ter que ir mesmo... Nunca tinha andado de avião e estava com seis meses de gravidez. No dia seguinte, tive que tirar o passaporte e quatro ou cinco dias depois eu estava viajando. E ele todo animado. Porque marido "ama" viajar. Todo animado.

No dia seguinte à reunião, vários homens começaram a questionar, dizendo que queriam ir. Aí o João bancou: "Quem teve coragem foi ela, quem se propôs foi ela, então é ela que vai!". A CUT não queria deixar eu ir, porque eu estava grávida (*risos*). O sindicato, por segurança, liberou a maior quantia em dinheiro que podia tirar, em dólares, porque, se eu tivesse qualquer crise, poderia comprar uma passagem de volta. E eu fui.

E foi engraçado porque, depois, numa avaliação, a CUT disse assim: "A única que não deu problema foi ela" (*risos*). Só eu e um companheiro, que depois foi presidente da CUT de Goiás, conseguimos "manter a sanidade mental". Todo mundo "pirou", porque estávamos a 36 graus abaixo de zero, dois meses num lugar em que você não recebia correspondência, a gente pedia uma ligação telefônica ao meio-dia e conseguia falar às três ou quatro horas da manhã, quando conseguia. Tudo muito difícil, então todo mundo começou a ficar "biruta".

ENTREVISTADOR(A): E com oito meses de gravidez você estava na volta.

Luci Paulino: Cheguei aqui e peguei uma greve na Laminação Nacional de Metais, em Utinga. Uma greve brava. O pessoal falou: "Se você estiver aguentando, venha ajudar a gente". Eu tinha acabado de chegar à noite e, no dia seguinte, fui às seis horas da manhã para lá. Quando cheguei o pessoal falou: "Você substitui a gente? Porque passamos a noite aqui...". Só que quando eles tinham acabado de sair, a polícia chegou, dando "porrada" nos trabalhadores que estavam parados lá fora. Eu falei: "Meu Deus do céu, o que vou fazer? Se eu entrar no meio, vou perder o bebê". Aí eu corri, subi no caminhão e comecei a falar: "Pessoal, vamos perdoar o que eles estão fazendo!". Na época, estava tendo uma manifestação das mulheres dos policiais, que saíram às ruas para pedir aumento salarial para eles. Eu disse: "Eles estão fazendo isso com vocês, porque eles ganham mal, não têm coragem de pedir aumento, as mulheres é que têm que ir para a rua pedir aumento para eles, e eles têm que descarregar em alguém". A estratégia deu certo, eles vieram cercar o caminhão e largaram a "peãozada" (*risos*). E eu disse para o nosso pessoal: "Agora vocês caiam fora!".

ENTREVISTADOR(A): Some todo mundo!

Luci Paulino: Eu falei para a "peãozada" cair fora, ir para casa, porque eles ficavam lá, tentando entrar. O coronel falava comigo: "Desce!". "Eu não! (*risos*). Sobe o senhor!". E ele: "A senhora não vai descer? Desacato à autoridade!". "Não vou descer, porque se eu descer, você vai me pegar". Ele subiu na escada do caminhão e falou: "A senhora sabe por que não vai apanhar?". "Deve ser porque eu estou grávida (*risos*) e nós estamos na frente de todo mundo". "A senhora fecha esse caminhão e vai embora!". "Nós vamos fechar, fica tranquilo". Eu desci e falei para o motorista: "Fecha o caminhão, disfarça, vai até a esquina e depois volta". Uma semana depois, a minha filha nasceu.

> O CORONEL FALAVA COMIGO: "DESCE DO CAMINHÃO!". "EU NÃO! (*RISOS*). SOBE O SENHOR!". E ELE: "A SENHORA NÃO VAI DESCER? DESACATO À AUTORIDADE!"

ENTREVISTADOR(A): Você falou que várias greves foram marcantes. Tem mais alguma que você queira comentar?

Luci Paulino: Teve uma greve muito interessante, na Black & Decker, que era uma empresa em que trabalhavam muitas mulheres. Em todas as greves que eu vivi, cresceu muito a participação feminina. Nossa atuação na CUT Regional, na própria CUT Nacional, na Comissão de Mulheres, fez uma diferença incrível. O interessante é que, quando as mulheres entravam, entravam "de cabeça".

Houve outra greve marcante, muito difícil, também na Black & Decker, que já durava uns 15 dias. A polícia estava "jogando pesado" e não conseguíamos negociar. Os trabalhadores voltaram e só ficaram as mulheres de fora. Eu estava conduzindo essa greve, liguei para o pessoal do sindicato e falei: "Olha, o 'bicho pegou', os caras estão entrando para trabalhar". E eles falaram: "A gente está indo para aí, mas vê o que você consegue fazer". Eu comecei a conversar com as mulheres no caminhão e falei para elas: "Vocês não podem perder tudo. Se vocês voltarem agora, vão perder tudo, a gente tem que negociar. Vocês têm que ir lá para dentro e tirar esses homens de lá!". E elas entraram, desligaram as máquinas e tiraram todos eles. Foi a vitória da greve, foi um negócio maravilhoso.

ENTREVISTADOR(A): Isso marca demais.

Luci Paulino: Na minha vida pessoal, tem uma coisa que me marcou bastante e que acho interessante. Eu estava conduzindo uma greve junto com o Grana. A minha filha adoeceu, ela era pequena, tinha uns oito meses. Foi uma coisa muito forte e eu não conseguia sair da greve, não podia sair, e então o meu marido cuidava dela o tempo todo. Toda noite, a gente se reunia no sindicato, para fazer uma avaliação. E o pessoal falou: "A gente paga uma enfermeira para cuidar dela, porque você não pode sair". A solidariedade do sindicato foi muito legal. Mas eu falei: "Não precisa, tem minha sogra" — a gente morava nos fundos da casa da minha sogra. "Só se não tiver jeito mesmo". Um dia, fui para casa para tomar banho e, quando cheguei, minha filha já não se sentava mais. Eu fiquei agoniada. Liguei: "Bota alguém para me substituir, que eu vou levar ela para o hospital". Meu marido disse: "Eu hoje já levei, vamos ver se evolui com a medicação. Amanhã cedo a gente leva". No outro dia, levantei às cinco horas da manhã, "catei" a menina e, quando eu abri a porta, o motorista do sindicato estava lá: "Luci, desandou tudo; o povo todo entrou para trabalhar". E agora? Eu com a minha filha no braço... Aí, meu marido entrou na minha frente e falou: "Vai embora, que eu vou com ela para o hospital e depois te aviso". Eu fui, entrei na fábrica e o principal foco era a fundição, onde o gerente estava discutindo com os trabalhadores a volta ao trabalho. Comprei a briga com ele e a gente foi discutindo, discutindo, na frente dos trabalhadores. Ele subiu num caixote e falava com eles. E eu lá de baixo fazia a réplica e a tréplica (*risos*). Mas, no fim, os trabalhadores acabaram saindo e, no dia seguinte, a gente conseguiu negociar. Foi interessante, porque esse cara era muito esperto e, para disputar comigo, ele falou: "Sua filha está doente; nós podemos conseguir um tratamento...". "Não! Isso você tem que fazer para todos os trabalhadores. Muito obrigada!". E sabe o que a "peãozada" fez? Uma vaquinha. Deram o dinheiro para mim e falaram: "Vai embora, leva tua filha nesse médico aqui". Eu liguei para o meu marido e falei: "Leva a menina que eu encontro com você lá". E parece que foi uma bênção. O médico era um velhinho que morava em Santo André e era muito bom, mas a consulta dele custava uma fábula. Ele descobriu qual era o problema, era pneumonia. A gente pagou a consulta e, no dia seguinte, ela já estava superbem. Foi muito bonita a solidariedade dos trabalhadores. Mas quando o patrão viu que o pessoal não ia arredar, acabou negociando. E fizemos uma boa negociação.

> **MAS QUANDO O PATRÃO VIU QUE O PESSOAL NÃO IA ARREDAR, ACABOU NEGOCIANDO. E FIZEMOS UMA BOA NEGOCIAÇÃO.**

ENTREVISTADOR(A): Uma das questões sobre a qual você atuava era a saúde no trabalho, condições de segurança. A gente registra, no Banco de Greves do DIEESE, que ainda há muitos casos de morte de trabalhador durante o horário de trabalho. Imagino que, na década de 1980, a atuação na saúde do trabalhador ainda era incipiente. Como era essa questão?

Luci Paulino: Eu digo que é o contrário; acho que hoje ela é mais frágil. Posso estar falando besteira, porque há muito tempo que eu não estou no sindicato e não acompanho esse processo. A diferença principal é que o envolvimento do trabalhador com a máquina hoje é muito menor, porque as máquinas são automatizadas. Nesse sentido, hoje é mais tranquilo. Mas, de qualquer forma, eu acredito que os acidentes continuem acontecendo.

Por exemplo, nessa empresa em que eu trabalhava e na Black & Decker, havia muitos casos de tendinite. Praticamente 50% dos trabalhadores eram lesionados. Nós conseguimos coisas inimagináveis, tivemos negociações fantásticas. A gente conseguiu aposentadorias precoces, porque as pessoas não tinham condições de trabalhar. A gente jogava muito pesado nisso, tínhamos um envolvimento forte. E médicos muito comprometidos. Acho que foi uma década fundamental nessa área. Agora, o trabalhador, na verdade, era mais rápido do que a máquina; grande parte dos acidentes era assim. Eu tiro por mim; eu afiava ferramentas e odiava usar óculos no esmeril. O uso dos EPI [Equipamentos de Proteção Individual] costuma ser um negócio muito incômodo, atrapalha. Mas protege, é verdade.

Agora, estou vendo na televisão propagandas sobre acidentes de trabalho e estou achando muito interessante, acho que é uma intervenção séria do governo, que deveria ter sido feita há mais tempo. Na época, a gente trabalhava isso com os boletins e não atingíamos o pessoal tão facilmente. Hoje, você tem meios de comunicação fortíssimos, prefeituras, secretarias que cuidam disso, estão envolvidas e têm ajudado. Mas continua a acontecer e, quando acontece, geralmente é porque o empresariado não investe em segurança. De todo modo, honestamente, eu não saberia dizer, em dados, se hoje é melhor ou pior.

ENTREVISTADOR(A): Nas greves de que você participou, que você liderou, como sentia a reação da população? Tinha aceitação, ou vocês eram hostilizados, criticados? Eram greves em que os trabalhadores se envolviam?

Luci Paulino: Tinha muita diferenciação. Uma das coisas por que eu gostei muito de fazer parte da CUT foi isso, porque essa diferenciação depende da relação direta que você tem ou não com o público. Por exemplo, uma greve de ônibus afeta muito a população, ela se revolta. Ou uma greve de trem, uma greve da saúde. Acho, inclusive, que as greves da saúde são muito maltrabalhadas, porque é complicado parar um hospital, ninguém consegue entender. É muito sério isso, a reação da população é ruim, dificilmente a população consegue entender. Ao contrário, parar empresas, hoje, já é uma coisa comum. Naquela época, você tinha a aceitação dos trabalhadores, mas era muito uma relação de medo entre os próprios trabalhadores.

Eu me lembro de uma coisa que vivi que foi interessante, em uma greve na TRW. Fui fazer um piquete e estávamos só eu e um companheiro, que era dirigente. Todo mundo já tinha ido embora e chegou um cara. E esse companheiro falou: "Deixa esse cara entrar, que esse não tem jeito. Ele já ganhou até um processo — que foi um processo coletivo — recebeu e devolveu o dinheiro para a empresa" (*risos*). Chamei o cara e conversei, conversei, e ele falou: "A senhora é advogada?". "Não, eu sou trabalhadora como você". E ele: "Eu já apanhei de dirigente sindical, já fui xingado, mas nunca ninguém conversou comigo" (*risos*). E eu disse: "A empresa está vazia, todos os trabalhadores foram embora, só você e eu e o 'Paranazão' estamos aqui. Então, eu estou tendo tempo de conversar com você, mas nem sempre a gente consegue isso no meio da 'muvuca'". E o cara foi embora. E o "Paranazão", que trabalhava naquela empresa, disse: "Oh, eu não acredito!". Sabe qual foi a diferença? A diferença foi o diálogo. Isso foi uma coisa que eu questionei muito na época. Não é "batendo" no trabalhador que quer furar a greve que você consegue. Não adianta, você tem que convencer.

> NÃO É "BATENDO" NO TRABALHADOR QUE QUER FURAR A GREVE QUE VOCÊ CONSEGUE. NÃO ADIANTA, VOCÊ TEM QUE CONVENCER.

Meu marido, que depois foi dirigente sindical, falava assim: "Com esse cara assim, assim, não adianta conversar, é pelego!"[1]. E eu dizia: "Então, é com esse que você tem que conversar. O que está do seu lado, que é legal, que toma cerveja com você, já está convencido. Quem não está convencido é esse; então é com esse 'defunto' que você tem que gastar a vela".

Hoje, estou fazendo o curso de costureira, faço umas coisas para ocupar o tempo, vou nessas feiras de artesanato e encontro muitas velhinhas que têm ódio do Lula[2]. Aí você gasta um tempo conversando com essas pessoas. Mas são pessoas que têm revolta. Encontrei um cara, um dia, que me falou assim: "Eu nunca levei um tapa na cara dos meus pais, mas levei de um dirigente". Isso grava na mente do trabalhador. E eu dizia sempre no sindicato que uma parte dos trabalhadores não entrava em greve porque tinha medo. E tinha umas coisas que a gente tinha que fazer, porque o patronato também era muito retrógrado.

Eu me lembro que tinha um dirigente maluco que um dia subiu num cadinho, um forno, e ameaçava se jogar (*risos*) se os trabalhadores não saíssem. E se esse cara escorregasse e caísse lá dentro? (*risos*).

ENTREVISTADOR(A): Chantagem emocional...

Luci Paulino: Então, eram umas maluquices que a gente era obrigada a fazer, né? Mas isso assustava os trabalhadores. Uns tinham respeito e outros ficavam revoltados, são revoltados até hoje. Tem reação adversa, mas hoje, acho que a aceitação é melhor. Mesmo as greves no serviço público já têm uma aceitação melhor, mas é onde eu acho que há mais resistência.

---

1. "Pelego" era o atributo pejorativo que se dava aos sindicalistas conservadores, acusados de atuar para "amortecer" o conflito entre os trabalhadores e os patrões.

2. Luiz Inácio Lula da Silva também foi entrevistado e seu depoimento foi publicado no Livro 1 desta Coleção.

GREVES NO BRASIL (DE 1968 AOS DIAS ATUAIS)

ENTREVISTADOR(A): Você acompanhou também greves de servidores públicos, não é? O processo era muito diferente?

Luci Paulino: Muito. A negociação com o Estado sempre foi muito difícil. Eu participava muito pela CUT das negociações dos bancários, da saúde. Sempre foi "mais dureza". Por quê? Exatamente porque eles tinham essa reação da opinião pública para apoiá-los. A gente normalmente tinha que envolver deputados, nossos companheiros, que ajudavam muito nessas negociações. Nas greves do metrô, da saúde, dos bancários, a gente sempre tinha que ter um apoio externo, porque não era fácil. E não era fácil também atrair a solidariedade da população.

Agora, greve do Judiciário, por exemplo, é uma greve pela greve. É uma das coisas que eu discuti muito com eles: "Vocês deveriam trabalhar, no Judiciário, para reduzir o tempo dos processos, para acelerar o trabalho de vocês, e assim ter o apoio da população na greve. Não é na greve que vocês perdem o apoio da população; vocês já perdem muito antes. Porque ninguém gosta do Judiciário; a população acha que vocês são todos... E aí, quando vocês vão para a greve, querem o apoio da população e não têm, é uma greve sem apoio. Vocês não trabalham isso durante o processo. O que se conquista é no processo".

É o caso da saúde, hoje. Eu, que sou usuária do SUS, tenho ouvido muita coisa boa sobre a saúde, de melhora na saúde, que as consultas estão sendo marcadas de forma mais rápida, o atendimento é feito por gente boa... E teve o caso dos médicos que vieram de Cuba. A greve contra o Programa Mais Médicos foi um tiro no pé que o Sindicato dos Médicos deu. Eles ficaram sozinhos nessa greve, né? Não tiveram apoio da população, que sabe que é preciso ter mais médicos. São coisas que você tem que avaliar. Em tudo, você precisa do apoio dos trabalhadores, da população, senão você não consegue nada. E quando você lida com o usuário, é muito difícil, porque aí ele quer saber do problema dele e não do processo.

ENTREVISTADOR(A): Você falou que, em algumas greves, houve repressão no local de trabalho. Isso era comum?

Luci Paulino: Na maioria das empresas tinha.

ENTREVISTADOR(A): De força policial?

Luci Paulino: Sim. As empresas sempre tiveram muito apoio policial. Não sei se até hoje é assim, mas na época era. Quem dava combustível para as viaturas dos policiais eram as empresas; criavam um aparato por baixo, os caras sobreviviam assim. A repressão era direta.

Na empresa onde eu trabalhava, por exemplo, o coordenador de segurança era um coronel do Exército, muito "jogo duro". Se ele pegasse um trabalhador vendendo uma rifa dentro da fábrica, ele chamava numa sala e humilhava demais a pessoa, que saía de lá chorando. Por acaso, aconteceu isso comigo na greve da Ford, quando a gente foi vender bônus para pagar os trabalhadores, porque eles botaram fogo nos carros (*risos*). Eu estava vendendo no banheiro e me pegaram. Meu chefe era um dos caras mais temidos na empresa, mas comigo... Aí, falei para ele: "Eu fui pega vendendo bônus no banheiro. E se o Zé Carlos me chamar e me humilhar, eu vou 'dar' na cara dele. Meu chefe é você, você pode fazer o que quiser, se quiser me dar advertência, tudo bem, mas esse idiota não!". Passaram-se 20 minutos e um rapaz chegou. "Ah, Sr. Wilson, posso levar a Luci, o Sr. Zé Roberto — ou Carlos Alberto, não me lembro — quer conversar com ela...". O meu chefe disse: "Não pode, não. Ele que fale comigo, que eu me reporto a ela. Ela é que não pode ir lá!" (*risos*). E aí quebrou o paradigma, foi um negócio interessante. Não se pode deixar que humilhem um trabalhador; se ele tem chefia, é a chefia que chama a atenção dele, se quiser pode dar advertência, é a norma. Mas não podem humilhar a pessoa.

ENTREVISTADOR(A): Eu sei que cada greve é uma greve. Mas as greves das quais você participou eram mais para a defesa dos direitos dos trabalhadores, ou eram greves para pedir novos direitos? Como era o contexto da época dessas greves?

Luci Paulino: Eu acho que tem diferenciações. Eram greves para exigir direitos, porque embora a questão salarial fosse o carro-chefe, muito foi conseguido, coisas aparentemente "bobas", que a gente considera até absurdas. Você fazia greve por papel higiênico! Para as mulheres, então... Porque, hoje, a realidade é completamente diferente, começando pela "chapinha" do banheiro, até a questão de absorvente, a questão de trato. Para as mulheres, o mercado de trabalho era muito complicado, principalmente no setor metalúrgico, onde o ambiente era muito masculinizado.

Aquela greve que eu contei que o rapaz perguntou se eu não ia me vender era em uma fundição, e os caras não tinham água no local de trabalho, eles não tinham papel higiênico no banheiro — tinham que levar de casa —, não tinham refeitório, comiam na marmita. Na verdade, acho que foi se construindo todo um processo trabalhista diferenciado nessa época, que foi resolvendo coisas básicas mesmo. E — sempre digo isso — a maioria dos trabalhadores que estão no mercado de trabalho hoje não tem nem noção de onde veio tudo isso. A mudança foi muito qualitativa, independente da questão salarial. Porque a questão salarial sempre esteve muito ligada a políticas de governo, tem todo um processo que amarra isso tudo. Agora, na questão da qualidade no trabalho, principalmente nessa questão da saúde, o movimento sindical teve um papel fundamental no resgate da cidadania dos

> VOCÊ FAZIA GREVE POR PAPEL HIGIÊNICO! PARA AS MULHERES, ENTÃO... NO SETOR METALÚRGICO, O AMBIENTE ERA MUITO MASCULINIZADO.

trabalhadores, porque eles não tinham muita noção dos seus direitos e isso foi mudando. E a maioria das greves estava ligada a esse processo.

Se você for ver a pauta dos bancários, por exemplo, qual era o direito das mulheres há 20 anos? Foi muita mudança, em muito pouco tempo. Nesses tempos em que eu estava em Brasília, conversando com o Serginho Mendonça [então Secretário de Recursos Humanos do Ministério do Planejamento], ele destacou que é uma revolução ter uma mulher presidente da República. As mulheres não conseguem se dar conta disso, inclusive elas não votam em mulher, porque não têm autoconfiança. Mas é um processo que já mudou muito e é visível, em qualquer pauta trabalhista.

O Lula brincava, inclusive, que as mulheres que trabalhavam na construção civil até "coçavam o saco" (*risos*), porque era uma questão de sobrevivência, o ambiente era muito "raivoso". Eu coordenei muitas eleições em sindicatos de trabalhadores na construção civil, sei que era assim, e foi uma mudança fantástica. A gente trabalhou muito com as mulheres da construção civil. Naquela época, o DIEESE e também a Fundação Friedrich Ebert nos ajudaram muito, a gente trabalhou muito essa questão e mudou, mudou inclusive a aparência das mulheres, o trato. Se você não viveu isso, você tem dificuldade hoje de ver, mas no início do movimento sindical, quando nós entramos, as mulheres não podiam passar batom, não podiam nem ir de saia, era só calça jeans e camiseta. O gerente da fábrica falava que eu era um *outdoor* ambulante, porque cada dia eu estava com uma frase na camiseta (*risos*). Mexeu, fundamentalmente, com o espaço, com o ambiente de trabalho, com o sentimento das pessoas com relação à valorização do trabalho, por exemplo. Uma coisa é ir para o trabalho porque tem o salário e você é obrigado a ir. Eu vi uma reportagem na televisão, com algumas entrevistas, que achei interessante. Hoje, você avalia se a pessoa tem dom para entrar naquele lugar, se aquele espaço tem a ver com ela, ou não. Antigamente, não interessava se você gostava ou não, muita gente tinha no trabalho um sofrimento imenso. Hoje, já não é esse quadro. Não que seja uma maravilha — as pessoas continuam trabalhando porque precisam —, mas tem mais uma relação com o que querem fazer, com que o gostam de fazer, hoje tem essa diferenciação.

ENTREVISTADOR(A): Na sua opinião, quais são as diferenças entre as greves na época em que você estava na liderança e as de hoje? Quais as diferenças que você vê nas pautas de reivindicações, na negociação, na forma de repressão? O que mudou nos sindicatos, na organização no local de trabalho, no poder de mobilização, nos trabalhadores?

Luci Paulino: Eu acredito que o poder de mobilização hoje é menor, porque como as injustiças são menores, entre aspas, o poder de mobilização não é tão grande. Quando você tem uma situação na qual o cara não tem nem papel higiênico, é mais fácil mobilizar, é mais fácil convencê-lo, do que quando ele tem um ambiente de trabalho mais confortável. O brasileiro é assim: "Se precisar eu faço; senão, deixa que outros façam por mim...". Então, o poder de mobilização sindical hoje está mais difícil para quem está na direção, essa é a impressão que eu tenho. Agora, do lado patronal — e isso sempre digo nos espaços que eu frequento —, acho que eles aprenderam muito com a gente. A gente é que tem resistência de aprender com eles, entendeu? Eles acabaram trabalhando com tudo aquilo que nós fizemos, como, por exemplo, dar formação para os trabalhadores. Isso era uma coisa só nossa e eles se apropriaram disso, se apropriaram de tudo aquilo que a gente construiu através da necessidade, e hoje eles fazem a cabeça dos trabalhadores. O movimento sindical brasileiro — que eu acho ótimo — ainda sabe estar dentro do seu

> O PODER DE MOBILIZAÇÃO SINDICAL HOJE ESTÁ MAIS DIFÍCIL PARA QUEM ESTÁ NA DIREÇÃO; ESSA É A IMPRESSÃO QUE EU TENHO.

espaço, mas falta aprender como mexer com essa coisa da mobilização e quais são, hoje, as necessidades reais dos trabalhadores. Porque, antes, a gente sabia, eram coisas palpáveis; hoje não.

Estou falando de fora, porque hoje eu estou distante. Quando estava na direção da CUT, na direção da Confederação dos Metalúrgicos, eu tinha essa vivência, podia avaliar melhor essas mudanças. Hoje é uma coisa muito mais de sentimento, do que eu vejo, do que eu converso.

ENTREVISTADOR(A): Você vê alguma diferença em relação à situação das mulheres, da década de 1980, quando você estava na fábrica, para hoje? Em termos de mobilização, de proximidade com o sindicato? Havia esse interesse? Quais as questões que dificultavam?

Luci Paulino: Houve uma grande mudança, não dá para dizer que não, porque hoje as mulheres estão no mercado de trabalho, enfrentam, ninguém quer mais ficar só em casa. Mas não adianta trabalharmos um só lado da moeda, temos que trabalhar os dois. No sindicato, aqui em São Bernardo, a gente trabalhou muito a formação com os homens na área de gênero, porque, quando você mexe só com uma parte, você sobrecarrega as mulheres, e as mulheres, ainda hoje, continuam sobrecarregadas. Existem, hoje, mais aparelhos públicos, mas a verdade é que ainda é um problema.

Mas mudou a cabeça das mulheres, isso é fantástico! Antes, elas não aceitavam, por exemplo, a luta por creche. Era uma briga, porque elas não queriam os filhos em creche, falavam que era "depósito de criança". Hoje, as mulheres brigam, vão atrás da creche, querem trabalhar, mesmo que seja para ganhar salário mínimo, porque avaliam que é importante sair de casa. Antigamente, as mulheres tinham um filho e, quando terminava a licença-maternidade, elas não queriam mais voltar a trabalhar, porque não tinham onde deixar o filho e não queriam deixar com qualquer um. A luta pelo aumento do período da licença-maternidade era um problema, porque os empresários usavam esse argumento contra nós, cada vez que a gente reivindicava. Hoje, as mulheres estão correndo atrás desse direito. Por isso eu falo que, em 10-15 anos, a gente conseguiu fazer uma revolução. O mercado de trabalho feminino hoje é outro.

Os bancários fizeram uma pesquisa — acho até que com a ajuda do DIEESE —, que resgatava a história das mulheres na Caixa Econômica Federal, mostrando que elas chegavam até determinado posto e de lá elas não subiam mais. Era discriminação? Elas foram correr atrás? Não! Elas não queriam, porque significava aumentar o horário de trabalho e, com isso, não poderiam cuidar dos filhos. O cuidado com os filhos ainda está muito em cima das costas das mulheres. Mas, hoje, pelo menos elas esperneiam (*risos*).

Nós fizemos, uma vez, um encontro com as mulheres da África e foi muito interessante. Em Moçambique, o marido tem várias mulheres e elas têm que ensinar umas às outras como o marido gosta da comida etc. Nós ficamos indignadas e elas falaram assim: "Nossa! Quando o marido trai, vocês acham ruim? Vocês não têm medo de perder o marido?" (*risos*). E eu falei: "A gente tem, mas a gente arranca uns fios de cabelo dele" (*risos*).

> ELAS FALARAM: "NOSSA! QUANDO O MARIDO TRAI, VOCÊS ACHAM RUIM? VOCÊS NÃO TÊM MEDO DE PERDER O MARIDO?". NÓS FICAMOS INDIGNADAS.

ENTREVISTADOR(A): Elas dividem, não têm esse problema...

Luci Paulino: Numa boa, dividem o salário, o marido, dividem tudo (*risos*).

ENTREVISTADOR(A): Você falou muito da época que era dirigente e o quanto seu marido segurou a onda. Parece que, já naquela época, era uma relação bastante diferenciada.

Luci Paulino: É. Casamento é casamento, não é coisa com que se brinque, não! (*risos*). Da minha parte, sempre foi uma relação muito boa. Agora, para ele, acho que não era tão confortável. Digo isso porque, em muitas ocasiões, eu senti e ele, às vezes, expressava isso. Ele dizia que chegava à CUT e se identificava: "Eu sou Sandro, do Sindicato dos Metalúrgicos". "Ah, espera aí que eu vou ligar para fulano..". Mas se dissesse: "Eu sou Sandro, marido da Luci". "Pode subir!" (*risos*). Mas para a mulher, é uma coisa que passa tranquilo. "Ah, você é mulher de fulano?". A gente aceita isso, né? A Dulce, de São Bernardo, falava isso: "Essa é a Dulce do Tarcísio" (*risos*).

ENTREVISTADOR(A): Ah, sim, é "normal", né?

Luci Paulino: Pois é. Mas "Esse é o Sandro da Luci" não pegava bem. Então, existem essas "diferencinhas", né? E essa diferença se transferia para casa. Por exemplo, ele nunca tomou uma decisão que eu não aprovasse. Quando foi cogitado de ele ser dirigente sindical, eu já era. Ele falou comigo e eu disse que era uma decisão dele. "Você só tem que entender que vai mudar completamente a nossa vida. Hoje, você 'segura a onda' aqui, quando eu viajo. Você está sempre por aqui e não vai estar mais, vão ser dois fora de casa. Então, nossos filhos vão estar na mão das outras pessoas. Isso é uma realidade e você não pode me cobrar depois. Mas é um direito seu". Ele se tornou dirigente sindical e a gente conseguiu "segurar a onda". Foi um período difícil, mais difícil porque estavam os dois envolvidos com a atividade sindical.

ENTREVISTADOR(A): As crianças ainda eram pequenas?

Luci Paulino: Eram pequenas. Mas, de qualquer forma, essa situação teve seus prós e seus contras. É o que eu falo: a educação dos filhos é o que a gente esperava? Não é. Ele foi dirigente sindical, mas depois de mim. Eu digo para ele que a gente está casado até hoje por conta disso, porque eu passei mais tempo fora de casa do que dentro. Agora que nós nos aposentamos, estamos numa crise violenta (*risos*).

ENTREVISTADOR(A): Você foi até fazer curso...

Luci Paulino: Saí para fazer curso, para não ficar em casa. Mas sempre teve, assim, uma diferenciação. Eu acho que ele se sente um pouco "diminuído", pelas posturas dele. E é uma coisa ruim. Mas, por outro lado, também é muito bom para ele, porque é tudo nas minhas costas: "Foi você que fez!" (*risos*). Então, assim, mexe com tudo.

ENTREVISTADOR(A): Mas é uma relação que vem dos anos 1980, né? E a relação de vocês, de fato, tem uma igualdade de posições muito diferente do que era o costume. Do que era, não. Do que é até hoje.

Luci Paulino: O pessoal do movimento sindical falou, inclusive, que ia fazer uma estátua dele e colocar na entrada da vila, aqui (*risos*). Mas o que eu acho interessante — e que venho sentindo agora mais do que naquela época — é que a vivência ocasionou uma inversão de valores. Meus filhos têm um apego enorme ao pai e um respeito muito grande por mim. Na cabeça deles, também esse papel ficou invertido. A gente nunca teve problema de diferença de salário, porque sempre ganhamos basicamente o mesmo tanto. Mas, assim, as ordens vinham de onde? Num desses dias, meu filho foi fazer uma entrevista e o cara falou: "Vou dar uma 'avaliada' e ligo para o teu pai". E ele disse: "Não, liga para a minha mãe, porque meu pai não resolve nada" (*risos*). Então, essa mudança cresceu com eles. Geralmente, quem tem esse respeito é o pai. Mas eles não têm medo do pai. Chamam o pai de "Oh velho!". Mas comigo, não. Comigo é "dona, dona...".

SOU IGUAL AO LULA. LEIO O CABEÇALHO DA NOTÍCIA E JÁ SAIO FALANDO. QUANDO ABRO A BOCA, NINGUÉM SABE O QUE VAI SAIR... (*RISOS*).

Eu sempre tive um cuidado grande para que meu marido não se sentisse "diminuído". Porque ele é um cara muito mais informado do que eu; ele lê muito jornal, é um cara muito envolvido, é um poço de informação. Se perguntarem da história do golpe militar, ele conta tudo. Eu sempre digo que sou igual ao Lula. Leio o cabeçalho da notícia e já saio falando (*risos*).

ENTREVISTADOR(A): E sai agindo, né?

Luci Paulino: É. Mas ele é um cara que estuda. Em termos de qualidade de informação, ele dá de dez a zero em mim. A diferença é que eu falo mais, me exponho mais. É o grande diferencial se a gente pegar Lula e Dilma. O Lula é o carisma e a Dilma é a praticidade. Meu marido é assim, ele é um cara muito quietinho, mas, quando fala, fala com propriedade. Não é como eu, que quando abro a boca, ninguém sabe o que vai sair... (*risos*).

ENTREVISTADOR(A): Muito obrigada pela entrevista.

7 ÉLIO NEVES

Federação dos Empregados Rurais Assalariados do Estado de São Paulo — FERAESP
Entrevista em 14 de abril de 2015

ENTREVISTADO: Élio Neves — Presidente da Federação dos Empregados Rurais Assalariados do Estado de São Paulo (FERAESP).

Foto: Arquivo pessoal

ENTREVISTADOR(A): Inicialmente, eu queria que você falasse um pouco sobre o seu histórico familiar, como entrou no mercado de trabalho, sua referência política, sua formação.

Élio Neves: Eu nasci em Pereira Barreto (SP), em 20 de fevereiro de 1958. Meu pai, Francisco Neves, era trabalhador rural e militante do Partido Comunista Brasileiro. Nos anos 1950, ele foi preso em Bebedouro (SP), perseguido pelo regime da época, quando coordenava uma assembleia de trabalhadores rurais, numa fazenda de café do Moura Andrade. Aliás, é por isso que tem a cidade Andradina, em São Paulo, e Nova Andradina, no Mato Grosso do Sul, fundadas pelos latifundiários históricos da família Moura Andrade.

Meu pai cumpriu pena de dois anos em Bebedouro e quando saiu foi para Pereira Barreto. Ele construiu ali sua militância e, nos anos 1960, voltou para Araraquara (SP), porque a família dele era de lá. Em 1963, ele e um grupo ligado ao Partido Comunista criaram o Sindicato dos Trabalhadores na Lavoura em Araraquara. Ele ajudou a criar o movimento sindical de trabalhadores rurais em São Paulo, como militante. Eu era muito criança, tinha dois anos, mas pude observar algumas reuniões. Eu me escondia debaixo da mesa para ouvir. Minha mãe me dava uns tapas para eu sair dali, mas eu era muito curioso. Com o golpe militar, meu pai foi novamente perseguido, ficou dois anos fugido. Sofreu as perseguições que o regime militar impôs a todo mundo.

Em 1970, com 12 anos, comecei a trabalhar no campo. Com 13 anos, tirei minha carteira de trabalho como cortador de cana, na Refinadora Paulista, que na ocasião era Usina Tamoio. Na época, nós éramos conhecidos por vários nomes: trabalhador volante, avulso, boia-fria.

O Ministério do Trabalho, pela mão do regime militar, interveio no Sindicato de Araraquara. Em 1978, com 20 anos e como cortador de cana e coletor de laranja naquela região, passei a organizar a "companheirada" para tirar o sindicato da intervenção. Em 1980, houve eleição e fui eleito secretário do sindicato. Dali para frente, começou minha militância sindical propriamente dita. Fiquei trabalhando no corte de cana até 1983, quando organizamos naquela região as primeiras grandes mobilizações dos trabalhadores da cana e da laranja. Depois fomos para outras áreas no estado de São Paulo. Então, sou um pouco isso, sou fruto de uma família lutadora... (*se emociona*).

ENTREVISTADOR(A): Outros entrevistados também se emocionaram quando lembraram de suas origens.

Élio Neves: Só quem viveu pode expressar, um pouco com o sentimento e menos com as palavras, aquilo que passou. O Brasil poderia ser outro, essa é a questão. O que foi interrompido com o golpe militar foi muito grave para a história deste país. Talvez boa parte do povo brasileiro sofra hoje as consequências, mas não sabe muito bem quais foram as causas. Nesse aspecto, apesar do sofrimento, me considero privilegiado por ter vivido essa história.

ENTREVISTADOR(A): Você, que começou a trabalhar muito cedo, tinha alguma experiência escolar paralela?

Élio Neves: Eu pude frequentar a escola só até os 11 anos de idade. Terminei o primário, fiz até a 4ª série na ocasião. Com oito anos, fui acometido de uma deficiência visual genética, um processo degenerativo. Sou quase cego; hoje só tenho 5% da visão normal. Eu brinco, às vezes, que sou um "sindicalista de visão muito curta" (*risos*). Seja pela dificuldade visual, seja pelas necessidades da família, tive que parar de estudar e ir para o eito. Só depois de velho é que consegui fazer supletivo e completei a 5ª e 6ª série, o que chamam hoje de primeiro grau incompleto. O resto foi a vida que me ensinou.

ENTREVISTADOR(A): Esse período, desde o final da década de 1970 até o final da década de 1980, foi de grande efervescência política e sindical. Você era jovem, mas já tinha um histórico de família politizada. Como foi esse momento de distensão, de abertura política?

Élio Neves: Sou um desconhecido que participou da luta pela Anistia, da retomada da democracia, da construção da primeira CONCLAT [Conferência Nacional das Classes Trabalhadoras, realizada em agosto de 1981, na Praia Grande (SP)], que veio depois a ser a CUT [Central Única dos Trabalhadores], do próprio Partido dos Trabalhadores (PT). Lembro-me do congresso da Praia Grande, da divergência entre o Joaquinzão [Joaquim dos Santos Andrade, então presidente do Sindicato dos Metalúrgicos de São Paulo] e o Lula[1]. Eu era um garotão, mas estava lá presente. Acompanhei também a luta das Diretas Já, a discussão da Nova República. Acabei sendo conduzido para a direção do sindicato, para a direção da Federação dos Trabalhadores na Agricultura do Estado de São Paulo, a FETA-ESP, para a direção da CONTAG, que é nossa Confederação Nacional dos Trabalhadores na Agricultura. A projeção política que as greves me deram, inclusive na mídia, fez com que eu vivenciasse uma espécie de subida de um foguete. Em três anos, ainda muito jovem, fui eleito presidente do sindicato, diretor da Federação e diretor da Confederação. Isso foi no início da década de 1980. Fiquei na CONTAG até 1989 e saí de lá com a proposta de criação da FERAESP [Federação dos Empregados Rurais Assalariados do Estado de São Paulo], que é a organização que coordeno até hoje.

ENTREVISTADOR(A): Na década de 1980, como foram os primeiros passos, a organização dos trabalhadores rurais na sua região? Já havia uma herança de ativismo, de militância?

Élio Neves: Em relação aos trabalhadores do campo, a ditadura ainda perdura, os mecanismos perversos e autoritários ainda estão

---

1. Luiz Inácio Lula da SIlva também foi entrevistado e seu depoimento consta do livro 1 desta Coleção.

lá. A liberdade e a autonomia sindical, conquistadas na Constituição Federal de 1988, e alguns elementos da democracia ainda não chegaram ao campo brasileiro. Ainda há muito o que conquistar, de fato, quanto à liberdade de expressão, de participação etc. É claro que, na ocasião, isso era muito mais difícil. Havia muitas perseguições, ameaças, tentativas de atentados. Eu mesmo sofri atentados, desde os menores até levar um tiro na nuca. Mas sou tão duro, que a bala não entrou no meu cérebro (*risos*). Fui preso, sofri violência policial e tantas outras coisas no movimento sindical. Não foi uma luta fácil, nem foi uma luta minha; eu apenas estava junto com a "companheirada".

> **EU MESMO SOFRI ATENTADOS, DESDE OS MENORES ATÉ LEVAR UM TIRO NA NUCA. MAS SOU TÃO DURO, QUE A BALA NÃO ENTROU NO MEU CÉREBRO (*RISOS*).**

No final dos anos 1970 e início da década de 1980, eu diria que os ventos da liberdade e da luta pela redemocratização contaminaram todo o país, chegaram ao campo e houve as paralisações dos camponeses canavieiros de Pernambuco. E há uma ligação muito forte, ainda hoje, entre os trabalhadores rurais do Nordeste e os trabalhadores rurais de São Paulo, por conta dos processos de migração que, naquela ocasião, eram mais fortes ainda. Com os processos de sazonalidade, nós, trabalhadores da cana de São Paulo, tivemos muito contato com trabalhadores da cana de Pernambuco, da Paraíba, porque os períodos de safra são diferentes e, quando termina a safra aqui, a turma vai para lá, quando termina a safra lá, a turma vem para cá.

Isso acabou criando na minha formação pessoal um vínculo de fato com as lideranças e com a ação sindical coordenada pela CONTAG e o grupo das Federações do Nordeste, que nos anos de 1978, 1979, tentavam uma retomada das mobilizações, visando às campanhas salariais. Fui agraciado com esse momento. Eu tinha um pouco de formação política, coisas que ouvia, algumas reuniões de que participei, o que acabou permitindo que a gente formasse, sobretudo na região de Ribeirão Preto, grupos de discussões. Nesse momento, também teve uma atuação importante da Comissão Pastoral da Terra, e alguém que na minha história é inesquecível é o padre Braghetto, que era agente da Pastoral da Terra e percorria a região de Ribeirão Preto, Guariba, Barrinha, Jaboticabal, fazendo reuniões de base para politizar os trabalhadores sobre os direitos trabalhistas que eram fundamentais, mas eram absolutamente negados.

Em 1980, os usineiros iniciaram um processo de superexploração do trabalho. O eito de cana que um trabalhador podia cortar era de cinco ruas e ele cortava cana por metro. Os patrões alargaram o tamanho do eito para sete ruas. Um eito de cinco ruas tem em torno de sete metros de largura. Um eito de sete ruas vai para em torno de dez metros de largura. O trabalhador tinha que cortar a cana, levar nas costas e amontoar no meio, para que as máquinas pudessem colher. Não houve uma compensação salarial, porque os ganhos eram por produção e o salário não subiu. E houve um arrocho do ponto de vista das políticas públicas, porque, por exemplo, o preço da água em Guariba e no interior de São Paulo ficou muito caro. Os trabalhadores ficavam pendurados com dívidas nos mercados que pertenciam aos "gatos", ou tinham uma ligação muito estreita com eles, e ali se formou um ambiente de revolta.

ENTREVISTADOR(A): "Gatos" são os empreiteiros?

Élio Neves: Empreiteiros, que hoje chamam de terceiros. O "gato" é na figura rural o sujeito que agencia, intermedeia mão de obra para as usinas.

ENTREVISTADOR(A): Você estava falando que tinha um clima de revolta por conta desses vários fatores...

Élio Neves: O movimento sindical tradicional não conseguia responder a isso porque, naquela ocasião, tinha uma postura muito conservadora. Era fundamentalmente composto por lideranças políticas de agricultores. Esse é um fenômeno que a ditadura impôs ao sindicalismo no campo: juntar, no mesmo sindicato, os pequenos agricultores, proprietários ou não, e também aqueles que dependiam exclusivamente da venda da força de trabalho que, em outras palavras, são os empregados. Essa "mistura" está se resolvendo só agora; ainda não se resolveu. Isso decorria do Decreto-lei n. 1.166, do presidente Médici, em 1971, que impõe a estrutura sindical no Brasil, que ainda hoje persiste.

Essa "mistura" de interesses no sindicato dava ao Estado a condição de levar para o campo uma política que teve, na nossa avaliação, o objetivo de amortecer as lutas. Propunha a reforma agrária com o Estatuto da Terra e não fazia. Propunha para o sindicato uma política assistencialista por meio do Pró-Rural e do Funrural: o governo dava médico e dentista, por meio do sindicato; todo sistema de aposentadoria era feito através do sindicato, e o sindicato virou um braço do Estado. No que se refere à luta do assalariado, eles faziam Dissídios Coletivos,[2] que nós chamamos de "Dissídios Coletivos frios", porque faziam uma pauta no Departamento Jurídico da Federação, apresentavam pró-forma ao setor patronal, com a única expectativa de ir para o Tribunal e obter a cláusula da contribuição assistencial e botar mais um dinheiro no caixa do sindicato. Isso não tinha relação com o que acontecia com os trabalhadores lá no campo. Os trabalhadores estavam absolutamente descobertos em relação à representação sindical.

Em 1980, houve um aumento da exploração do trabalho, e também outros fatores como a queda no ganho salarial, o aumento no preço da comida, fome, o aumento do preço da água. As pessoas ficaram absolutamente sem saída. Muitos migrantes nordestinos cortavam cana e moravam no que hoje poderia se chamar de favela, só que as casas, em vez de serem construídas de papelão e lata, eram de barro. Daí o nome da vila: João de Barro. Nesse ambiente,

---

2. Dissídio Coletivo é o procedimento de atribuir ao Tribunal do Trabalho a tarefa de dirimir o conflito entre o sindicato e os empregadores.

aconteceu a greve de Guariba, que ficou nacionalmente conhecida e que nós coordenamos desde o início. Não foi por acaso que, no movimento de Guariba, de 1984, houve saqueamento do armazém, derrubada do prédio da SABESP [Companhia de Saneamento Básico do Estado de São Paulo] e ateamento de fogo nos canaviais. A greve representou, naquele momento, uma resposta muito eficiente e imediata dos trabalhadores. E dali saiu o primeiro Acordo Coletivo, que na ocasião foi mediado pelo então Secretário do Trabalho do governo Franco Montoro, o Almir Pazzianotto Pinto, que posteriormente veio a ser ministro do Trabalho e continuou tentando fazer essas mediações.

> **NESSE AMBIENTE, ACONTECEU A GREVE DE GUARIBA, QUE FICOU NACIONALMENTE CONHECIDA E QUE NÓS COORDENAMOS DESDE O INÍCIO.**

ENTREVISTADOR(A): Ele está em todas.

Élio Neves: Mas o fato é que, a partir daquela greve de Guariba, as paralisações dos assalariados rurais se estenderam por toda a região centro-sul do Brasil. Foram para outras áreas, como da laranja, do café, do algodão, e surgiu uma massificação da organização sindical dos assalariados rurais nesta região do país.

ENTREVISTADOR(A): Você falou que a negociação foi mediada pelo Almir Pazzianotto. Como é que se deu esse processo de estruturação da negociação?

Élio Neves: Como não havia sindicatos, nós organizamos em todas as greves comissões de trabalhadores, que algumas pessoas chamavam de Comando de Greve. Elas organizavam as reuniões, faziam as articulações, passavam informações.

Em uma assembleia num estádio de futebol em Guariba, com mais de 10.000 pessoas, elegemos uma Comissão de Negociação, de representação, de interlocução, que foi se reunir com o Secretário do Trabalho e com os usineiros em Jaboticabal. Já havia uma pré-discussão entre os trabalhadores, com uma pauta real de negociação, de reivindicações, e essa pauta foi apresentada. E se traduziu, depois, no chamado Acordo de Guariba.

ENTREVISTADOR(A): Houve algum tipo de repressão imediata?

Élio Neves: Repressão significava bala; morreram trabalhadores, a polícia interveio com muita violência, baleou, feriu, matou gente. E não foi só em Guariba; a violência se estendeu por toda a região. E também não foi só em 1984. Enquanto se adotou essa forma de mobilização, seja na cana, na laranja, no algodão, a reação da polícia sempre foi muito violenta contra os trabalhadores. Na região de Leme, em 1987, a polícia voltou a matar trabalhadores em greve. Foram períodos muito tensos, de lutas muito intensas, maciças. Estamos falando de algo ao redor de 200.000 trabalhadores em greve, o que, para o mundo real de hoje, é quase impensável, dado o avanço que ocorreu na tecnologia, a diminuição efetiva da mão de obra nos setores da agricultura brasileira. Mas, naquele momento, eram multidões.

ENTREVISTADOR(A): Na greve de Guariba, você falou que havia um trabalho político sendo feito. Mas como é que se tomou a decisão de decretar a greve? Foi algo planejado?

Élio Neves: Não foi nada formal. A greve de Guariba rompeu com todos os tabus, primeiro porque não tinha sindicato; segundo porque a CONTAG, no Nordeste, seguia a Lei de Greve, fazia as assembleias formais, as notificações, tinha a preocupação de dar legalidade à greve. Havia razões para isso, não estou criticando, só observando. Mas, aqui em São Paulo, o movimento foi de outra natureza, porque envolveu três elementos importantes: a briga contra a carestia e contra o governo, porque aumentou demais o preço da água e as pessoas ficaram sem água; o saque dos armazéns; e o aumento do tamanho dos eitos e da exigência da produção pelas usinas, sem correspondência no pagamento salarial. Tinha trabalhador que, no final do dia, ficava desmaiado de cãibra; tinha gente morrendo no corte de cana muito mais do que já morreu em outras ocasiões. Então, não foi uma greve preparada em relação ao patrão unicamente. Eclodiu uma mobilização, porque chegou um determinado momento em que as pessoas não tinham dinheiro para pagar água, não tinham dinheiro para comprar comida e não tinham de onde tirar. O primeiro ato foi saquear o supermercado, e atacar o prédio da Sabesp, no centro de Guariba, que foi derrubado a facãozada. Não ficou tijolo sobre tijolo. E atear fogo nos canaviais, literalmente. Foi planejado? O que havia eram discussões que fazíamos em bairros, em toda aquela região, nas quais a gente tratava da necessidade de os trabalhadores terem garantia dos seus direitos, porque, embora já houvesse direitos assegurados por lei, como, por exemplo, o 13º salário, isso não era respeitado. O registro em carteira não era respeitado, só havia contratação por meio de "gatos", que cobravam aluguel das casas e vinculavam a pessoa ao armazém.

O meu trabalho na região era fazer essa conversa com a "companheirada". Fazíamos isso aos domingos, nos feriados, rodávamos aquela região de carona, andando pelos bairros, conversávamos nos canaviais.

Nos anos de 1982, 1983, houve muita greve localizada, que nós chamávamos de "paradeiro", e isso foi levando à formação de lideranças, que depois levou àquele *boom*, não é? Mas, para ser franco, nós não tínhamos muito claro o que a gente tinha que fazer. O processo de organização efetivo se deu com o movimento andando; não foi algo assim planejado, pensado, como é hoje o movimento sindical, que discute uma pauta, faz uma assembleia, essa coisa formal, não! A pauta era em função de um conjunto de problemas, um conjunto de coisas que oprimia demais os trabalhadores e suas famílias. Nós queríamos que o patrão desse o facão, desse a luva, desse a perneira, desse a água para a gente beber, que o patrão assinasse a carteira, que o preço da cana fosse definido antes — porque a turma cortava cana o mês inteiro e não sabia o quanto ia ganhar. A pauta envolvia coisas elementares da relação de trabalho que, embora já estivessem previstas e em algumas situações já conquistadas pelos trabalhadores, não aconteciam no campo.

> **PARA SER FRANCO, NÃO TÍNHAMOS MUITO CLARO O QUE ERA PRECISO FAZER. O PROCESSO DE ORGANIZAÇÃO EFETIVO SE DEU COM O MOVIMENTO ANDANDO.**

As referências foram as lutas e paralisações do ABC[3], que se davam desde 1978, 1979, que incentivaram também essa mobilização. Porque, naquele momento, se discutia a redemocratização do país e lideranças percorreram o interior de São Paulo, fazendo o debate da reorganização do movimento sindical, da necessidade de lutar por liberdades. Então, houve uma comunhão de diversos fatores. Mas, de fato, não foi um movimento preparado, com alguém disposto a assumir a liderança. Os trabalhadores e trabalhadoras que ali estavam faziam isso por solidariedade, porque eram do meio, tratavam do assunto e acabaram assumindo responsabilidades.

ENTREVISTADOR(A): Você falou que havia certo intercâmbio, troca de experiências com o setor urbano ou industrial. Como era essa relação?

Élio Neves: Um apoio, como já disse, foi o da Igreja, que desenvolveu um trabalho importantíssimo, fundamental,

---

3. O ABC é a região industrial em São Paulo composta pelos municípios de Santo André, São Bernardo do Campo e São Caetano do Sul, berço do chamado "Novo Sindicalismo".

por meio da Comissão Pastoral da Terra. A atuação dos metalúrgicos de São Bernardo também foi muito presente. Nós convivemos com o Jacob Bittar [então presidente do Sindicato dos Petroleiros de Campinas e Paulínia], com o Djalma Bom e com o Osvaldo Bargas [então diretores do Sindicato dos Metalúrgicos de São Bernardo do Campo], com o próprio Lula. Eu participei com o Lula na greve de 1987, em Leme, quando os deputados do PT foram acusados, pelo Ministro da Justiça do governo Sarney [Saulo Ramos], de serem os autores do tiro que matou uma companheira nossa.

Havia as greves do Nordeste e elas eram, fundamentalmente, baseadas na lei. Lá, o trabalhador tinha sindicato, tinha assembleias. Mas aqui não tinha. E aquele trabalhador estava cortando cana aqui, muitas vezes com suas famílias lá. E nasceu daí um "novo sindicalismo" no interior de São Paulo, no início da década de 1980. A região de Bebedouro, Barretos, por exemplo, teve um papel importante na área da laranja. Na região de Fernandópolis e de Ituverava, na divisa do Rio Grande, era muito algodão. Em outras regiões, mais ao sul de Minas, era o café. Então, houve uma disseminação da ação real dos trabalhadores, independente do sindicalista formal.

ENTREVISTADOR(A): Essas greves em São Paulo se deram sem que fossem cumpridos os ritos legais?

Élio Neves: Nenhum rito legal.

ENTREVISTADOR(A): Mas, em algum momento, a Justiça mediava ou intervinha, arbitrava a greve. Como era o comportamento da Justiça? O que foi mudando durante o período?

Élio Neves: A primeira mediação política se deu por parte do Executivo, na figura do Almir Pazzianotto, que era Secretário do Trabalho no governo Franco Montoro. A polícia, que nós chamávamos de "cassetete democrático", bateu "pra cacete", matou gente. O governo Montoro teve uma ação de mediação e o interlocutor do governo foi o Almir Pazzianotto. Isso criava certa facilidade, porque eu já conhecia o Pazzianotto desde quando ele era advogado dos Metalúrgicos do ABC, de quando ele foi deputado estadual em São Paulo. Eu tinha alguma relação com as pessoas que fizeram a mediação.

O Judiciário, na primeira greve, não entrou em campo, não interveio. Depois, sim, passou a intervir, com decretação de greve ilegal, com uma série de medidas opressoras. A Justiça sempre foi muito refratária ao movimento dos trabalhadores, mas em nenhuma circunstância, em nenhum desses grandes movimentos, houve cumprimento à normatização que era prevista na Lei de Greve e na CLT; os trabalhadores sequer se preocupavam com isso.

> **O JUDICIÁRIO, NA PRIMEIRA GREVE, NÃO ENTROU EM CAMPO. DEPOIS, SIM, COM DECRETAÇÃO DE GREVE ILEGAL E UMA SÉRIE DE MEDIDAS OPRESSORAS.**

ENTREVISTADOR(A): No final da década de 1980, houve a Constituinte e as eleições de 1989. Como foi a participação de vocês nesses fatos centrais? Queria que você falasse também um pouco dos anos 1990, quando já havia certo refluxo do movimento grevista, outra conjuntura política, controle da inflação...

Élio Neves: Hoje nós estamos numa situação meio confortável para olhar para trás. Quando se analisam os fatos ocorridos, talvez seja mais fácil do que quando a gente viveu aquilo tudo. O fato é que se jogou muito peso e era importante jogar — na questão da redemocratização do país. O processo Constituinte teve lá suas deformações, mas foi uma conquista importante. Por que deformação? Porque havia duas teses em debate: ou era Congresso

Constituinte, que foi o acordo, ou era Assembleia Nacional Constituinte, que era outra coisa. O Congresso Constituinte conduziu as pessoas a uma "transição gradual e segura", como se dizia na época, e essa transição foi para prejudicar os trabalhadores. Na verdade, o tempo passou e isso acabou sendo revelado.

O PT, na ocasião, era radical de esquerda, queria o socialismo, queria o não pagamento da dívida externa. Eu me lembro do Lula, em 1980, dizendo que a aliança com o Tancredo Neves era coisa de traidor. Aqueles que se posicionaram de um jeito, após o processo Constituinte, passaram a se posicionar de outro. O processo Constituinte foi um grande embate, mas ali também foi organizado o "Centrão". As forças de direita tiveram uma capacidade enorme de se organizar e resistir[4].

Naquele momento, eu era dirigente da CONTAG e pude participar de muitos debates no processo Constituinte, em comissões temáticas, defendendo causas de interesse dos trabalhadores, sobretudo com foco no trabalhador rural. Mas, feito o grande acordo, cujo nome é Constituição, acho que nós cometemos um grande erro em acreditar no sistema, porque o capital conseguiu ir para além do sistema e dominou o Estado e, de novo, deu o golpe no projeto de Nação que nós construímos. Fizemos uma Constituição, em 1988, e pouco dela foi cumprido até hoje, naquilo que se refere às obrigações sociais pactuadas. Acho que isso se deve a certa imaturidade nossa na condução do movimento sindical, porque houve crenças que não deveriam existir. Não estou me isentando da crítica, estou fazendo autocrítica, porque quando se fez o pacto constitucional imaginou-se que aquilo era sério, que as forças que se opunham aos trabalhadores tinham ética e iam cumprir o que escreveram, o que assinaram. Mas, no dia seguinte, passaram a se articular para derrotar aquilo que era uma conquista constitucional.

Nós conquistamos um bom método para o salário mínimo, mas até hoje não conseguimos o salário mínimo constitucional; o

---

4. O chamado "Centrão" era um bloco de parlamentares mais conservadores na Constituinte.

DIEESE é testemunha de que, na verdade, estamos longe de alcançá-lo. Dizem que o país não tem como pagar, mas se compararmos o salário mínimo constitucional de hoje com o valor do salário mínimo de 1943, na época de Getúlio Vargas, vamos ver que era mais fácil a gente estar com o de 1943. E essa conversa de que subir o salário mínimo vai afetar a Previdência... afeta nada! Isso é "conversa para boi dormir". Se cobrassem as dívidas dos clubes de futebol e dos grandes empresários com a Previdência brasileira, sobrava dinheiro em caixa. O problema é que o dinheiro dos trabalhadores, da Previdência Social, financia a atividade exploradora dos próprios trabalhadores. O problema é que o dinheiro do FAT [Fundo de Amparo ao Trabalhador], que deveria financiar os trabalhadores, financia o desemprego. Houve uma deformação a partir daquilo que nós conquistamos na Constituição. Nós conquistamos o serviço universal de saúde, o SUS [Sistema Único de Saúde]. Foi uma baita conquista, mas hoje, infelizmente, a saúde virou um mercado de saúde privada. Nós conquistamos educação como um direito do cidadão e um dever do Estado, e hoje a educação foi terceirizada de ponta a ponta, quem ganha dinheiro com o processo educacional são as universidades particulares e a qualidade do ensino não mudou. Pelo projeto constitucional, o Estado é quem teria o dever de dar a educação plena, mas isso está longe de ser conquistado, aliás, está cada vez mais distante.

O problema é o seguinte, como que se constrói um projeto de nação — que está lá no artigo 3º da Constituição Federal — com erradicação da pobreza e das desigualdades, uma sociedade com igualdade de oportunidades? Os primeiros artigos da Constituição definem nosso projeto de nação. As pessoas lidam com isso como se não existisse a domi-

> IMAGINAR O JUDICIÁRIO COMO UM PODER JUSTO E NÃO UM PODER POLÍTICO É UMA GRANDE BOBAGEM, UM GRANDE ERRO QUE COMETEMOS NA CONSTITUINTE.

nação da mídia, a falta de um controle social sobre o Judiciário. Imaginar que o Judiciário é um poder justo e não um poder político é uma grande bobagem, um grande erro que cometemos na Constituinte.

Nós que militamos naquele momento, em que pese o grande esforço, devemos uma homenagem àquela geração que lutou, que tirou o país de uma ditadura muito difícil, que teve a coragem de enfrentar suas contradições e construir unidade naquilo que foi possível. O problema é que, depois da Constituinte, nós cometemos erros imperdoáveis, porque ao optar pelo processo legal em 1989, no grande embate do projeto do Lula de um lado e o Collor do outro, nós perdemos. Ao invés de acumular força para impor uma derrota, nós perdemos. Houve um marco da disputa de projeto de nação, que era pensar a atividade econômica subordinada a uma efetiva ação social, porque o direito de propriedade não é absoluto e deve se submeter à função social; existe no preceito constitucional a função social da propriedade. A representação do projeto classista dos trabalhadores não tinha nada de subversiva, era um classismo dentro do marco capitalista, não tinha nada de comunismo, não tinha nada de socialismo, era capitalismo puro. O problema é que, na representação de um capitalismo mais social, o Lula perdeu para o Collor, para um capitalismo mais atrasado. E a derrota foi tremendamente influenciada pelos banqueiros, pela mídia, pela mentira, pela ausência de ética, inclusive no processo eleitoral. Daí para frente, em vez de a gente denunciar e combater isso, aderimos ao sistema. Como disseram muitos líderes, "Se a gente não aderir, nós nunca vamos governar o Brasil". E deu na "merda" que deu. Nós perdemos as bandeiras que a CUT e a CGT [Central Geral dos Trabalhadores] disputaram na primeira CONCLAT, e hoje não tem mais quem as defenda. A CUT original, pela base, de massa, classista, democrática, há muito tempo não existe. Das outras centrais eu não vou nem falar porque não militei nelas, não ajudei a construí-las. Mas já não dá mais para me sentir cutista há algum tempo, porque houve uma deformação, não só por conta dos princípios originais, que foram abandonados. O PT original também foi abandonado, isso deforma a ética na política que leva a um enfraquecimento do sindicato.

O sindicato, em minha opinião, é aquela organização que está um pouco abaixo do partido político. Abaixo do sindicato tem um monte de coisas, associação, movimento social etc., mas o sindicato está ali, como uma ferramenta das lutas imediatas, e que faz o processo de politização. Agora, a disputa do Estado, do governo, é coisa de partido, não é coisa de sindicato. Mas um sindicato forte e ético, honesto, permite alguma construção partidária mais sólida, mais ideológica também. Mas tem que ter as bases, que vão desde as associações de bairro até os partidos, com recorte ideológico. As pessoas deixaram de dizer que o recorte ideológico existe, como se o capitalismo não fosse mais capitalismo. E isso teve repercussões no mundo, com a questão dos países do leste europeu, com uma série de dogmas que foram sendo derrubados. Em nome de uma "liberdade", se matou muita gente e se continua matando. Mas quando os opressores matam é pela paz, quando eles morrem é terrorismo. Do mesmo jeito que morre mais gente de acidente de trabalho no Brasil do que em muitas guerras, e ninguém fala que o capitalista brasileiro é assassino. Tem mais gente mutilada nos bancos brasileiros do que em muitas guerras, mas ninguém diz que os banqueiros brasileiros são assassinos, porque deformam e mutilam trabalhadores com Lesões por Esforços Repetitivos (LER). E estou falando de banqueiros.

O grande problema — e estou me incluindo nisso — é que nós trabalhadores somos muito sérios, muito honestos, a gente acredita, bota fé, faz um Acordo Coletivo achando que o patrão vai cumprir. Depois ficamos decepcionados, porque o patrão não cumpre. A gente faz as leis, acreditando que o patrão vai cumprir, que o Estado vai cumprir. Fazemos uma luta danada — como aconteceu no Congresso Constituinte —, acreditamos naquilo e fomos traídos.

ENTREVISTADOR(A): A grande maioria das greves no setor rural é por cumprimento de direitos, questões que estão previstas em lei ou são convencionadas em Acordos Coletivos e não são cumpridas. Apesar de em número menor, na década de 1990 e nos anos 2000 continuaram ocorrendo lutas, não é?

Élio Neves: Por exemplo, a lei não dizia qual era o preço da cana. A lei tem coisas que são reais. Prevê o registro em carteira, 13º salário, férias, mas que não eram cumpridas. A lei não dizia qual era o preço da laranja, nem o preço da arroba do algodão. Não havia uma normatização para o que acontecia no campo, o regramento não era, efetivamente, previsto em lei. Algumas coisas foram conquistadas a partir daquele momento. Por exemplo, a lei autorizava o transporte de trabalhadores em caminhão. Os trabalhadores lutaram pelo transporte em ônibus. Então, a luta dos trabalhadores foi para conseguir direitos além do que a lei previa. Eu diria que houve, em boa medida, o cumprimento daquilo que era previsto em lei e algumas coisas que eram previstas na legislação urbana, mas que não se estendiam ao rural.

> ENTÃO, A LUTA DOS TRABALHADORES FOI PARA CONSEGUIR DIREITOS ALÉM DO QUE A LEI PREVIA.

Não foi à toa que o que mais se defendeu no processo Constituinte foi a igualdade, a isonomia, porque havia uma clara discriminação dos trabalhadores do campo em relação aos da cidade, do ponto de vista do acesso aos direitos, inclusive o previdenciário, que perdura até hoje. Era como se o trabalhador do campo e o trabalhador urbano fossem brasileiros de diferentes cidadanias. Então, muitas dessas greves tiveram, obviamente, o objetivo de garantir o que a lei já previa, mas também havia conteúdos de que a lei sequer tratava. A lei não garantia para o trabalhador do campo que o patrão tinha que dar o facão, dar a luva, porque sequer havia, naquela época, a ideia de uma norma regulamentadora sobre saúde e segurança do trabalhador no campo. E toda a normatização, que se seguiu a partir das greves de Guariba e que hoje o Estado reconhece, estava na pauta original.

O Estado brasileiro não se preocupou em desenvolver equipamentos de proteção coletiva ou individual para os trabalhadores do campo, no meio ambiente de trabalho, até porque os equipamentos que existem não foram projetados nem testados para tal fim. Hoje ainda há uma ausência efetiva da proteção dos trabalhadores que atuam no campo brasileiro. Estamos falando de mais de seis milhões de trabalhadores no agronegócio brasileiro, que contribuem com quase 30% do PIB desse país, e para os quais a Constituição Federal ainda não chegou. Vou dar um exemplo, se nós cumpríssemos no campo brasileiro jornada de trabalho de 8 horas diárias, 44 semanais, não estou nem falando de 40 horas, estou falando do que está previsto na Constituição Federal, talvez tivéssemos que multiplicar por dois o número de empregados no campo brasileiro.

ENTREVISTADOR(A): Pensando comparativamente, como você avalia esse período inicial das greves dos anos 1980 e esse período pós-anos 1990, 2000.

Élio Neves: Os anos 1990 foram anos de refluxo para todo mundo.

ENTREVISTADOR(A): Mudou alguma coisa nas motivações das greves?

Élio Neves: Mudou porque, nos anos 1990, intensificou-se a luta pela terra que, no caso de São Paulo, é impulsionada fortemente pelos assalariados rurais. Já na década de 1980 — é bom que se coloque —, a luta pelo acesso à terra, especialmente no interior de São Paulo, foi alavancada por esses trabalhadores que antes eram líderes de greves, muitos sindicalistas que, ao serem inviabilizados pela opressão do desemprego, acabaram liderando os grandes movimentos de ocupação de terra. Muitos dos assentamentos rurais existentes hoje em programas de reforma agrária no interior de São Paulo são consequências dessas lutas. As lutas não ficaram só no plano da negociação coletiva de salário; houve luta na questão do transporte, da água, e ainda hoje se luta pelo fornecimento de alimentação. Tem uma enormidade de assuntos importantes na agenda dos trabalhadores do campo.

Agora, a década de 1990 foi particularmente muito difícil, não só no campo. O movimento sindical brasileiro teve um período de muita crença na Constituinte e na eleição de 1989. Depois foi como se tivéssemos entrado numa década de depressão. Houve muito refluxo.

ENTREVISTADOR(A): E hoje, como são as greves?

Élio Neves: Hoje a situação é absolutamente diferente, porque a lavoura está mais tecnificada, diminuiu o contingente de trabalhadores, mas melhorou a questão da educação e da informação.

Na última greve que eu coordenei como dirigente, depois de longos debates entre a empresa, a comissão de base dos trabalhadores e nós do sindicato, em uma mesa-redonda mediada pelo Ministério do Trabalho, às seis horas da tarde, o sindicato já tinha deliberação dos trabalhadores e falou: "Nós deliberamos aqui que, à meia-noite, a empresa vai parar". Estou falando de trabalhadores rurais: parar à meia-noite (*risos*). A direção da empresa toda brincou: "Vocês estão loucos, não vai acontecer". Falei para o Ministério do Trabalho: "Põe na ata que a greve começa a partir da meia-noite, para eles não alegarem ignorância". Os caras começaram a "tirar um sarro": "Você está louco? Isso é conversa!". Enquanto ficou nesse debate, a comissão de greve, de base, saiu para o pátio do Ministério do Trabalho e coordenou a greve pelo celular. Porque lá nas frentes de trabalho, todas as lideranças têm celular, têm internet no telefone. A comunicação hoje não é mais só pelo carro de som, pelo panfleto — que também são importantes —, mas hoje se comunica no campo pela internet, pelo celular. Os trabalhadores, pilotando uma máquina, têm acesso à internet. Então, mudou o perfil. As greves ocorrem no interior das empresas; não há mais aquelas greves nas cidades, com grandes piquetes, porque não faz sentido. Começam a crescer no campo algumas pautas que ainda podem dar alguma horizontalidade ao movimento. Antes, isso era mais visível, porque tinha grandes massas trabalhando; hoje tem um número muito menor. Antes, eram os trabalhadores sazonais; hoje são trabalhadores permanentes. A grande massa é permanente e os trabalhadores são fidelizados. Eu diria que há quase uma espécie de operariado no campo, com mais qualificação e a conversa se dá em outro nível. O sindicalismo tem outra natureza.

AS GREVES OCORREM NO INTERIOR DAS EMPRESAS; NÃO HÁ MAIS AQUELAS GREVES NAS CIDADES, COM GRANDES PIQUETES, PORQUE NÃO FAZ SENTIDO.

É claro que hoje a agenda está muito mais qualificada. Por exemplo, nós estamos aqui na sede da Federação dos Trabalhadores da Indústria de Alimentação, porque chegamos a um entendimento de que a FERAESP e essa Federação vão construir a Secretaria dos Trabalhadores da Agroindústria, juntando esses dois grupos sindicais. Já estamos trabalhando e apresentando para o setor patronal da cana-de-açúcar uma pauta de assuntos em comum. Amanhã, na sede da ÚNICA [União da Indústria de Cana-de-açúcar, entidade patronal], nós vamos ter uma reunião em que, na bancada dos trabalhadores, estará a direção da Federação dos Trabalhadores da Indústria da Alimentação e da FERAESP, na defesa dos trabalhadores da agroindústria. Isso é histórico, do ponto de vista do "como fazer"! Na pauta, estão os assuntos mais variados, desde saúde, participação nos lucros, até meio ambiente.

Hoje, existe outra responsabilidade do movimento sindical e acho que é isso que precisa ser buscado nesse momento. Houve mudanças não apenas na sociedade, mas na forma de organização do trabalho, nas tecnologias aplicadas, na forma como as empresas se organizam. Nós estamos falando fundamentalmente de multinacionais ou de megaempresas globalizadas, que dominam praticamente todo o agronegócio brasileiro. Não estamos mais falando de um agronegócio brasileiro, de família. Então, há uma outra exigência para o movimento sindical.

ENTREVISTADOR(A): O perfil dos patrões também mudou, não é? Antes eram fazendeiros brasileiros com uma mentalidade mais atrasada; agora são as multinacionais que, provavelmente, colocam negociadores profissionais.

Élio Neves: Eu acho que o "chicote" continua o mesmo, o que mudou foi "o jeito de bater" (*risos*). O problema é "como bate", porque a gente fica com a sensação de que "apanhar" do capital internacional é mais moderno. Embora possa ter uma aparente diferença entre o capital internacional ou as sociedades desconhecidas — não gosto de usar o nome "sociedades anônimas" —, essas sociedades desconhecidas criam outro tipo de relação, na qual o trabalhador vira um número, vira máquina. E tem outro lado que é extremamente perverso: elas escondem o lucro. Antes, um fazendeiro tradicional colhia mil sacas de café e todo mundo sabia que ele tinha colhido mil sacas de café. Mas hoje, saber se o balanço de uma multinacional é verdadeiro ou não, é outra discussão; saber se está tendo evasão de divisas e remessas de lucros. Se der lucro, tem que mandar para a matriz; mas se der prejuízo, é a gente quem paga a conta, é assim que funciona. É por isso que, para mim, não tem muita diferença, a não ser no jeito de conversar. Antes, eles "batiam" na gente e botavam a polícia. Agora, eles "batem" na gente e dão cafezinho. Se precisar, ainda pagam uma cerveja. Mas continuam "batendo" na gente. Os mecanismos de exploração atuais são mais sutis, mas são também mais perversos. Antes, a exploração era mais rudimentar, mais transparente, era um negócio que impactava mais. Mas a coisa continua feia e os trabalhadores ainda estão vivendo num sistema extremamente perverso, embora tenha havido crescimento na produtividade, na aplicação da tecnologia etc.

> **ANTES, ELES "BATIAM" NA GENTE E BOTAVAM A POLÍCIA. AGORA, ELES "BATEM" NA GENTE E DÃO CAFEZINHO. SE PRECISAR, AINDA PAGAM UMA CERVEJA.**

E houve no Brasil uma coisa muito interessante: a aliança do fazendeiro tradicional, que entrou com o capital imobilizado, cujo nome é terra, com o capital internacional financeiro. Essa união é que determina. Então, não dá para isentar o capital financeiro internacional, como se a Cargill ou a Shell não fossem aliadas dos Ometto, que são os donos das terras. Como se a LDC Commodities não fosse aliada do Maurílio Biaggi, que é o dono da terra. Há um aparente jogo que usa muito *marketing*, muita propaganda para venda de ações na Bolsa, mas no fundo as coisas não mudaram muito. Para o trabalhador, diminuíram os impactos, até porque diminuiu o número de trabalhadores, e muita gente que antes estava trabalhando no campo foi para outros caminhos na vida. O Brasil de hoje não é o mesmo Brasil do início da década de 1980, ou mesmo da década de 1990; houve processos de mudança em todo o país, que alteraram a vida no campo e também globalmente, porque hoje você tem outros acessos, que antes não existiam. Mas eu não sou daqueles que acreditam que o capital de nível internacional é melhor, viu? Eu acho que quando chegam aqui eles se juntam, unem seus interesses, e a gente "leva ferro".

ENTREVISTADOR(A): Nas greves dos rurais, parece que são muito presentes questões ligadas à saúde do trabalho, ao uso intensivo de pesticidas, de defensivos agrícolas e das suas consequências. Houve uma greve muito interessante — acho que no Ceará —, na qual os trabalhadores diziam que estavam sendo envenenados, que os mais velhos estavam todos com câncer.

Élio Neves: Quem trabalha está sendo envenenado mais intensamente, mas o povo brasileiro, quem come na cidade, também está. Nós somos o maior consumidor de pesticidas e agrotóxicos do mundo, isso é grave! Muitos países que criaram os pesticidas já não os usam mais. O Brasil carece de uma regulação séria sobre isso. Os pesticidas contaminam as águas, o ar, há um conjunto de males e não há, por parte da sociedade, nenhum controle a respeito disso, principalmente no campo, porque o que se visa são os "vendidos" ganhos de produtividade, em prejuízo da saúde.

Em todas as pautas, por exemplo, na pauta que nós estamos apresentando em 2015, a saúde é o principal item, é uma questão fundamental para agenda dos trabalhadores nas negociações coletivas. Aqui se admite muita coisa que nos países mais desenvolvidos, do ponto de vista das relações sociais, já não se admite mais.

A pauta de exportação da carne de frango no Brasil é extremamente competitiva no mercado internacional, mas o número de acidentes e doenças profissionais é enorme. O Brasil não faz nada em relação a isso e o movimento sindical faz muito pouco. Recentemente, morreu um trabalhador no frigorífico Friboi, na JBS, e todo mundo acredita no ator Tony Ramos, que aparece na Rede Globo, dizendo que aquela carne tem qualidade.

O campo brasileiro é um paraíso para a exportação. Todo mundo olha a pauta de exportações brasileiras e fala: "Opa, somos campeões na soja". Mas o tamanho da agressão ao meio ambiente que se faz nas produções intensivas de soja é um negócio violento. Na cana, na laranja, são pulverizações aéreas com grande intensidade, sem nenhuma preocupação com as nascentes d'água, com as pessoas que moram nas adjacências, nas vilas rurais ou cidades menores. Não conheço nenhum estudo, mas, seguramente, isso tem tudo a ver com a proliferação de câncer e outras doenças. Quando a região de Guaíra, por exemplo, era altamente produtiva de grãos, era o município com maior índice de irrigação, mas também com o maior índice de agrotóxicos. Houve um período em que começaram a nascer crianças sem cérebro, tamanha era a poluição. Essa realidade mudou, porque a soja e o milho foram para outro lugar, a cana tomou conta e nela há menor incidência de agrotóxico, mas ainda é muito grande. Então, penso eu que a pauta da saúde deveria ser hoje a principal pauta.

Por mais que lutemos, ainda fizemos muito pouco, falta muita coisa para o movimento sindical alertar os trabalhadores e alertar a própria sociedade sobre a importância do tema da saúde e a abrangência dele. Se me perguntar qual a minha principal reivindicação nesse momento, eu diria que é a saúde. Mas na sua plenitude, incluindo a qualidade da água e dos alimentos. Nas cidades pequenas do interior de São Paulo, quem está sofrendo com a dengue são os trabalhadores rurais. Ali onde o entorno propicia a presença do mosquito *Aedes aegypti*. Enquanto falta água na cidade, o usineiro tem poço artesiano de 800 metros, tirando água do Aquífero Guarani, para lavar a cana.

> **FALTA MUITA COISA PARA O MOVIMENTO SINDICAL ALERTAR OS TRABALHADORES E ALERTAR A PRÓPRIA SOCIEDADE SOBRE A IMPORTÂNCIA DO TEMA DA SAÚDE.**

Então, não há preocupação da sociedade brasileira. Os recursos naturais são bens comuns, mas são usados para interesses de poucos. E hoje esses poucos, mais do que nunca, são os braços do sistema financeiro internacional, porque esses grandes complexos agroindustriais nada têm de brasileiros.

ENTREVISTADOR(A): Quais são, na sua avaliação, as perspectivas futuras, numa análise mais prospectiva, do movimento sindical, dos movimentos grevistas?

Élio Neves: Eu acho que está tudo em xeque. Nós passamos por um período de extrema profissionalização do sindicalismo. Então, a turma começou a tratar o sindicato como trata uma empresa. De certa forma, isso ocorreu também com os partidos políticos, e a coisa se deformou, essa é a crise que nós estamos vivendo. A crise política não é uma questão da [presidente] Dilma. É que as instituições já não respondem mais efetivamente aos interesses dos representados. Um ato é pró-governo, aquele outro ato é contra o governo, mas o ato é contra corrupção e corrupção tem em todo lugar. A corrupção não é um problema desse ou daquele ente público, é um problema de todos. Quando eu luto contra a corrupção, tenho que olhar se estou tendo uma prática corrupta ou não. No Brasil, nós vivemos num ambiente em que, por exemplo, Acordo Coletivo ainda é comprado pelo patrão; tem sindicalista vendendo Acordo Coletivo, ganha uma "caixinha" para assinar Acordo Coletivo. Isso faz com que haja essa descrença nas instituições políticas e isso pega também o sindicalismo. Acho que, neste momento, o sindicalismo está em xeque, não é mais capaz de mobilizar ou mobiliza muito pouco, as pautas econômicas são insuficientes. Até porque os trabalhadores percebem que tem coisa que a pauta econômica não responde.

O movimento sindical, na década de 1990 para cá, passou a ser um intermediário da venda coletiva da força de trabalho. E o que é pior: vende a força coletiva de trabalho sem consultar quem vai entregar a mercadoria. É uma deformação do movimento sindical. A defesa dos interesses da categoria, a defesa dos interesses da classe trabalhadora é nosso dever. Não podemos ficar focados só em 5% ou 6%, ou 10% de reajuste e ficar feliz da vida, porque repôs a inflação. Mentira! Ninguém repõe inflação "porcaria nenhuma". Se acha que repôs agora, daí a dois dias o pessoal já perdeu. Todo mundo pode ter "gatilho" [reajuste automático], mas o trabalhador não. O trabalhador tem que estar sempre perdendo, sempre correndo atrás. Se pegar na nossa categoria, por exemplo, a massa salarial, o volume salarial que era jogado à disposição da economia há 20 anos, agora joga a metade. Quem ganhou com isso? O setor patronal. Quem perdeu com isso? Só o trabalhador? Não! A sociedade perdeu, porque essa riqueza produzida foi para algum lugar, mas não ficou para os brasileiros. E se ficou para o Brasil, foi para poucos, não houve uma democratização do capital e da riqueza produzida pela força de trabalho.

Qual é o grande desafio do sindicalismo? Retomar suas origens, deixar de ser mercador. Insisto que o que a gente chama de Acordo Coletivo, de Convenção Coletiva, é contrato de venda coletiva da força de trabalho, feito da pior maneira. A gente se posiciona numa situação de intermediário. Eu diria que a gente cumpre o papel do "gato" e ainda fala que conquistou alguma coisa para o trabalhador. Que palhaçada é essa?

É claro que a gente tem que estudar economia, tem que observar o que está acontecendo com a política etc.; não tem como ignorar esses fatores. Mas eu insisto que o grande desafio do sindicalismo brasileiro é voltar às suas origens, recuperar sua verdadeira identidade, desde o sindicato municipal até as Centrais Sindicais, que também deixaram de cumprir seu papel, são muito mais braços de interesse de disputa do poder de Estado do que, efetivamente, de representação da classe trabalhadora. A gente precisa repensar a nossa forma de atuar e de fazer sindicalismo.

ENTREVISTADOR(A): Muito obrigado pela entrevista.

8 DOMINGOS GALANTE

Sindicato dos Químicos de São Paulo
Entrevista em 28 de abril de 2015

ENTREVISTADO: Domingos Galante — ex-presidente do Sindicato dos Químicos de São Paulo.

Foto: Arquivo do sindicato

ENTREVISTADOR(A): A gente gostaria que você falasse um pouco sobre a sua trajetória de vida, sua formação, e como você chegou ao movimento sindical.

Domingos Galante: Sou de uma família descendente de italianos. Meu avô era imigrante italiano, meu pai era bancário. Eu sou de classe média, estudei em escolas de bairro sem muita importância. Era muito rebelde, tinha muita dificuldade para estudar e comecei a trabalhar cedo.

Fui metalúrgico, trabalhei um tempo no Paraná e depois na metalúrgica Bernardini, em São Paulo, uma fábrica de tanques de guerra, carros de combate, coisas da ditadura. Entrei na indústria química em 1969, na área de informática, com aqueles computadores que pesavam uma tonelada. Trabalhava um mundo de gente, só homens; o trabalho era tão pesado que mulheres não trabalhavam na área de operação de computador, porque não tinham força para segurar os discos, que eram enormes.

A partir daí, eu sempre trabalhei em fábricas, na administração, na área de informática, com terminais, ou fazendo sistemas voltados para a indústria. Na Sandoz — que hoje é a Novartis —, trabalhei dez anos. Foi lá que me politizei, porque tinha um grupo grande dentro da empresa que discutia política e cultura. Acabei entrando na Causa Operária, que existe até hoje, que é o PCO — Partido da Causa Operária. Eu entrei no PCO em 1977 e fiquei até 1979. Depois fui para o Partido dos Trabalhadores e sou petista até hoje, bem convicto, sou filiado.

Foi nessa atividade, junto ao PCO, que me aproximei do sindicato. O sindicato aqui era muito conservador, era em parte dominado pelo "Partidão" [Partido Comunista Brasileiro]. Existe um livro, *Além da greve*, que mostra bem como o Partido Comunista dava a retaguarda para aqueles quadros de fábricas, que ocupavam os principais cargos dos sindicatos e que não eram fichados pelos serviços de segurança. Aqui era igual. O próprio Lula[1], no Sindicato

---

1. Luiz Inácio Lula da Silva foi entrevistado e seu depoimento foi publicado no Livro 1 desta Coleção.

dos Metalúrgicos de São Bernardo do Campo (SP), teve essa trajetória em meados dos anos 1970. O irmão dele, o Frei Chico, o trouxe para concorrer porque ele não tinha ficha no DOPS.

ENTREVISTADOR(A): O irmão dele era do "Partidão".

Domingos Galante: Era e trouxe o Lula para ser dirigente sindical. Por isso, o Lula teve uma carreira meteórica, porque o irmão era um homem importante no ABC. Aqui também, no Sindicato dos Químicos, aconteceu algo semelhante. O antigo presidente, Waldomiro Macedo, não era do "Partidão", era um nome de frente, mas o Dezen e outros estavam por trás.

ENTREVISTADOR(A): Dezen?

Domingos Galante: Francisco Dezen. Ele foi presidente da Federação dos Químicos [FEQUIMFAR]. O "Partidão" ficava na retaguarda e tinha sempre alguns nomes de frente, alguns homens não fichados. E esses sindicalistas — nem sei se eram tão convictos assim — ganharam a fama de "dedos-duros". Acho que havia colaboração desses elementos.

ENTREVISTADOR(A): Nessa época, você estava na oposição?

Domingos Galante: Nós aqui intuímos outro caminho e, por isso, fomos vitoriosos no primeiro embate. Em 1979, não participamos da eleição. Houve uma chapa que tentou se organizar, na Gessy Lever, mas ela foi dizimada.

ENTREVISTADOR(A): Com demissões?

Domingos Galante: Com demissões. O Waldomiro era conhecido como um homem que "dedava" trabalhadores para o patrão. Não acredito que o "Partidão" fizesse isso, mas esses quadros adjacentes faziam. Quando falo em delação, dá uma conotação bastante grave, não é? Mas a delação era feita de formas muito atenuadas. O dirigente chegava para a empresa, dizia que estava tendo um problema e que tinha denúncias de trabalhadores. Iniciava uma negociação com a empresa e, lentamente, ia deixando escapar informações que acabavam expondo indivíduos.

As demissões aconteciam assim: lentamente os dirigentes passavam os nomes, que chegavam ao patrão, e havia as demissões seletivas. Com o passar dos meses, todos aqueles quadros que tinham se rebelado eram demitidos aos poucos. Se houvesse uma greve, aí as demissões eram em bloco. Assim funciona o patronato paulista; talvez em outros estados brasileiros seja ainda mais violento.

Nós tivemos uma outra visão de oposição. Decidimos que íamos ocupar a entidade em todos os espaços possíveis. Montamos um grupo que chegou a ter perto de 80, 100 pessoas. Nós montamos uma "caixinha", abrimos uma conta de poupança, guardamos recursos durante anos e fomos gastando nas lutas. Íamos às assembleias, fazíamos atividades esportivas, teatrais, tínhamos um cineclube, fazíamos campeonato de futebol, de dominó. E fomos ocupando todos os espaços.

ENTREVISTADOR(A): Ainda como oposição?

Domingos Galante: Como militantes. Ninguém sabia que havia uma oposição, nem os "pelegos"[2]. Só a gente e, mesmo assim, nem todos sabiam. Nosso objetivo era tirar o "pelego" daqui e não tínhamos pressa, tínhamos muito tempo, e não o confrontávamos. Lógico que, em uma assembleia, a gente pedia a palavra, mudava a direção das coisas, isso a gente fazia. Nós éramos vistos como ativistas, com algum perigo, mas não muito. Essas atividades duraram vários anos.

Na ocasião, a repressão era muito intensa e a gente sabia que não escaparia ninguém. Nós trabalhamos assim até 1982. Nos anos

---

2. "Pelego" era o atributo pejorativo que se dava aos sindicalistas conservadores, acusado de atuar para "amortecer" o conflito entre os trabalhadores e os patrões.

1979, 1980, houve muitas greves, foram formadas muitas comissões de trabalhadores para negociar reajustes salariais, o que era uma prática habitual.

> **EM 1979-80, HOUVE MUITAS GREVES. ERA UMA PRÁTICA HABITUAL A FORMAÇÃO DE COMISSÕES DE TRABALHADORES PARA NEGOCIAR REAJUSTES SALARIAIS.**

ENTREVISTADOR(A): Junto com a direção do sindicato?

Domingos Galante: À revelia. Por exemplo, a Lepetit parou e não tinha sindicato; o patrão não sabia o que fazer. Havia o hábito de os RHs[3] da época trazerem um grupo de trabalhadores para discutir. Esse grupo era montado, eleito ou indicado em cada seção, variava conforme a fábrica, mas, normalmente, subia aquele grupo, negociava com o patrão, saía o reajuste e voltavam ao trabalho. Eram greves curtas. Isso ocorreu na Nitroquímica, na Lepetit e em uma dezena de fábricas maiores.

Eu soube, anos depois, lendo as atas, que a diretoria estava prevenida, dizendo que as greves eram espontâneas. A coisa começou aqui no sindicato praticamente junto com os metalúrgicos do ABC (SP). A Nitroquímica iniciou uma ameaça de paralisação, mas não chegou a ter greve, porque o Antônio Ermírio foi mais rápido e percebeu a movimentação. Isso foi em fevereiro ou março de 1979, antes da grande greve dos metalúrgicos do ABC.

ENTREVISTADOR(A): A oposição nos químicos era toda da Causa Operária ou era uma frente?

Domingos Galante: Não. Era só eu e mais um companheiro. Que eu saiba, não tinha ninguém organizado. Os outros eram todos motivados pela agitação política da capital, dos

---

3. RHs são os profissionais da área de Recursos Humanos das empresas.

bairros. Na realidade, muita gente das Comunidades de Base da Igreja veio para o sindicato, por uma politização efetuada pela Teologia da Libertação, pelas doutrinas libertárias. Sou ateu, mas vivia de igreja em igreja, falava muito com os padres, ia às reuniões, passava boletins para eles. O Waldomiro fazia boletins para convocar para uma determinada assembleia, mas eram tiragens ridículas de cinco mil exemplares, para uma categoria que, na época, chegou a ter 80 mil trabalhadores. Como nós tínhamos fundos, pegávamos esse boletim, levávamos a uma gráfica, imprimíamos 20, 30 mil e distribuíamos em toda a base sindical.

As assembleias do sindicato começaram a triplicar de tamanho, começou a encher a casa. O Waldomiro dizia: "Tá vendo como eu falei que cinco mil boletins davam? A casa está cheia!" (*risos*). Ele se iludia, achava que ele é que fazia o trabalho. Os diretores faziam pouquíssima coisa. Nós insistíamos para ele fazer pelo menos um cartaz: "Faça uma tiragem pequena, só para a gente colocar aqui em volta do prédio". Ele fazia e a gente imprimia muito mais, colávamos na cidade inteira, pichávamos muro, e eles não desconfiavam muito. Alguns diretores falavam para o Waldomiro: "Você está criando uma cobra que vai te picar. Esse 'pessoalzinho' está querendo alguma coisa". E o Waldomiro, muito confiante, dizia: "Pode deixar que eu controlo". Ele estava com suporte do "Partidão" e achava que dominava a situação. Em 1982, nós nos preparamos, já tínhamos até um apoio jurídico.

ENTREVISTADOR(A): Paralelo?

Domingos Galante: Paralelo. Nós tínhamos advogados. Quando saiu a convocatória para a abertura de chapas, a gente se inscreveu. O Waldomiro olhou e perguntou: "O que é isso? O que vocês estão fazendo?". Eu falei: "Viemos inscrever uma chapa". "Cadê essa chapa?". Quando ele viu, falou: "Seu safado! Essa chapa é a minha!". Ele tinha a intenção de montar uma chapa com o pessoal novo que tinha vindo para o sindicato e fazer uma enorme renovação na diretoria.

ENTREVISTADOR(A): Mas com ele na cabeça?

Domingos Galante: Com ele na cabeça, lógico. Ele me chamou e disse: "Domingos, você é o meu vice-presidente, está satisfeito?" (*risos*). Nessa época, o Waldomiro era benquisto, era bem-visto pelo pessoal dos outros sindicatos. Tanto assim que, nas articulações para montar a Central Única dos Trabalhadores (CUT) — que estavam ocorrendo naquele momento —, recebi recados do Lula para não fazer oposição ao Waldomiro, porque ele participava das articulações. O Lula achava que era melhor compor com ele. Nós tivemos uma discussão, a pedido do Lula, para compor, porque ele achava que era um risco fazer esse confronto num sindicato que estava trabalhando para montar uma central nacional. O Lula nos disse: "Vocês vão montar essa chapa? Vão brigar com o Waldomiro? A gente vai ficar mal com o "Joaquinzão" [então presidente do Sindicato dos Metalúrgicos de São Paulo] e outros". Na época, havia um clima de unidade. Parte daquele grupo petista, sindicalista, não queria que se rompesse tão violentamente, que os choques fossem tão fortes. Mas a nossa rebeldia falou mais alto.

> O LULA NOS DISSE: "VOCÊS VÃO MONTAR ESSA CHAPA? VÃO BRIGAR COM O WALDOMIRO? A GENTE VAI FICAR MAL COM O "JOAQUINZÃO" E OUTROS".

ENTREVISTADOR(A): Isso foi em 1982?

Domingos Galante: Em 1982. A nossa eleição foi em agosto e essa conversa foi no primeiro semestre. Mas o pessoal decidiu sair com uma chapa montada com vários grevistas das comissões de negociação.

Eu comecei a ir à Nitroquímica, que era a principal fábrica da época, era a empresa do Waldomiro e da maioria da diretoria. Dos 24 membros da diretoria, oito a dez eram da Nitroquímica. Em 1982, devia ter 1.500 sindicalizados.

Como não tinha crachá na época — era o capacete e o macacão que identificavam o trabalhador —, eu vestia uma roupa parecida com a dos operários e entrava no refeitório. Almoçava frequentemente com o pessoal e percebi uma estrutura imensa montada. Antes de 64, a maior célula do Partido Comunista numa fábrica era na Nitroquímica. Eles nem conseguiam fazer uma reunião única, de tão grande que era a célula partidária. Os funcionários contam que o sindicato atendia tanto com a carteirinha do sindicato quanto com a carteirinha do partido, de tão ligado que estava o sindicato com o Partido Comunista.

O Adelço Pereira — ex-presidente do sindicato e ex-militante do "Partidão", cassado pelo regime militar — me ajudou muito na montagem da oposição; foi um grande conselheiro. Em 1979, eu fiz buscas por São Paulo em torno de antigos dirigentes, fui atrás deles, e o Adelço foi um braço direito para nós, ajudou muito. Ele falava: "Vá na Nitro que deve ter muita coisa lá ainda e eles não estão satisfeitos". Foi a partir disso que eu, ao visitar a Nitro, fui me inteirando de que havia as células partidárias quase montadas ou com muitos dos elementos presentes ainda, em silêncio.

ENTREVISTADOR(A): E você almoçava com os trabalhadores.

Domingos Galante: Eu ia visitar. Fiz esse trabalho durante dois anos, pelo menos. Fui visitando as fábricas que tinham tido lutas e as grandes fábricas. Tinha como disfarce a distribuição dos boletins da categoria ou a própria sindicalização. Eu ficava conversando e fui amarrando contatos em todas as fábricas.

A nossa convenção para tirar chapa tinha umas 200 pessoas. Foi feita num domingo à noite, porque, na segunda-feira pela manhã, haveria o registro das chapas. Nós tínhamos certeza de que, dentro da convenção, haveria delatores. Então, a convenção foi feita num domingo à noite, para, na segunda de manhã, estarmos com a chapa pronta. Veja a dificuldade que era trabalhar na repressão; ter que fazer uma convenção de operários no domingo à noite! Mas era a única chance que nós tínhamos.

ENTREVISTADOR(A): Para evitar demissão?

Domingos Galante: Para evitar demissão. Eu mesmo fui demitido; fizeram uma denúncia para a minha empresa, perdi o emprego. Sei disso porque a empresa, de certa forma, me avisou, me demitiu dizendo que sabia das minhas atividades.

ENTREVISTADOR(A): Antes da eleição do sindicato?

Domingos Galante: Sim, fui demitido em 1980. Depois, fui trabalhar na Bayer e também fui demitido. Veja que coisa estranha: fiquei seis meses procurando emprego na categoria e ninguém me chamava, nem para entrevista. Eu suspeitava que estava numa "lista negra" e realmente estava. Só consegui emprego, porque encontrei uma pessoa do RH da Copas, que era do "Partidão". Ela marcou uma entrevista e falou: "Eu sei quem você é e sei o que pretende, mas podemos fazer um acordo. Você não vai trabalhar em São Paulo; vai trabalhar no ABC e eu te registro em São Paulo, para você poder fazer o serviço que quer fazer" (*risos*). A Copas seria um território neutro, num acordo em que eu prometia não fazer nenhuma movimentação salarial, nada. Então, com esse artifício que ela criou, fui registrado em São Paulo e trabalhava no ABC, fora de minha base, longe das vistas, com a promessa de não "agitar" nada lá.

> EU SUSPEITAVA QUE ESTAVA NA "LISTA NEGRA" E REALMENTE ESTAVA. SÓ CONSEGUI EMPREGO, PORQUE ENCONTREI UMA PESSOA NO RH, DO "PARTIDÃO".

ENTREVISTADOR(A): Longe das vistas de quem?

Domingos Galante: Em parte da direção do sindicato, porque, na prática, eu não trabalhava mais na mesma base. Houve até uma tentativa de impugnação do meu nome na época, porque eles diziam: "Você trabalha no ABC, não trabalha em São Paulo".

ENTREVISTADOR(A): Longe das vistas do sindicato e da repressão também?

Domingos Galante: Da repressão também. Nessa época, a gente temia um pouco. Mas não havia mais aquela repressão com desaparecimentos. Era muito comum, nas assembleias do sindicato, a presença de elementos estranhos. Esses indivíduos estavam mais preocupados em coletar informações. Eu cheguei a conhecer muitos desses agentes. Eles conversavam sobre sindicalismo como conversariam com um dirigente sindical atual. Eles conheciam as tendências, as chapas, os nomes de muitos dirigentes, conheciam muita coisa. A minha ficha no DOPS data de 1976-77. Talvez a minha simples presença no sindicato bastaria para isso, ou talvez aqui mesmo tivesse alguém que fizesse essas fichas. Eu acredito que um funcionário coletava os dados e remetia, mantinha a entidade fiscalizada, o que é muito mais prático do que manter elementos volantes.

ENTREVISTADOR(A): O pessoal do "Partidão" estava junto com vocês ou na outra chapa?

Domingos Galante: O PC e o PCdoB [Partido Comunista do Brasil] estavam na outra chapa. Nós éramos petistas, basicamente, que tínhamos rompido com aquele antigo sindicalismo.

ENTREVISTADOR(A): A chapa já se identificava com a tendência "CUT pela Base"?

Domingos Galante: Não. Isso ocorreu muito tempo depois. A CUT se formou quase um ano depois da nossa eleição. A organização da "CUT pela Base" foi em 1986-87, porque a convivência da esquerda no partido era muito difícil; e dentro da CUT também.

ENTREVISTADOR(A): Então, em 1982, vocês fizeram essa chapa e foram vitoriosos.

Domingos Galante: Fomos vitoriosos em dois turnos. Ganhamos a eleição e assumimos a direção. E precisamos mudar muita coisa no sindicato. Foi muito difícil, porque os funcionários não atendiam à nova diretoria. Tinha uma funcionária, a dona Ruth, que era tipo uma secretária-geral, tomava conta das atas de diretoria, coordenava a parte de sindicalização, tinha um papel central, era quase uma administradora do sindicato. Eu era o novo presidente do sindicato e, junto com a Diretoria Executiva, quando íamos mudar alguma coisa, algum procedimento administrativo, ela dizia: "O senhor me passe com antecedência e eu lhe dou a resposta sobre a possibilidade, ou não, disso ser feito, dentro de dois ou três dias". Ela saía daqui, ia ao Ministério do Trabalho, na Delegacia Regional do Trabalho, consultar se estava dentro da lei e voltava com o parecer deles, dizendo se haviam aceito o pedido de alteração (*risos*). Você pode imaginar? Era um controle do Ministério do Trabalho no sindicato. Então, nós temos que entender que o "pelego" também tinha essa outra vertente. Os sindicatos eram dominados por funcionários ligados ao Ministério do Trabalho, de forma extremamente zelosa, quase subordinados a ele.

ENTREVISTADOR(A): Era quase um boicote à nova direção.

Domingos Galante: Um boicote. Em um ano, demitimos praticamente todos os funcionários. Não teve jeito. Inclusive o [advogado] Almir Pazzianotto, que foi demitido por justa causa, mas depois tivemos que reverter, também por causa do Lula (*risos*). O Almir era Secretário do Trabalho e havia pedido uma licença não remunerada. Quando eu assumi a diretoria, em outubro de 1982, descobri que havia seis meses que ele não vinha ao sindicato. Então, eu o demiti por ausência ao trabalho, demiti por justa causa. Ele ficou uma fúria e foi falar com o Lula. O Lula me ligou e disse: "Você não pode fazer isso, porque ele é Secretário do Trabalho. Os caras estão encarando isso como um confronto...". E eu precisei voltar atrás em algumas coisas, mas descontei seis meses de salário dele (*risos*). Paguei o FGTS dele, fiz o que tinha que fazer, por exigência partidária e relações intersindicais. O Lula o manteve licenciado do Sindicato dos Metalúrgicos de São Bernardo durante dois ou três anos; ele saiu quando assumiu o Ministério do Trabalho. Ele era um advogado que impressionava, porque coordenava toda a bancada de 15 sindicatos na negociação com a Federação das Indústrias de São Paulo (FIESP) e centralizava a negociação. Dirigente sindical não falava nas negociações, só ele falava. Aqui no sindicato, assisti a reuniões em que ele "dava bronca" em presidentes de sindicatos do interior, porque descobria que não tinham distribuído os boletins da campanha dele a deputado estadual. Ele intimava os diretores. Ele falou para o Waldomiro, na minha frente: "Para você, menos de 50.000 boletins eu não aceito, quero campanha para minha candidatura!". E era eleito sem ir pra rua, sem fazer esforço nenhum.

ENTREVISTADOR(A): Pelo PMDB [Partido do Movimento Democrático Brasileiro]?

Domingos Galante: Pelo PMDB. Ele se dizia um homem de esquerda, ex-"Partidão". Mas a estrutura vai envolvendo todo mundo. Na própria militância sindical e também institucional, muitos pensam, também, em fazer parte dessa lógica. Eu saí cedo, inclusive, porque achava que tinha que sair cedo.

ENTREVISTADOR(A): Você ficou até que ano?

Domingos Galante: Até 1989. Eu achava que dirigente sindical tinha que ter uma vida curta, e acho até hoje, não pode ficar muitos anos. Aqui, nós temos dirigentes com 30 anos, acho que até mais. O novo virá, inclusive aqui. Mas a vontade de ficar e a dependência que se cria, os vícios que se criam e a cegueira, a insensibilidade...

ENTREVISTADOR(A): Mas vamos voltar a falar das greves. Como eram os movimentos?

Domingos Galante: Sim. Com a dispersão das empresas na cidade e o formato da categoria, as greves sempre foram mais difíceis. Na indústria química, as fábricas de uso intensivo de mão de obra, como as farmacêuticas da época, eram muito grandes, muito numerosas, as linhas de produção eram manuais. Hoje está um pouco diferente, devido à automação. E, mesmo nas indústrias químicas, havia uso intensivo de mão de obra. Você não é um trabalhador químico de forma permanente, você está como químico. Diferente um pouco de outras categorias, em que você faz um curso do SENAI [Serviço Nacional de Aprendizagem Industrial] numa determinada profissão — geralmente metalúrgica — e a pratica permanentemente. Você é torneiro aqui e é torneiro no outro local, é torneiro uma vida inteira. Aqui, não. Na época, trabalhar nas linhas de produção era muito simples. Nosso contingente era 50% feminino. As moças trabalhavam em outras funções e vinham trabalhar no setor químico, ficavam uns anos e saíam. Então, era muito mais difícil fazer greve, porque não tinha o vínculo delas com a categoria, o vínculo era pequeno, era

> COM A DISPERSÃO DAS EMPRESAS NA CIDADE E O FORMATO DA CATEGORIA, AS GREVES SEMPRE FORAM MAIS DIFÍCEIS.

> **O SETOR FARMACÊUTICO TEM UMA PARTE DA MÃO DE OBRA QUE É ESPECIALIZADA. ESSE SETOR ERA O SEGREDO PARA SE FAZER A GREVE.**

mais frágil. Mas o setor farmacêutico tem uma parte da mão de obra que é especializada em manipulação de substâncias ativas, operação de reatores, manutenção de máquinas. Esse setor era o segredo para se fazer a greve. Mas tínhamos que medir a disposição dos dois setores para a greve, porque se você para só a embalagem, a produção prossegue, ainda que de forma precária. Mas o patrão sente o golpe quando para a fabricação. Por isso, parar só a embalagem não supria as necessidades na negociação. Então, a gente tinha que fazer o levantamento de, pelo menos, essas duas áreas distintas; saber como estava o pessoal da embalagem e como estava o pessoal das áreas especializadas.

ENTREVISTADOR(A): Eram greves da categoria como um todo ou eram por empresa?

Domingos Galante: Basicamente por empresa. Nós vivíamos a vicissitude dessa enorme cidade. Porque o sindicalismo paulista pegou o vício de São Bernardo de enormes empresas definidoras numa greve, porque se parassem cinco, seis montadoras, paravam 80.000 metalúrgicos, de um ramo nevrálgico da economia. O prestígio daquele sindicalismo o transformou num modelo difícil de ser seguido, porque a indústria brasileira tinha aquela concentração só no ABC, mas mesmo assim, aquele sindicalismo acabou sendo o modelo cutista.

Vocês já ouviram falar nesse conceito histórico de "discurso fundador"? É o seguinte: o [ex-presidente Getúlio] Vargas fez mudanças, deu um golpe de Estado, em 1937, trouxe para si todas as vantagens e fez um trabalho junto à população, para fazer com que a sua forma política de governar passasse a ser a lógica de um país inteiro. Encontramos isso também na CUT, aquela ideia da corrente majoritária de que "nós" somos combativos e o resto não vale nada. Esse discurso fundador monolítico, no formato de São Bernardo, no formato lulista, petista, era na realidade um discurso de poder interno, de construir a tendência mais forte [a Articulação], esmagando as menores, o que reduziu muito a diversidade. A "CUT pela Base" surgiu, mais ou menos, como uma rebeldia a isso, dizendo que havia outros processos em andamento, processos de oposição, processos de sindicatos, como o dos químicos, que tinham milhares de pequenas empresas e que não podiam fazer greve de confronto como no ABC. Nós até acusávamos o ABC, mostrando que, nas empresas pequenas, a situação era pior do que nas nossas. Eles montavam diretorias nas grandes empresas, faziam aquele sindicalismo enorme e depois iam até as pequenas e os trabalhadores das pequenas empresas até os escorraçavam, porque se diziam abandonados pelo sindicato, que só privilegiava as grandes montadoras ou as grandes empresas de autopeças.

Aqui, nos químicos, eram 14 subcategorias: tintas e vernizes, cosméticos, farmacêuticos, químicos, velas, fósforos, abrasivos etc. Era um mundo de coisas. Os petroleiros de São Paulo eram daqui. Eles se desmembraram para montar o Sindicato de São Paulo. Nessas categorias, de grande diversificação, era difícil fazer um sindicalismo com aqueles grandes processos de paralisações. Mas, graças à força de propaganda, à força das lideranças, eles impuseram aquele modelo para toda a Central. E toda a "periferia" ficou de fora. Nós éramos "troco" (*risos*). Então, por uma questão de sobrevivência, nós tínhamos, dentro da lógica petista, que criar tendências. Porque essa lógica do PT permeou toda a Central, todos os movimentos, a lógica de criar tendências para disputar o "aparelho". Você finge que está lutando pela base, mas, na realidade, está lutando pelo "aparelho". As tendências nascem para ganhar mais seguidores, ganhar mais gente dentro de determinado programa, mas no dia a dia as tendências são para dividir o "aparelho". O resultado dessa política você via quando levava um projeto para a CUT, aí montava uma comissão executiva e todas as tendências reivindicavam participação, no mínimo igual à votação do último congresso, mas apenas pelo poder, pois para trabalhar na execução era outra coisa, as atividades ficavam para poucos. Você pode idealizar um projeto, mas na hora de montá-lo, você tem que pegar as tendências e colocá-las todas ali. É por isso que as coisas não andavam. É um defeito congênito nosso.

ENTREVISTADOR(A): A "CUT pela Base" surgiu desse movimento?

Domingos Galante: Sim, não havia meios de sobrevida sem montar tendências, porque senão você se dissolvia dentro das instâncias partidárias ou da Central. Ainda havia a deformação da divisão dos cargos de direção, em que a tendência maior pegava todos os cargos e ia embora, levava seus projetos para frente. O que se desrespeitava de resolução de congresso, vocês nem acreditam. O que está escrito não se fazia, porque a tendência maior dizia que não iria executar. A falta de democracia era muito intensa, era uma prática nossa. As questões de poder nos permeiam desde o nascedouro. Desde o momento em que o dirigente chegava aqui, ele entrava porque a tendência o trazia, ele se vinculava à tendência primeiro, para depois ser do sindicato.

ENTREVISTADOR(A): Além dos químicos, quais eram os sindicatos mais importantes que estavam com vocês na "CUT pela Base"?

Domingos Galante: Nós tínhamos muitas oposições no Brasil todo, uma centena ou mais, tínhamos os metalúrgicos de São José dos Campos, os coureiros, os vidreiros e outros. Na grande São Paulo, quase todas as entidades cutistas eram da "CUT pela Base", exceto bancários. Nos congressos da Central, a "CUT pela Base" propôs uma direção colegiada para a entidade na grande São Paulo, com donas de casa, estudantes, terceirizados, ambulantes. Isso era considerado uma afronta, como se fosse a criação de um partido dentro da CUT. A "CUT pela Base" nunca conviveu bem com a Articulação, com a estrutura majoritária, até que, a partir dos anos 1990, eles também se dividiram em muitas tendências, em muitos grupos.

Outra coisa importante a ser considerada nessa discussão da democracia é que os petistas são muito sectários, sempre foram. Nós nunca sentimos a necessidade de montar um jornal sindical unificado, ou um jornal classista, nacional, capaz de unificar opiniões, porque nós somos muito sectários, corporativistas e voltados para o nosso próprio público. E estamos sentindo todas essas dificuldades agora. Todos esses vícios nós trouxemos até aqui e agora estamos sofrendo, com a falta de um discurso alternativo ao da elite.

ENTREVISTADOR(A): Nas greves que vocês promoveram — que, como você disse, eram mais por empresas —, vocês tinham também comissões de fábricas que se incorporavam ao movimento?

Domingos Galante: Bem menos que o ABC. As comissões de fábrica começaram a nascer, com intensidade, a partir dos anos 1990. Enquanto o sindicato se posicionou com bastante força contra o patronato, as comissões de fábrica não sobreviveram. O que na nossa época era muito intenso era o investimento nas CIPAs [Comissões Internas de Prevenção de Acidentes], porque era a única forma de obter algum tipo de estabilidade. A Tinturaria Fernandes, que era bem grande, teve comissão de fábrica. Na Nitro, do Grupo Votorantim, na minha discussão com o Antônio Ermírio para montar uma comissão de fábrica, ele disse que não, que patrão só tinha um, que empresa com dois patrões não funciona. Então, nós sempre tivemos muita dificuldade. Mas com as CIPAs, com todos os ciperos, nós trabalhávamos demais. Participávamos das eleições, fazíamos campanha, era o jeito de manter um quadro dentro das fábricas.

ENTREVISTADOR(A): Eles se incorporavam nas mobilizações das greves?

Domingos Galante: Sim, participando das campanhas salariais, das assembleias regionais. Não dava para fazer uma Vila Euclides aqui[4], tínhamos que dividir nos bairros. Até porque o trânsito de São Paulo não permite grandes movimentos, sempre é muito mais difícil.

Uma coisa importante que o sindicato inaugurou foi a plenária aberta para os movimentos populares. E a nossa gráfica ficava a serviço do movimento. Em 1985, 1986, o sindicato comprou 80 toneladas de papel, bobinas de 100 quilos, para fazer jornais na época das greves gerais. Então, você pode imaginar o volume que imprimíamos aqui. Nós imprimíamos e mandávamos material para o Brasil inteiro. A gente considerava isso aqui como um fórum dos movimentos populares, porque nós tínhamos essa dificuldade de implementar um sindicalismo em grande escala, como nas grandes montadoras, um sindicalismo de grandes unidades, porque nós não as tínhamos, nunca as tivemos, mas tínhamos uma grande cidade.

ENTREVISTADOR(A): Você se lembra de alguma greve mais marcante?

A BOZZANO TEVE GREVE MUITO FORTE, COM OCUPAÇÃO DA TROPA DE CHOQUE. INVADIRAM A FÁBRICA JOGANDO BOMBA DENTRO DAS UNIDADES DE TRABALHO.

Domingos Galante: A Bozzano teve uma greve muito forte, muito violenta, com ocupação da Tropa de Choque. Houve confrontos e eles invadiram a fábrica jogando bomba dentro das unidades de trabalho, acredita?

---

4. Referência ao Estádio de Vila Euclides, palco das grandes assembleias de metalúrgicos em São Bernardo do Campo, em 1979-80.

ENTREVISTADOR(A): Foi uma greve de ocupação?

Domingos Galante: Foi uma greve de ocupação. Nós ocupamos, invadimos, mas a Tropa de Choque apareceu no dia seguinte com uma fúria... Teve muita gente machucada e muita bomba.

A segunda greve que teve aspectos violentos foi na Avon, quando nós paramos toda a Avenida das Nações Unidas. Tinha quase 2.000 empregados na época, a fábrica era enorme e tinha um escritório imenso também, e nós paramos a linha de produção. Essa é uma fábrica em que a mão de obra intensiva é muito maior que a mão de obra especializada. Nós fizemos o diagrama da fábrica e percebemos isso. Fechamos a fábrica com carros, tivemos que fazer uma coisa muito repentina, apesar de muita gente na fábrica saber que ia ser o dia da greve. A empresa se preparou, escancarou os portões e fez uma espécie de corredor de entrada com a polícia. Mas nós entramos com um dos carros, brecamos no portão, saímos correndo e jogamos a chave do carro longe. Ela sumiu, caiu no jardim, na mata (*risos*). Aí os ônibus pararam, nós viemos por trás dos guardas e começamos a segurar todo mundo, segurar, segurar. Eles ficaram com tanto ódio, que trepavam em cima dos carros, amassavam os carros. No dia seguinte, a repressão veio com tudo. As negociações eram muito difíceis. Numa negociação de greve, você tem um momento de inflexão, porque a fábrica está parada, mas você sabe que é uma questão de tempo, de resistência.

Na Avon era diferente, porque era uma imensidão, um mundo de gente, 1.500 operários. Mas a mão de obra intensiva era grande e o pessoal se tornava um pouco instável.

ENTREVISTADOR(A): Quando você fala de mão de obra intensiva, quer dizer pouco especializada?

Domingos Galante: É, pouco especializada, mão de obra de montagem, de embalagens, de distribuição, logística. E esses setores são os mais difíceis de mobilizar. São mais "explosivos", mas também retornam rápido.

Outra greve, na Níquel Tocantins, durou quase 30 dias. A empresa refinava níquel e era também do Grupo Votorantim. Lá, nós conseguimos parar muito tempo, porque o Antônio Ermírio não se negava a negociar e, inicialmente, a repressão não chegou a nos ferir tanto.

ENTREVISTADOR(A): Você falou que a eleição do sindicato foi em 1982. No ano anterior, em agosto de 1981, foi realizada a CONCLAT [Conferência Nacional das Classes Trabalhadoras, na Praia Grande (SP)]. Você chegou a participar da CONCLAT?

Domingos Galante: Não. O sindicato, o Waldomiro, levou só os representantes dele. A oposição não participou, diferentemente da oposição dos metalúrgicos de São Paulo, que se constituía como uma entidade, a Oposição Sindical Metalúrgica de São Paulo (MOMSP). Nós recebíamos muitas críticas por não proceder igualmente. Muitas oposições chamavam a gente de "pelegos", diziam que íamos acabar nos misturando, ficando iguais. Mas a gente sabia dos limites de participar e era vantajoso para nós, porque operário químico, operário farmacêutico ou fabricante de vela não são profissões. Que tipo de confronto quem não é profissional vai fazer com o seu patrão ou com a sua entidade de classe? Dispersos na cidade, sem profissão definida, como é possível montar um movimento duradouro, com quadros que possam atuar durante anos? Você não consegue. E era o que acontecia nos químicos. Volta e meia tinha uma tentativa de montar chapa e ela era dissolvida. Antes de 1982, os dirigentes do sindicato tinham a garantia de que a base ia ficar imutável por muito tempo com eles. A tal ponto que eles iam participar na CONCLAT, numa gestão junto com o Lula, para montar uma central sindical. Eles tinham essa segurança.

Por causa da nossa dispersão, da nossa não profissionalização, tínhamos a lógica de não nos confrontarmos. E nós fomos vitoriosos, também com base nessa dispersão, porque a própria direção sindical não tinha "pernas" para cobrir todas as fábricas. Éramos mais numerosos e estávamos mais presentes do que eles. Por isso, esse pessoal, mesmo disperso, votou mais na chapa de oposição e menos na direção. Porque éramos mais conhecidos que a direção. Quando tinha festa no sindicato, éramos nós que estávamos lá. Fomos nós que levamos os campeonatos de futebol para Santo Amaro, para São Miguel Paulista. Nós fazíamos festa em São Miguel, eles não faziam, porque dava muito trabalho, era muito longe, percebe? Com essa sintonia da dispersão e da não profissionalização, fomos vitoriosos na chapa de oposição. E, entrando aqui, também não nos adaptamos ao sindicalismo da CUT, ao modelo do ABC. Porque também não servia.

ENTREVISTADOR(A): Em 1985, vocês participaram de uma campanha unificada entre diversas categorias. Como foi esse movimento?

Domingos Galante: Em 1985, a campanha salarial unificada nasceu aqui no Sindicato dos Químicos. Existe um monte de livros, até teses, muita coisa escrita sobre ela. Percebendo o potencial da cidade e de dezenas de pequenas categorias, nós iniciamos uma campanha salarial de cunho geral. Começamos a imprimir centenas de milhares de boletins, com a seguinte mensagem: "Chame o seu sindicato! Está chegando o final do ano, o custo de vida está alto e está na hora de fazermos uma campanha com todo mundo junto". Sabe que isso foi uma explosão? Em algumas reuniões realizadas aqui, estavam o [Luiz Antônio] Medeiros[5], [Antônio Rogério] Magri[6] e outros, que ficaram subordinados a nós, porque os trabalhadores das próprias fábricas deles começaram a cobrar: "E essa campanha geral? O sindicato tem que ir para lá!". Foi aprovado,

---

5. Luiz Antônio Medeiros, ex-presidente do Sindicato dos Metalúrgicos de São Paulo, também foi entrevistado e seu depoimento será publicado em outro livro desta Coleção.

6. Antônio Rogério Magri [ex-presidente do Sindicato dos Eletricitários de São Paulo e ex-Ministro do Trabalho no governo Collor], também foi entrevistado e seu depoimento será publicado em outro livro desta Coleção.

na assembleia dos metalúrgicos de São Paulo, que eles tinham que trabalhar junto com os químicos.

ENTREVISTADOR(A): E houve greve nessa campanha?

Domingos Galante: Foi um negócio enorme. Os químicos não pararam tanto, mas o que parou de fábrica pequena em São Paulo... A gente não pensava em montar uma greve geral, fazer um conjunto grevista de confronto, porque nós sabíamos que sempre perdíamos os confrontos. Tínhamos poucas unidades grandes que faziam os confrontos vitoriosos. Nós pensávamos em criar um clima de reivindicação, do qual ninguém conseguisse escapar. E criamos. Mas nós éramos muito menores que os metalúrgicos de São Paulo, que vinham com a força toda que tinham. Eles vinham para negociar, mas já preparando para fazer uma greve de confronto imensa, porque eles tinham grandes fábricas e grandes concentrações operárias. Também entraram marceneiros, papeleiros, borracheiros, que não eram cutistas, entraram num processo de confronto com seus patrões, baseados no seguinte alerta: "Está chegando o momento de receber o 13º salário; vamos fazer um final de ano bom para nós!". Essa mensagem era simples e nós sabíamos disso, ia desencadear um processo que ninguém ia segurar e ninguém segurou mesmo.

> FOI UM NEGÓCIO ENORME. OS QUÍMICOS NÃO PARARAM TANTO, MAS O QUE PAROU DE FÁBRICA PEQUENA EM SÃO PAULO...

ENTREVISTADOR(A): Quais eram as reivindicações dessa campanha?

Domingos Galante: Eu não trabalhava com grandes unidades, sempre me especializei nas unidades fabris menores.

Nas unidades menores, você tem que medir bem como fazer esse confronto, tem que ser uma negociação mais inteligente. A segunda coisa importante das greves é ter pontos específicos para conquistar. Essas grandes bandeiras não pegam, se todo mundo está tendo 7% de aumento, querer 40% não pega, porque o patrão diz que não vai atender, e muitas vezes nem pode, inviabilizando muitas vezes a negociação. Temos que ter sempre as bandeiras principais e as secundárias. Quando você chega ao confronto, tem que pegar outras conquistas, outras cláusulas, para fazer a compensação. A negociação tem que ser mais rápida, porque a longevidade, o fôlego não é igual. A argumentação com o patrão tem que ser um pouco diferente. Mas apesar disso, em 1985, fomos o primeiro sindicato do Brasil a conseguir a redução da jornada de trabalho para 44 horas, em três estágios, em três anos.

ENTREVISTADOR(A): Quem negociava pelos patrões eram profissionais contratados ou eram eles próprios ou seus funcionários?

Domingos Galante: As grandes empresas contratavam profissionais, faziam um comitê de crise, às vezes havia até um negociador profissional. Esse negociador profissional sempre era pior para a gente, porque estava prestando serviço e, quanto menos ele dava, mais ele ganhava de honorários. Nesses casos, a gente ficava com dois interlocutores e tinha, de certa forma, que desmoralizar um, para sensibilizar o outro.

ENTREVISTADOR(A): Essa importância da CIPA, do cipero para a atuação do sindicato, que você destacou, tem alguma coisa a ver com a pauta de reivindicações? Parece que entre os químicos a pauta de saúde é um tema importante, não?

Domingos Galante: A pauta da saúde sempre foi muito importante, por motivos óbvios, porque lidamos com produtos químicos e farmacêuticos, velas, combustíveis. Você pode trabalhar numa fábrica durante anos, sem muitos problemas de saúde, só que você vai tendo acúmulo de alguns metais pesados no organismo e nunca mais se liberta. Por exemplo, se você se envenena de mercúrio, você vai ficar envenenado para o resto da vida. A eliminação de algumas substâncias é muito lenta, você morre antes. Na Nitroquímica, venenos eram comuns. Principalmente na época da oposição, a gente ia visitar velhinhos que estavam acamados. Eles estavam lá, passando mal. Aí a mulher dizia: "Ele está assim, porque de vez em quando ele toma umas 'pingas'. Ele gosta de cachaça, é por isso que ele está ficando doente". Não era verdade. Ele tinha um baço deste tamanho; ou tinha um pâncreas com problema crônico, doente. Ele esteve exposto durante vinte, trinta anos a venenos, sem acompanhamento nenhum.

É dificílimo achar pesquisas na área de envenenamentos. Mesmo nos Estados Unidos se produz pouco. Nós tivemos aqui um Departamento de Saúde do sindicato, que ficou anos buscando pesquisas internacionais. Cada país tem um pedacinho de alguma coisa, mas nem é consolidado. A saúde operária vale muito pouco para a indústria química. Numa fábrica farmacêutica, para se chegar até o posto de trabalho, você passa por várias salas, tem que fazer a higienização, tem lugar que você tem que tomar banho completo, troca até as roupas íntimas, para entrar vestido, monitorado, não pode usar xampu, não pode usar um monte de coisas. Aí o leigo pensa: "Nossa! Quanta proteção ao trabalhador!". Mas eles estão cuidando é da qualidade do produto, nunca da saúde do cidadão que está lá dentro. As medidas de segurança são as suficientes e necessárias para a pureza do produto, nunca para a defesa do homem. Há um desconhecimento científico, pouquíssimo acúmulo sobre os efeitos dessas exposições de longo prazo e com proteções incipientes. O cidadão usa máscara, touca, às vezes usa luvas, só que ele está com a pele exposta. Ele fica bem? Fica, durante alguns anos, na sua juventude, principalmente. Mas quando ele sai da indústria química, ou quando vai se aposentar, a sua mulher vai falar: "Você toma cachaça, olha como é que você ficou. Está inchado". Mas é o baço ou o fígado que está envenenado.

ENTREVISTADOR(A): Na época em que você atuou mais diretamente no sindicato, as greves também incorporavam esses temas ou eram mais pelo reajuste salarial?

Domingos Galante: Quase sempre foi a questão econômica que mandou. Na Nitroquímica, não. Lá nós chegamos a fazer grandes processos, porque era uma situação extrema. Antigamente, quando os fios *rayon* eram produzidos, a ejeção era em alta velocidade, mergulhando num tanque para ganhar rigidez. Uma cabeça de emissão jateava o *rayon* num fluxo contínuo líquido e a gente não enxergava nada. Era como se eles fossem invisíveis. E eram vários milhares de fios que saíam muito finos e, quando entravam na solução, eles ganhavam estrutura física. Aí, eram tecidos e saia o *rayon*, com aquela espessura de teia de aranha. Como tudo era aberto, esses banhos emanavam um gás, que atacava o sistema nervoso central. O cidadão começava a ter tremores e muitos eram diagnosticados como tendo doenças degenerativas. O cara começava a se entortar, ficar descontrolado. E havia também as explosões. Certa vez, morreram seis ou sete numa única emanação de gás. Eu mesmo peguei um gás que me deixou desacordado duas ou três horas. Quando acordei, estava na padiola recebendo oxigênio. Uma válvula de amônia travou, é um gás pesado, saiu pelo escape e foi ocupando o ambiente. Eu não me lembro de nada, só me lembro de sofrer um golpe no rosto. Caí e fui acordar duas horas depois. A química fina é pior ainda, porque lida com insumos, substâncias ativas. Imagina trabalhar com isso

> **NAS GREVES, QUASE SEMPRE A QUESTÃO ECONÔMICA É QUE MANDOU. NA NITROQUÍMICA, NÃO. LÁ, CHEGAMOS A FAZER GRANDES PROCESSOS.**

em grande escala... Então um dos motores da oposição era a saúde nos locais de trabalho e isso veio arrastando todas as outras questões. Nós abrimos quase 400 processos de insalubridade numa única tacada. Não fizemos mais, porque o jurídico tinha que ter pernas para aguentar, né?

Na Nuclemon, em Santo Amaro, o sindicato descobriu que todos os moradores do entorno estavam contaminados. Eles produziam um material chamado "terras raras", que são metais ultrapesados para pintar azulejos com altas temperaturas. Traziam areias monazíticas e faziam o refino em Santo Amaro, num bairro que foi sendo ocupado por residências. Tinha material radiativo encostado na parede e, do lado de lá, morava gente. Parte dolo da empresa, parte ignorância capitalista, porque o capital é muito burro quando quer, ele não acumula dados onde acha que não precisa, não há prevenção. Tem um monte de áreas que são desprezadas pela ciência, e a proteção ambiental na indústria química e farmacêutica é extremamente desprezada.

ENTREVISTADOR(A): E isso aparecia nas pautas de greves?

Domingos Galante: Aparecia nas pautas de greve em alguns locais, como na Nitroquímica, mas em outras fábricas o pessoal não se sensibilizava muito, porque é um processo de adoecimento de longo prazo e muitos não viam importância nisso, preferiam trocar pelo adicional de insalubridade.

ENTREVISTADOR(A): Muito obrigado pela entrevista.

9 — JAIR MENEGUELLI

Sindicato dos Metalúrgicos do ABC
Entrevista em 26 de novembro de 2012

ENTREVISTADO: Jair Meneguelli — ex-presidente do Sindicato dos Metalúrgicos do ABC (SP), ex-presidente da Central Única dos Trabalhadores (CUT), ex-deputado federal pelo Partido dos Trabalhadores e presidente do Conselho Nacional do Serviço Social da Indústria (SESI), de 2003 a 2014.

Foto: Roberto Parizotti

ENTREVISTADOR(A): Conte-nos um pouco sobre sua história de vida até chegar à Ford e ao movimento sindical.

Jair Meneguelli: Nasci em São Caetano do Sul e era um garoto como qualquer outro, que estudava pela manhã e à tarde gostava de jogar uma bolinha, mas sabia que não tinha nenhuma chance de ser um "craque" no futuro, não tinha competência para tal. Quando tinha 14 anos, um tio meu, que trabalhava na Willys Overland do Brasil — empresa que depois foi comprada pela Ford —, trouxe uma ficha de inscrição para a seleção do SENAI [Serviço Nacional de Aprendizagem Industrial]. Através do SENAI, várias das empresas — principalmente as maiores — faziam a seleção, geralmente para os filhos dos funcionários. Eu não era filho de funcionário, mas foi permitido, porque meu tio trabalhava na empresa. Preenchi a ficha e fui, com 14 anos, concorrer a uma vaga para o SENAI, na cota da Willys. Eram mais de 1.000 concorrentes para 36 vagas e, quando saiu o resultado, eu não sabia se chorava de alegria por ter sido aprovado, ou de tristeza de ver aquela quantidade enorme de meninos que não tinham tido sucesso.

O problema é que tinha uma idade precisa para se fazer a seleção para o SENAI; o candidato tinha que ter 14 anos. No outro ano, você já não tinha mais idade para concorrer. Então, ou eu entrava naquelas 36 vagas, ou não entrava no SENAI nunca mais.

ENTREVISTADOR(A): Quanto tempo durou o curso no SENAI?

Jair Meneguelli: Três anos. Entrei para o SENAI no dia 5 de fevereiro de 1963, já contratado pela Willys. A empresa nos contratava para que fôssemos ao SENAI estudar. Naquela ocasião, existia o salário mínimo para menores de idade e o salário mínimo para maiores e a Willys já nos pagava, enquanto estudávamos, um salário acima do salário mínimo para maiores.

No SENAI, me destaquei um pouquinho como liderança; fui por dois anos eleito para ser monitor, uma espécie de líder da classe.

Quando terminei o SENAI, fui efetivado na empresa, que naquela ocasião ainda era a Willys Overland do Brasil. Depois, em 1971, é que a Ford comprou a Willys.

> **NO SENAI, ME DESTAQUEI UM POUQUINHO COMO LIDERANÇA; FUI POR DOIS ANOS ELEITO PARA SER MONITOR, UMA ESPÉCIE DE LÍDER DA CLASSE.**

ENTREVISTADOR(A): A fábrica da Willys era em São Bernardo do Campo?

Jair Meneguelli: Em São Bernardo do Campo. Fui trabalhar na ferramentaria. Naquela época, tinha muito serviço para ferramenteiro e não existiam muitos profissionais no mercado. Comprei meu terreno, fiz minha casa, me casei e comecei a ter filhos, ou melhor, filhas. Tenho três filhas.

Nós tínhamos um time de futebol na empresa, na ferramentaria. Disputávamos com outras sessões e até com times de fora da empresa. Numa ocasião, houve uma queda na produção, um fracasso na empresa, e vários companheiros que jogavam bola e que trabalhavam no mesmo setor foram demitidos. Mas nós não desfizemos o time. E como, naquela ocasião, tinha muito trabalho na área de ferramentaria e poucos profissionais, na semana seguinte os companheiros que tinham sido demitidos já estavam empregados em outras empresas. E a nossa constatação foi que eles tinham entrado nas outras empresas com salários maiores do que os nossos, que estávamos na Willys há oito, dez anos. Então, dissemos: "Epa, alguma coisa está errada!". Porque eram também montadoras, o serviço era similar e o cara estava chegando nas outras empresas ganhando um salário maior do que a gente, que estava na Willys há anos. Mas nós não tínhamos nenhuma informação das outras empresas; as informações não eram públicas, os dados eram sigilosos. Começamos a tirar xerox dos holerites deles, cobríamos o nome e, com isso, fizemos um apanhado dos salários pagos em diversas funções. E começamos a orientar os companheiros da Ford a fazerem o mesmo com outros trabalhadores dos seus setores que saíssem dali, para verificar qual era o salário nas outras empresas montadoras. E fizemos esse levantamento.

Organizamos um pequeno grupo de quatro pessoas, na ferramentaria, onde eu tinha certa liderança. Era uma espécie de comissão de fábrica, mas que não era reconhecida, não era oficial. Havia um superintendente na seção que tinha vindo de baixo e conversava muito com a gente, respeitava esse trabalho da gente e, quando tínhamos alguma coisa para reivindicar, ele nos atendia e nós discutíamos.

Pedimos uma reunião com o responsável pela área de Recursos Humanos da empresa. E além da reivindicação salarial, nós levamos reivindicações sobre o refeitório e orientamos os trabalhadores dos demais departamentos da empresa, ou seja, da produção, da montagem, da manutenção, que fizessem o mesmo, que todos pedissem reuniões com o RH para apresentar suas reivindicações. Começamos a dizer que a empresa era uma multinacional, uma empresa de automóveis, tanto quanto a Volkswagen, quanto a Mercedes, quanto a Chrysler. Mas não vinha resposta. Nós não tínhamos conversado com o sindicato, eu não era sindicalizado na época e, enquanto aguardávamos a resposta, num belo dia ficamos sabendo pelo rádio que os trabalhadores da Scania tinham paralisado os serviços, pedindo aumento salarial. Pararam na sexta-feira e nós ficamos sabendo à tarde, já saindo do trabalho, dentro dos ônibus.

ENTREVISTADOR(A): Isso foi em maio de 1978?

Jair Meneguelli: Isso. E como estava demorando a resposta para as reivindicações que nós tínhamos feito, na segunda-feira de manhã, as pessoas vieram nos ônibus, onde tinha gente de todos os setores, comentando: "Vamos parar também! Mas como é que vamos parar?". Não tinha nenhuma coordenação, não tinha direção sindical. Na hora do almoço, no refeitório, a gente conversou nas mesas — não foi uma assembleia — e o pessoal decidiu: "Vamos parar, vamos parar!". Na volta do almoço, paralisamos a fábrica inteirinha. E começamos a nos organizar.

E era interessante, porque não tinha uma grande liderança comandando isso. Nessa paralisação, nós entrávamos, marcávamos o cartão, todo mundo ficava parado, sentado, "batendo papo" e, ao final da tarde, quando dava o sinal, marcávamos o cartão e íamos embora.

> **O PESSOAL DECIDIU: "VAMOS PARAR, VAMOS PARAR!". NA VOLTA DO ALMOÇO, PARALISAMOS A FÁBRICA INTEIRINHA.**

ENTREVISTADOR(A): Era uma greve de ocupação?

Jair Meneguelli: É isso. Nós nem chamávamos de greve de ocupação. Estávamos parados e queríamos o atendimento das nossas reivindicações. A greve partiu de nós, da ferramentaria, que era basicamente o coração da empresa.

ENTREVISTADOR(A): Por que a ferramentaria é o coração de uma montadora? Pela questão da formação profissional dos trabalhadores, porque são mais qualificados, ou é pelo processo de trabalho, que faz com que a paralisação ali faz pararem as outras seções?

Jair Meneguelli: Por tudo. Mas não necessariamente se para a ferramentaria param as outras seções. A não ser que seja uma ferramentaria de manutenção. Mas a ferramentaria de construção tem um trabalho independente da produção. Ela está produzindo, montando um projeto para um novo carro e a coisa está funcionando na produção. Mas é o pessoal de maior formação dentro da empresa e é um trabalho coletivo; todo mundo trabalha junto. Não era como na produção, onde o cara nem tinha tempo de ir ao banheiro. Agora mudou muito, agora são "células de produção". Mas, no nosso caso, a produção era em linha de montagem. O cara que apertava parafuso não podia beber água, porque senão passava um carro sem apertar o parafuso da roda. Então, as pessoas não conversavam, não participavam. A ferramentaria trabalhava em equipe, numa estampa, numa ferramenta, então o diálogo fluía mais e a formação era maior. Por isso, uma palavra da ferramentaria era muito respeitada dentro da empresa.

ENTREVISTADOR(A): E vocês negociaram diretamente com a Ford?

Jair Meneguelli: Foi tanta conversa, tanta conversa... Então, numa hora, dissemos que não conversaríamos mais. Só íamos conversar através do presidente do sindicato, e não conversaríamos mais com a empresa.

> **FOI GARANTIDA A MELHORIA DAS REFEIÇÕES, RECEBEMOS OS SALÁRIOS COM 11% DE AUMENTO REAL, E TAMBÉM O PAGAMENTO DOS DIAS PARADOS.**

ENTREVISTADOR(A): Era o Lula, né?

Jair Meneguelli: Era o Lula[1]. E dissemos que queríamos a presença do Lula. A empresa resistiu um dia, mas no outro dia não resistiu mais. O Lula veio e começou a conversar conosco, da ferramentaria. Nós explicamos o que queríamos, o que desejávamos, ele foi aos outros departamentos e depois subiu para a negociação com a empresa.

No outro dia, veio a proposta de acordo. Foi garantida a melhoria das refeições, recebemos todos os salários com

---

1. Luiz Inácio Lula da Silva também foi entrevistado e seu depoimento consta do Livro 1 desta Coleção.

11% de aumento real, o que igualava o salário de todas as funções aos das demais empresas. Recebemos, também, o pagamento dos dias parados; não perdemos absolutamente nada.

ENTREVISTADOR(A): A Ford foi a segunda empresa a aderir a uma greve em 1978. As greves daquele ano foram basicamente por empresa?

Jair Meneguelli: Exatamente, por empresa. Parou a Scania, paramos nós, depois parou a Mercedes, setores da Volkswagen e foi todo mundo parando. Porque, até então, o sindicato chegava muito pouco na porta de fábrica, não tinha essa prática. Nas grandes montadoras, principalmente, não chegava porque a empresa não deixava, tinha guarda no pátio, antes da portaria da entrada. Então, o sindicato não entrava com o carro, era muito difícil trabalhar. Eu mesmo, quando fui dirigente, quando fui presidente, para entrar e fazer uma assembleia no pátio da Ford, tive que estourar o portão, que eles tinham trancado com ferrolho. Nós tínhamos uma perua Veraneio, que eu encostei no portão da empresa. E estourei o portão com o carro, para poder ir lá e fazer a assembleia. A situação não era como hoje, que o diálogo flui com muito mais facilidade. Era uma época difícil.

ENTREVISTADOR(A): E nos outros anos — 1979 e 1980 — foram greves por categoria?

Jair Meneguelli: Foram por categoria.

ENTREVISTADOR(A): Foi na greve de 1978 que você se aproximou do sindicato?

Jair Meneguelli: Foi aí que passei a frequentar o sindicato. Eu não era filiado ainda, mas comecei a fazer parte dos movimentos. Fui integrar o que nós chamávamos de Comissão de Mobilização, que tinha mais ou menos uns 400 companheiros, lideranças de várias empresas sob o comando do sindicato, para mobilizações de futuras greves.

Na greve de 1980, havia a possibilidade dos líderes do sindicato serem presos. Então, o Lula chamou 16 companheiros, que teriam a incumbência de continuar com o movimento se a diretoria fosse presa. Eu fiz parte dessa comissão dos 16. E realmente a diretoria foi presa — não toda — e o sindicato sofreu intervenção durante um ano. Quando ia terminar o processo de intervenção, chegou a hora de montar uma chapa para a eleição da nova diretoria e, por força da cassação, nenhum dos membros da diretoria anterior, do Lula, podia ser reeleito.

ENTREVISTADOR(A): Por causa da cassação.

Jair Meneguelli: Então, foram escolhidos 24 companheiros novos, que nunca tinham sido dirigentes sindicais. Um dos quais era eu, que não pegava um microfone para falar nem no banheiro (*risos*), porque eu tremia. Estava pronto era para lutar, para fazer piquete, para ir para a porta de fábrica. O processo de montagem da chapa era totalmente escondido. A gente fazia as reuniões no porão de uma igreja. As empresas não podiam saber, porque se soubessem antes de a gente registrar a chapa, todo mundo era demitido. Durante as primeiras greves, fui encarregado de coordenar as finanças do fundo de greve. Imaginei que, quando começassem a montar a nova diretoria, eles iam me escolher como tesoureiro, porque eu tinha mexido com todo o dinheiro da greve.

Num domingo, fomos nos reunir e esperar um emissário da diretoria antiga, que estava reunida na casa do Lula, para dizer quem é que seria o presidente, o secretário-geral, o tesoureiro... O emissário da diretoria foi o Gilson Menezes, que depois foi prefeito de Diadema[2]. E ele falou: "Olha, nós nos reunimos, mas não

---

2. Gilson Menezes também foi entrevistado e teve seu depoimento publicado no Livro 1 desta Coleção.

conseguimos montar a diretoria. A gente acha que isso tem que partir de vocês. Mas a diretoria do Lula acha que o Meneguelli deve ser o presidente". Isso me custou três dias sem dormir, sem comer.

Fui para a casa do Lula e falei: "Não dá, eu não tenho condições, não tenho nenhuma formação de esquerda". Eu não tinha passado por JOC [Juventude Operária Católica] — não sabia o que era o PC, o Partido Comunista, não tinha nenhuma formação política. Eu falei: "Lula, não dá. Vamos pensar em outro nome". "Não, não, não, é você, é você!". Então, se sou eu, seja lá o que Deus quiser. Se a água "bate na bunda", você nada ou morre afogado. Então fui ser presidente do sindicato.

ENTREVISTADOR(A): Foi nessa época da Comissão dos 16, com o sindicato sob intervenção, que os empresários acabaram "atravessando" o interventor e negociando direto com a Comissão?

Jair Meneguelli: Não, isso foi em outra época, quando eu era presidente do sindicato e fui cassado também. Nós fizemos uma greve política, uma das primeiras greves políticas no Brasil, em solidariedade aos trabalhadores petroleiros de Paulínia, em Campinas. O Ministro do Trabalho era o Murilo Macedo. Essa greve não foi uma greve geral, era uma greve só dos petroleiros. Nós estávamos em congresso da categoria e, quando passamos na assembleia deles, nos comprometemos com uma greve em solidariedade.

> NÓS FIZEMOS UMA DAS PRIMEIRAS GREVES POLÍTICAS NO BRASIL, EM SOLIDARIEDADE AOS TRABALHADORES PETROLEIROS DE PAULÍNIA.

ENTREVISTADOR(A): Em 1983.

Jair Meneguelli: Isso. Fomos cassados, houve a intervenção, e nós nos hospedamos em frente ao sindicato, num galpãozinho particular que estava em construção onde ainda não estava pronto nem o banheiro. A gente tinha que fazer política ali em frente e usar o banheiro do sindicato. Chegou a época do Dissídio Coletivo [na verdade a época da data-base], o interventor pegou os documentos e colocou embaixo do braço e foi para a FIESP [Federação das Indústrias do Estado de São Paulo], para negociar o acordo. Levou as reivindicações do ano anterior, porque não tinha feito assembleia nem nada. O Mário Amato era o presidente da FIESP naquela ocasião.

Nunca me esqueço da atitude de coragem do Mário Amato que, em plena ditadura, disse ao interventor: "Não vou negociar contigo, porque eu posso fazer aqui o melhor acordo possível, mas se o Jair for para a porta de fábrica e falar 'Não', a greve vai estourar. Então, vou negociar com o Jair. Nós não vamos assinar nada, vai ser "no fio do bigode", porque o Jair não vai poder assinar com o sindicato sob intervenção". Ele me chamou, fizemos o acordo e não houve greve em 1983.

ENTREVISTADOR(A): Você disse que trabalhou também na coordenação do fundo de greve. Quando o fundo de greve foi criado e como era o funcionamento dele, era uma entidade, pessoa jurídica, ou era mais informal?

Jair Meneguelli: No início era informal. Depois é que ele se tornou uma personalidade jurídica. Ele nasceu em função da necessidade da primeira greve. Imaginávamos que ia ser uma greve longa, então foi feito um pequeno grupo, do qual o Keiji era o coordenador, e eu tinha a função de "mexer" com o dinheiro, porque a gente começou a receber ajuda do país inteiro. Era dinheiro para comida, para comprar gás, para condução, para as pessoas irem para a assembleia. Depois que acabou a greve, começamos a montar um fundo de greve como instituição, com diretoria e tudo.

ENTREVISTADOR(A): Nessa época as empresas continuavam pagando os dias de greve ou suspendiam o pagamento?

Jair Meneguelli: Não! Suspendiam o pagamento, total.

ENTREVISTADOR(A): Vocês ainda batiam o ponto na entrada e ficavam dentro da empresa parados?

Jair Meneguelli: Não, aí a greve era na rua, fora das empresas. E os trabalhadores não recebiam nada de salário. A gente passava 10, 20, 30, 40, 50 dias sem receber. Mas a gente recebia solidariedade até externa, de outros países, da Itália, da CIOLS [Confederação Internacional das Organizações dos Sindicais Livres, uma das centrais sindicais mundiais da época], recebia ajuda do movimento sindical.

ENTREVISTADOR(A): No Brasil, outras categorias também apoiaram os movimentos em São Bernardo. De quem que você se lembra mais nessa solidariedade política?

Jair Meneguelli: Na verdade, a solidariedade era muito grande. Ainda não existiam as centrais sindicais, então a solidariedade era de todo mundo. Mas, se eu tivesse que destacar a solidariedade com relação à nossa greve, destacaria o "Joaquinzão", Joaquim dos Santos Andrade, que era o presidente do Sindicato

> SE EU TIVESSE QUE DESTACAR A SOLIDARIEDADE COM RELAÇÃO À NOSSA GREVE, DESTACARIA O "JOAQUINZÃO".

dos Metalúrgicos de São Paulo. "Joaquinzão", com quem nós tínhamos profundas divergências na condução dos movimentos. Nós o acusávamos de "pelego"[3], mas ele nos amparou. Ele produzia todo o nosso material informativo, o jornalzinho que nós distribuíamos para os trabalhadores todos os dias, praticamente. Ele confeccionava o jornal no Sindicato [dos Metalúrgicos] de São Paulo, entregava numa igreja em Sapopemba e, a noite, nós íamos buscar. Eu com a minha... Como se chamava aquele carrinho dos "Mamonas Assassinas"?

ENTREVISTADOR(A): Brasília.

Jair Meneguelli: É, uma Brasília amarela, bege, como a da música dos "Mamonas Assassinas". Eu e o Paulo Okamoto buscávamos e vínhamos de madrugada para deixar no fundo da igreja, onde se realizavam as assembleias, porque, de manhã, já estava tudo policiado. Então, nós tínhamos que chegar de madrugada com o material, para deixar lá dentro e depois distribuir para os trabalhadores. Então, para mim, o destaque de solidariedade, que esteve ali presente, independentemente das nossas divergências, foi o "Joaquinzão".

ENTREVISTADOR(A): A Igreja também deu uma força...

Jair Meneguelli: Sem dúvida nenhuma. A Igreja nos acolheu, através de um pedido do bispo Dom Cláudio Hummes. Ele deu uma orientação para todas as igrejas, em todos os municípios, e elas nos ajudavam. Particularmente aqui, em São Bernardo, porque nós montamos a sede do sindicato lá no fundo da igreja. Durante esse período, a sede do sindicato funcionou lá, o fundo de greve funcionava lá. Era uma quadra de futebol de salão da igreja, era para ali que iam os alimentos do fundo de greve. Nós transformamos a igreja em sindicato.

---

3. "Pelego" era o atributo pejorativo que se dava aos sindicalistas conservadores, acusados de atuar para "amortecer" o conflito entre os trabalhadores e os patrões.

ENTREVISTADOR(A): A Comissão de Fábrica da Ford foi a primeira a ser criada?

Jair Meneguelli: Foi a primeira criada negociadamente, porque, durante a intervenção no sindicato, em 1980-81, foi criada uma comissão de fábrica na Volks, mas ela foi criada pela empresa. O sindicato estava sob intervenção — a diretoria do Lula estava cassada — e nós não tínhamos nenhum representante sindical lá dentro da Volkswagen. A empresa criou uma comissão, intitulou de Comissão de Fábrica. Já havia nossa reivindicação, então ela aproveitou, criou por conta dela e escolheu os trabalhadores que ela queria. Nós, evidentemente, não reconhecemos essa comissão. Até depois alguns companheiros que participaram dela integraram a comissão eleita sob a nossa direção e corresponderam muito bem. Mas o formato dela, o jeito como foi feita, com o estatuto que foi feito, não tinha nada a ver com a nossa reivindicação.

Eu não tinha nem sido eleito ainda, mas já tinha me licenciado da empresa para concorrer, quando, numa greve que ocorreu na Ford, eu entrei na empresa, percorri os setores e montamos uma comissão provisória, que foi comigo negociar com a direção, e fizemos o primeiro estatuto negociado entre empresa e sindicato.

ENTREVISTADOR(A): No decorrer de uma greve?

Jair Meneguelli: De uma greve. Foi a primeira Comissão de Fábrica verdadeiramente negociada pelo sindicato.

ENTREVISTADOR(A): Você se lembra de quem foi o primeiro coordenador da comissão?

Jair Meneguelli: Eu não me lembro... Todo mundo pensa que fui eu, mas não fui, porque eu já estava fora da empresa para concorrer ao sindicato, eu apenas montei. Mas nós tínhamos um coordenador.

ENTREVISTADOR(A): E teve um estatuto elaborado só pelos trabalhadores ou foi negociado com a empresa?

Jair Meneguelli: Foi negociado com a empresa, sob o comando do sindicato. Fomos nós que negociamos, mas com a participação dos trabalhadores e da empresa.

ENTREVISTADOR(A): Queria que você falasse um pouco sobre a primeira CONCLAT [Conferência Nacional das Classes Trabalhadoras, realizada em agosto de 1981 na Praia Grande (SP)], quando houve a tentativa de criação da Central Única dos Trabalhadores (CUT), e depois falasse sobre os desdobramentos dessa conferência até a criação da Central.

Jair Meneguelli: Na CONCLAT, foi criada uma Comissão Nacional pró-CUT e o Lula era o nosso representante de São Bernardo nessa Comissão. Eu participei da CONCLAT já na condição de presidente do sindicato, já tinha sido eleito. Mas o Lula continuava sendo nosso representante na Comissão Nacional[4].

A Comissão nem precisou ser eleita. Foi formada pelos dirigentes mais importantes da época: o Lula, o Olívio Dutra [dos bancários de Porto Alegre[5]], o Jacob Bittar [dos petroleiros de Campinas e Paulínia], o "Joaquinzão" [dos metalúrgicos de São Paulo], o José Francisco [da Confederação Nacional dos Trabalhadores na Agricultura — CONTAG[6]], o Ivan Pinheiro [dos bancários do Rio], o Hugo Perez [da Federação dos Urbanitários de São Paulo], o João Paulo Pires Vasconcelos [dos metalúrgicos de João Monlevade[7]], o

---

4. A Comissão Nacional pró-CUT tinha como tarefa preparar, para o ano seguinte, 1982, o Congresso de fundação da Central.

5. Ver depoimento de Olívio Dutra neste Livro 2 desta Coleção.

6. José Francisco da Silva também foi entrevistado e teve seu depoimento publicado no Livro 1 desta Coleção.

7. João Paulo Pires Vasconcelos também foi entrevistado e teve seu depoimento publicado no Livro 1 desta Coleção.

Arnaldo Gonçalves [dos metalúrgicos de Santos[8]]. Esse era o grupão que formou a Comissão e que depois foi sendo substituído.

No ano seguinte, houve um embate muito grande. Havia, por parte de um certo número de membros da Comissão Nacional pró-CUT, a insinuação de que era um ano eleitoral e que, portanto, isso poderia irritar os militares e prejudicar a abertura democrática ou coisa que o valha. Houve divergência em relação a isso.

ENTREVISTADOR(A): Isso em 1982?

Jair Meneguelli: Em 1982. E não foi aprovada a fundação da CUT. No ano seguinte, a comissão continuou a funcionar, com o objetivo de fundar a Central Única dos Trabalhadores, em 1983. Eu entrei na Comissão Nacional pró--CUT no lugar do Lula, porque ele saiu e falou: "Agora vai você!". Então, entrei na Comissão. Outra vez, o mesmo grupo que tinha opinado pela não fundação em 1982 — não me lembro com qual argumento — achou que ainda não era hora da fundação de uma Central, em 1983. Eu liderei a turma dos que se julgavam mais combativos — nós não nos julgávamos "pelegos", evidentemente — e falei: "Agora, não! Já se passaram as eleições e nós vamos fundar a Central, quer queiram vocês ou não. Com vocês ou sem vocês nós vamos fundar a Central, eu garanto isso por São Bernardo".

> EU ENTREI NA COMISSÃO NACIONAL PRÓ-CUT NO LUGAR DO LULA, PORQUE ELE SAIU E FALOU: "AGORA VAI VOCÊ!"

---

8. Arnaldo Gonçalves também foi entrevistado e teve seu depoimento publicado no Livro 1 desta Coleção.

ENTREVISTADOR(A): Da turma que não concordou em fundar a CUT, em 1983, além dos setores mais conservadores, também os sindicalistas ligados ao PCB [Partido Comunista Brasileiro] e ao PCdoB [Partido Comunista do Brasil] não aderiram à proposta. Você consegue avaliar por que esses partidos de esquerda na época não apoiaram?

Jair Meneguelli: Não aderiram. Eu não tenho uma avaliação muito precisa. O Arnaldo Gonçalves[9], que era membro do Partido Comunista, fez uma acusação de que não dava para participar com o Lula e companhia, porque nós estávamos fundando um partido político e isso ia partidarizar o movimento sindical. Como se ele não pertencesse a um partido político e não pretendesse aparelhar o movimento sindical. Foi essa divergência que apareceu naquele momento ou, pelo menos, foi essa desculpa que apareceu.

ENTREVISTADOR(A): Em julho de 1983, logo antes da criação da CUT, houve uma grande mudança na política salarial oficial, com a expedição do Decreto-lei n. 2.045, que arrochava todos os salários com um reajuste de apenas 80% da inflação. Nesse período, o movimento sindical chamou uma greve geral. Como foi a organização dessa greve geral?

Jair Meneguelli: Naquele momento, a CUT ainda não existia de fato.

ENTREVISTADOR(A): Outras três greves gerais foram convocadas já na época em que você presidia a CUT. Você foi presidente por 11 anos, não é?

Jair Meneguelli: De 1983 a 1994.

---

9. Ver depoimento de Arnaldo Gonçalves neste Livro 2 desta Coleção.

GREVES NO BRASIL (DE 1968 AOS DIAS ATUAIS)

ENTREVISTADOR(A): Em 1986, no final do "Plano Cruzado", houve a convocação de nova greve geral. Depois, em 1987, após a edição do "Plano Bresser", mais uma. O "Plano Verão" resultou em outra greve geral, em março de 1989. Como você avalia essas greves no contexto de um país com as dimensões do Brasil? Elas foram vitoriosas? Foram, de fato, greves gerais?

Jair Meneguelli: Nós sabíamos da dificuldade que era convocar uma greve geral em um país com uma diversidade tão grande como a que nós temos, com o tamanho que nós temos e sem o movimento sindical estar unido. A partir de 1987, não era mais o "Joaquinzão", mas o [Luiz Antônio] Medeiros [então presidente do Sindicato dos Metalúrgicos de São Paulo[10]], que sempre jogava para baixo. Eu jogava para cima e o Medeiros jogava para baixo. Era difícil até para o trabalhador aderir a um movimento no qual ele via os dirigentes sindicais, em todos os estados, com divergências, com aquela divisão, uns falando a favor e outros falando contra. Obviamente, era muito complicado. Hoje, as centrais sindicais conseguem se articular, conseguem se unir em torno de uma proposta. Mas, naquela ocasião, isso nunca foi possível.

> **NÓS NÃO TIVEMOS UMA GREVE GERAL TOTAL. MAS TIVEMOS PARALISAÇÕES SIGNIFICATIVAS POR TODO O BRASIL, EM TODOS OS ESTADOS BRASILEIROS.**

Na minha modesta avaliação, é claro que nós não tivemos uma greve geral total, em nenhum momento. Mas, com absoluta certeza, tivemos paralisações significativas por todo o Brasil, em todos os estados brasileiros. A luta era muito grande, inclusive para mostrar que tinha paralisação. A gente não conseguia mostrar. A TV Globo filmava, com a maior cara de pau,

---

10. Luiz Antônio Medeiros também foi entrevistado e seu depoimento será publicado em um dos próximos livros desta Coleção.

um ônibus passando vazio ou com duas pessoas dentro e dizia que ninguém tinha parado na greve. O poder de comunicação do outro lado era muito maior. Mas nosso cômputo foi sempre de vitória. Nós não tínhamos ideia de que fôssemos paralisar 100% dos trabalhadores do Brasil, mas que as paralisações foram significativas, foram, por todo o país.

ENTREVISTADOR(A): Em outubro de 1988, foi promulgada a nova Constituição, com direito de greve bastante amplo. Como foi a relação da CUT com os deputados constituintes? Houve uma interlocução mais constante?

Jair Meneguelli: A CUT tinha uma força muito grande e nós tínhamos uma interlocução quase que direta na Constituinte. A CUT era muito respeitada. Eu dialoguei diversas vezes com o [deputado] Ulysses Guimarães [presidente da Assembleia Nacional Constituinte], com o [deputado] Bernardo Cabral, que era o relator. Por diversas vezes, me sentei com eles, apresentando as nossas reivindicações e nossas justificativas.

Eu entrava no plenário em todas as reuniões, todas as sessões, e ia conversar com os deputados, fazer um "lobbyzinho", falar das reivindicações do movimento sindical. Entrava e os seguranças da Câmara — que só deixam entrar deputado — ou pensavam que eu era deputado, ou deixavam entrar, porque, naquela ocasião, o presidente da CUT era uma figura importante no Brasil, qualquer que fosse ele. Até que, um belo dia, o Ulysses, que estava presidindo a sessão, percebeu e pediu para que eu me retirasse. E não permitiram mais que eu entrasse, porque ali era um espaço de discussão só dos deputados.

Mas nós tínhamos livre acesso para apresentar ao relator todas as nossas reivindicações. Obviamente, não foi a Constituição dos nossos sonhos. Embora tenha tido avanços, como no direito de greve, queríamos mais. Quem é que não quer mais? Nós esperávamos, por exemplo, a redução da jornada de trabalho.

GREVES NO BRASIL (DE 1968 AOS DIAS ATUAIS)

ENTREVISTADOR(A): Mas houve a redução na Constituição, de 48 horas para 44 horas semanais.

Jair Meneguelli: Nós queríamos 40 horas e fomos a 44 horas. Ora, não foi para 40 horas, mas essa luta continua. Nenhum país do mundo — até onde tenho conhecimento — tinha reduzido quatro horas de uma só vez. Isso foi sempre uma hora esse ano, duas horas no outro ano, mas nunca uma redução brusca de quatro horas de uma só vez.

ENTREVISTADOR(A): A greve geral de março de 1989 foi, com certeza, a mais forte de todas as tentativas. Logo depois desse movimento, o então presidente Sarney expediu uma Medida Provisória regulamentando a greve, que acabou sendo aprovada, em junho de 1989, e que está em vigor até hoje, a Lei n. 7.783. Essa Medida Provisória, aparentemente, restringia bastante o direito de greve que tinha sido definido na Constituição. Mas só o PCB entrou com uma Ação Direta de Inconstitucionalidade junto ao Supremo Tribunal Federal, ação que nunca chegou a ser julgada. A CUT participou desse processo de contestação ou contestava mais na prática, com os movimentos?

Jair Meneguelli: A CUT não era uma personalidade jurídica, não existia legalmente. Nós não tínhamos como fazer qualquer representação nos tribunais. O PCB fez porque era um partido político, constituído legalmente.

ENTREVISTADOR(A): Ele expressou o desejo do conjunto do movimento sindical ou foi uma iniciativa isolada do próprio partido?

Jair Meneguelli: Foi discutido com o movimento sindical, mas nós não tínhamos personalidade jurídica. Nossos sindicatos também não podiam porque tinha que ser uma entidade nacional. E a nossa Confederação, a Confederação Nacional dos Trabalhadores na

Indústria (CNTI), na verdade, tinha representação nacional, mas por categoria e isso era questionado.

ENTREVISTADOR(A): Como presidente da CUT, você teve uma atuação destacada em todos os estados. Como foram as principais greves de outras categorias, inclusive trabalhadores rurais, petroleiros, metalúrgicos, algumas greves emblemáticas desse período?

Jair Meneguelli: Acho todas importantes; era ótimo que as categorias se movimentassem e não apenas São Bernardo, o ABC. Na greve dos petroleiros, de 1995, eu já não estava mais na CUT. Na greve dos metalúrgicos da Companhia Siderúrgica Nacional, em 1988, em Volta Redonda (RJ), lamentavelmente, nós perdemos dois companheiros, que foram assassinados. Foi uma greve muito dura, muito forte. No Sul — acho que foi no Paraná, em Curitiba — teve greve no setor elétrico e nós quase perdemos companheiros em greve de fome. Enfim, tivemos diversos movimentos e, frequentemente, eu era chamado para negociar. Todas essas greves foram importantes e sempre tinha uma discussão na Central.

> NA GREVE DOS METALÚRGICOS DA CSN, EM 1988, LAMENTAVELMENTE, NÓS PERDEMOS DOIS COMPANHEIROS, QUE FORAM ASSASSINADOS.

ENTREVISTADOR(A): Alguns estudiosos do mundo do trabalho — e também alguns sindicalistas — avaliam que a CUT abandonou uma estratégia de confronto dos anos 1980, para adotar uma estratégia de conciliação, de negociação, a partir dos anos 1990. Como é que você avalia essa afirmação?

Jair Meneguelli: Acho que são conjunturas absolutamente diferentes. Fazer greve não é gostoso, fazer greve não é bom; é estressante, é desgastante, dentro da sua casa, fora da sua casa. Ninguém quer fazer greve. A greve tem que ser lançada como última possibilidade para entrar num acordo. O que a gente buscava era poder negociar. Essa foi a nossa luta do movimento sindical, para que nós chegássemos ao patamar de não precisar, necessariamente, lançar mão da greve para sermos ouvidos, para negociar.

ENTREVISTADOR(A): Mas, além da questão de poder haver um diálogo maior — alguém que senta, escuta e negocia —, tem algum outro aspecto dessas conjunturas que poderia justificar uma redução do número de greves a partir dos anos 1990?

Jair Meneguelli: Acho, também, que o próprio fato de ter havido um maior controle da inflação te deixa mais calmo. Porque o salário sempre foi o carro mestre das reivindicações dos trabalhadores. Tantas vezes a minha esposa, no dia do pagamento, vinha na porta de fábrica e eu entregava o salário — que, na ocasião, a gente recebia em espécie — para ela ir logo ao mercado fazer compras naquele dia mesmo, porque no outro dia já era outro preço. Então, a perda do poder de compra era muito grande. Hoje, esse poder de compra se mantém mais ou menos, com a inflação controlada, e é claro que isso também diminui um pouco mais o ímpeto grevista. Mas acho que o que mais diminui o número de greves é, sem dúvida nenhuma, a possibilidade de diálogo.

Embora eu ache que, às vezes, independente de hoje ser um governo democrático, o governo do Lula, ou o governo da Dilma, a CUT recuou um pouco. Nós perdemos momentos especialíssimos no governo Lula — e agora estamos perdendo no governo Dilma — para acabar, por exemplo, com esse maldito Imposto Sindical, que para mim deveria ser extirpado. Acho que o movimento sindical — e a CUT tem responsabilidade, porque tem liderança nesse sentido — está perdendo tempo para, definitivamente, acabar com essa maldita CLT e substituí-la por um Código Nacional do Trabalho. Com a CLT, o trabalhador, para entender seus direitos, precisa carregar um advogado debaixo do braço. Nós deveríamos ter um Código Nacional do Trabalho simples, com os direitos elementares, e daí para frente ter a negociação coletiva de trabalho, o Contrato Coletivo de Trabalho. Eu me frustro com isso...

ENTREVISTADOR(A): Há espaço, no conjunto do movimento sindical, para essa mudança?

Jair Meneguelli: Eu não posso nem lhe garantir que há espaço, mas posso garantir que não há uma tentativa de conquistar esse espaço, de buscar esse espaço. Ela foi esquecida. Nos anais de todos os encontros de sindicatos, nesses 20, 30, 40 anos, vai estar escrito: "Lutar pelo fim do Imposto Sindical". Só que, quando chegou o momento propício para discutir, todo mundo falou: "Epa! Não é bem assim e tal".

ENTREVISTADOR(A): Esse momento foi o Fórum Nacional do Trabalho?

Jair Meneguelli: Foi. Mas ninguém quis o fim do Imposto Sindical; nem os trabalhadores, nem os empresários. Os sindicatos deixaram para lá o fim do Imposto Sindical. Eu acho que o movimento sindical perde com isso, diminui a sua importância, passa a não precisar ir para a porta de fábrica, porque o Imposto Sindical garante a manutenção do sindicato. O dirigente sindical não precisa "tirar a bunda da cadeira", porque tem a mensalidade dos associados, tem a taxa negocial, tem o Imposto Sindical, não precisa ir para a porta de fábrica discutir a manutenção

> O MOVIMENTO SINDICAL PASSA A NÃO PRECISAR IR PARA A PORTA DE FÁBRICA, PORQUE O IMPOSTO SINDICAL GARANTE A MANUTENÇÃO DO SINDICATO.

financeira do sindicato. Então, acho que perdemos, lamentavelmente, um período de reanimação da importância do movimento sindical no Brasil.

ENTREVISTADOR(A): Você considera que seria possível a manutenção dos sindicatos em bases perenes, bases mais sólidas, mesmo sem uma contribuição compulsória, só com as contribuições voluntárias?

Jair Meneguelli: A APEOESP [Sindicato dos Professores do Ensino Oficial do Estado de São Paulo] não tem Imposto Sindical.

ENTREVISTADOR(A): E pensando no Brasil como um todo?

Jair Meneguelli: Tenho certeza absoluta de que o trabalhador quer ter o seu sindicato. E se a entidade sindical for representativa e trabalhar em prol dele, ele vai manter o sindicato. Com absoluta certeza.

ENTREVISTADOR(A): Mesmo, por exemplo, com uma taxa de rotatividade tão alta em alguns setores e sem garantias contra a dispensa imotivada?

Jair Meneguelli: Eu até admito uma taxa negocial; o que não admito é a imposição desse imposto, para quem quer e para quem não quer. Acho que isso deixa o dirigente sindical "vagabundo". E onde tem o Imposto Sindical? Em qual país? A Itália tinha Imposto Sindical e não tem mais; os Estados Unidos tinham Imposto Sindical e não têm mais; a França e Portugal tiveram e não têm mais e, em nenhum desses países, o movimento sindical morreu. Eu não posso acreditar que no Brasil vai morrer, não posso.

ENTREVISTADOR(A): Um tema bastante controverso — e que está em discussão, atualmente — é a greve no setor público. Depois de sua experiência na CUT, quando houve muitas greves de servidores públicos, como é que você vê isso hoje?

Jair Meneguelli: A gente utiliza a palavra greve, mas acho que o direito de manifestação é universal e, portanto, todos têm o direito, ele é um direito sagrado. O trabalhador tem o direito de protestar, a Parada Gay tem direito de se manifestar. Eu discuto até hoje essa questão, não só do setor público. Mas nós nunca conseguimos inovar, por exemplo, na questão da paralisação das escolas.

Quando você faz greve na Volkswagen, o embate é entre os trabalhadores e o empresário. Quando você faz um embate nas escolas, ele não é entre os professores do sindicato e os donos de escola. Até porque, se paralisam as escolas, os pais não deixam de pagar a mensalidade nas escolas particulares. Só tem um prejudicado. Acho que essa é uma discussão que precisa ser feita, não sei como deveria ser. Tem havido regularmente greve na saúde, greve nos hospitais. Na época em que eu era presidente da CUT, isso era uma discussão que a gente fazia. No hospital, durante a greve, tem que morrer menos gente do que nos períodos normais, porque senão... Não se pode fazer greve no hospital e durante a greve não atender o paciente. Greve no transporte, eu também acho que precisa ser discutida muito bem, para ver quem é o prejudicado. Não sei se isso está sendo discutido, mas sou favorável a que a gente discuta uma outra forma. Não dá, por exemplo, para abrir as catracas? "Ah, mas é difícil!". Claro que é difícil. Mas precisamos inovar. Acho que o movimento sindical está meio acomodado.

> NO HOSPITAL, DURANTE A GREVE, TEM QUE MORRER MENOS GENTE DO QUE NOS PERÍODOS NORMAIS, PORQUE SENÃO...

ENTREVISTADOR(A): A gente tem visto, nos últimos três anos [2009, 2010, 2011], uma série de greves no setor da construção, nas grandes obras de infraestrutura do governo federal e nos estádios para a Copa do Mundo. Em 2011, segundo nosso Balanço de Greves, mais de 500 mil trabalhadores desse setor cruzaram os braços. Você acha que pode estar havendo um deslocamento, ou seja, os metalúrgicos — que sempre foram a categoria que mais fez greve — deixando de ser os maiores protagonistas, e um novo setor assumindo esse papel?

Jair Meneguelli: Não, acho que esse movimento é conjuntural. Veja: na nossa época no ABC, eu jamais proporia uma greve em uma empresa montadora quando os pátios estivessem abarrotados, porque ela teria fôlego para aguentar vários dias de greve. A gente procurava fazer a greve no momento em que as empresas estivessem vendendo muito. Aí era o momento bom de fazer o embate. Se, na construção de um estádio, não houvesse prazo, a situação seria uma. Mas se é para a Copa e tem prazos, a força da paralisação é bastante diferente. Na construção, por exemplo, das usinas de Belomonte e de outras usinas, que têm prazo, na medida em que não são atendidas as reivindicações, os trabalhadores sabem o momento certo de fazer as paralisações. Na usina de Jirau, onde os trabalhadores puseram fogo nos alojamentos, em Ji-Paraná (RO), são cinco ou seis mil homens que estão lá no meio do nada. Eu nunca fui até lá, mas seguramente não estão ali as melhores condições para se sobreviver. Então, acho que é a necessidade que está deslocando essas paralisações hoje em dia.

ENTREVISTADOR(A): Como tem sido sua experiência no SESI e como é que você tem lidado com a questão da formação profissional e da recolocação de pessoas no mercado de trabalho?

Jair Meneguelli: Depois de todos esses anos, estou em uma entidade praticamente empresarial; seu conselho é formado pelos empresários, presidentes de federações dos estados. O presidente do Conselho do SESI sempre foi um empresário, pela primeira vez é um trabalhador. No começo eles se assustaram, mas a gente não foi lá para destruir, muito pelo contrário, a gente foi para ajudar. Quando eu cheguei lá, os caras falaram: "O que esse cara veio fazer aqui?".

Mas, respondendo à sua pergunta, o SESI não é uma entidade de formação profissional. É uma entidade social, o Serviço Social da Indústria, que, na verdade, é para atender à escola primária, ao ensino básico, lazer e saúde. Já o Serviço Nacional de Aprendizado Industrial (SENAI) — que está fazendo 70 anos — tem um papel importantíssimo nesse país. Formou no Brasil mais de 20 milhões de jovens, dos quais que eu fui um, o Lula foi outro, o Vicentinho[11] foi outro, o Paulo Okamoto é outro, e assim por diante. Eu discuto muito o SENAI, porque nós somos "irmãos" no chamado "Sistema S".

O SENAI sempre teve uma preocupação com a formação para as empresas, ou seja, segundo os interesses das empresas, segundo a estratégia da empresa, e a gente sempre questionou isso. E eu acho que tem havido muita mudança, a gente tem discutido isso, com a participação do governo, principalmente, exigindo gratuidade, aumento das vagas, mas olhando também para a comunidade, pensando no que é possível fazer com a arrecadação. Com a receita que se tem, é possível ter certa gratuidade para atender a quem está "no fundo do poço", porque quem mais está precisando é o desempregado ou o filho do desempregado. Se você não atende à comunidade, você exclui "o excluído dos excluídos". Mas acho que isso vem se ampliando bastante. Nós estamos fazendo agora uma discussão para fazer um convênio entre o SENAI e o Sindicato dos Metalúrgicos de São Bernardo na área da formação, para discutir não somente a visão dos empresários, da empresa, mas a visão dos trabalhadores também. Discutir qual a demanda que se tem e qual é a oferta que se tem, para que o movimento sindical também participe desse processo. Acho interessantíssima essa proposta, estou ajudando a fazer com que ela aconteça.

ENTREVISTADOR(A): Muito obrigado pela entrevista.

---

11. Vicente Paulo da Silva, o "Vicentinho", também foi entrevistado e seu depoimento será publicado em outro livro desta Coleção.

10 IDEMAR MARTINI

Federação dos Trabalhadores nas Indústrias do Estado de Santa Catarina
Entrevista em 3 de março de 2011

ENTREVISTADO: Idemar Martini — presidente da Federação dos Trabalhadores nas Indústrias do Estado de Santa Catarina — FETIESC

Foto: Arquivo da federação

ENTREVISTADOR(A): A gente gostaria que você falasse um pouco sobre sua história de vida, quando e como você ingressou no mercado de trabalho e o que o levou a participar do movimento sindical.

Idemar Martini: Eu nasci no interior do Rio Grande do Sul, na cidade de Nova Prata, em 5 de abril de 1950. Somos seis irmãos, sou o filho homem mais velho. No dia do meu aniversário de quatro anos, morreu meu pai. Nós tínhamos uma vida muito pobre, trabalhávamos na roça, sobrevivíamos com terras arrendadas dos meus tios. Tínhamos que plantar e a melhor parte eles escolhiam; nós nos alimentávamos com o que sobrava. Minha mãe trabalhava numa fábrica de empalhar cadeiras, quando não estava na roça. Fomos muito pobres e tivemos dificuldades enormes. Com 12 anos, eu saí da roça e fui trabalhar de ajudante de sapateiro, ofício em que fiquei durante um bom tempo.

Em 1964, entrei no movimento Grupo dos Onze, em Nova Prata[1]. Nós fomos perseguidos pelos militares, que diziam que éramos comunistas, queriam nos prender, nos matar.

ENTREVISTADOR(A): E você ainda era muito novo, quando se aproximou desse grupo.

Idemar Martini: De 1963 para 1964, eu tinha 13 anos. Quando saí da roça e comecei a trabalhar como sapateiro foi que encontrei amigos que eram desse Grupo dos Onze e comecei a me interessar pela causa. Fui muito repreendido pelos meus tios, pela minha mãe. Eles diziam: "Você quer morrer? Vai se meter no que não sabe o que é?". Então me afastei um pouco.

---

1. Grupo dos Onze eram organizações informais de 11 pessoas, em todo o território nacional, propostas por Leonel Brizola, no fim de 1963, que poderiam ser mobilizadas sob seu comando. Eram grupos de esquerda nacionalista, que apoiavam abertamente as políticas de base do ex-presidente João Goulart, dentro do contexto de radicalização política do período que antecedeu o golpe militar de 1964. Foram formados 5.304 grupos que mobilizaram 58.344 pessoas. Disponível em: <https://pt.wikipedia.org/wiki/Grupos_dos_Onze>.

Continuei trabalhando como sapateiro e, depois, em 1970, fui jogar futebol nos Estados Unidos, num time de Oakland, na Califórnia. Joguei um ano lá. Quando cheguei, tinha aquela amaldiçoada guerra do Vietnã. Eu não sabia nada de inglês, então fui estudar na Universidade de Berkeley, para poder falar um pouco. Um dia, chegaram uns militares e disseram que a gente que estava morando nos Estados Unidos tinha obrigações com o país; portanto, poderíamos ser chamados para servir ao Exército. Daí, eu peguei o avião e vim embora.

Em 1971, eu tinha uma namorada de Bento Gonçalves (RS) que veio para Lages (SC) e fui morar perto dela. Lá, me ofereceram para trabalhar na empresa Klabin. Como tinha pretensões de me arrumar, para poder casar, fui trabalhar na fábrica. Comecei na máquina de papel; trabalhava em turnos de revezamento. E comecei a organizar times de futebol dentro da fábrica.

Em 1975, houve eleições no sindicato. Tinha um grupo de oposição e os caras me chamaram para ser sócio e participar da chapa. E eu não queria nem ser sócio, nem saber nada do sindicato. Mas me chamaram e entrei, porque tinha uma Seleção do Papel e, para jogar nessa seleção, tinha que ser sócio do sindicato. Então, me associei e entrei na chapa. Como eu conhecia todo mundo na fábrica, era amigo de todos, tivemos 980 votos, quase 100% do total. Com quatro ou cinco meses na oposição, ganhamos a eleição fácil e fui ser secretário do sindicato, licenciado para a atividade sindical.

> COMECEI A TRABALHAR NO SINDICATO, MAS EU TINHA POUCA EXPERIÊNCIA E ERA MUITO "SANGUE QUENTE". MAS A GENTE FEZ UM BOM TRABALHO.

Comecei a trabalhar no sindicato, mas tinha pouca experiência e era muito "sangue quente". Mas a gente fez um bom trabalho. Eu comecei a frequentar tudo que é curso sindical, para ter uma noção, falar menos besteira. Resolvi também estudar, porque, quando jovem, só tinha feito o primário. Depois, fiz o curso de Técnico em Contabilidade, em Lages.

Em junho de 1981, participei do 1º ENCLAT [Encontro Estadual das Classes Trabalhadoras], que houve em Santa Catarina, em Joinville, que era um encontro preparatório para a CONCLAT [Conferência Nacional das Classes Trabalhadoras, realizada em agosto de 1981, em Praia Grande (SP)].

Fui para a CONCLAT, na Praia Grande. Lá, "quebrou aquele pau". Foi eleita a Comissão Nacional pró-CUT [para preparar a criação da Central Única dos Trabalhadores], que em 1982 se dividiu. A ruptura foi uma infelicidade estúpida do movimento sindical. Primeiro, foi a prepotência dos bancários de acharem que eram melhores que os outros, o que gerou um mal-estar. Quase "deu um pau" entre nós, porque eles se achavam a elite. E nós éramos "a plebe". Teve também um nigeriano, que falava português, e foi fazer uma palestra. Ele era bem de esquerda. E os que estavam no movimento, nem todos eram de esquerda. Tinha gente da direita. Então, houve uma divisão do movimento sindical, porque, no início, era para fazermos só uma Central Única dos Trabalhadores.

Ainda em meados de 1983, tivemos um problema sério, porque a CUT decidiu fazer greve geral [contra o Decreto-lei n. 2.045, que arrochava os salários de todos os trabalhadores] e, no momento do depoimento de cada estado, fui honesto e falei que o nosso estado não tinha cultura para fazer uma greve geral. E disseram: "Ah... tu és pelego[2], és vagabundo". Falei que se queriam se iludir, que se iludissem.

ENTREVISTADOR(A): É desde essa época o seu desentendimento com a CUT?

Idemar Martini: Não. A briga começou depois, quando a CUT veio fazer oposição em tudo quanto era sindicato. Tu vês que coisa incrível... No primeiro ano que a CUT foi criada em Santa Catarina, teve

---

2. "Pelego" era o atributo pejorativo que se dava aos sindicalistas conservadores, acusados de atuar para "amortecer" o conflito entre os trabalhadores e os patrões.

eleição no meu sindicato, em Lages, e a CUT veio toda contra mim. E eu era fundador da CUT, não tinha razão para ser assim. A minha política e a minha ação sindical talvez fossem até mais "progressivas" que as deles. Afrontamos a CUT e ganhamos. Acho que foram feitos uns 20 ou 30 embates e não perdemos nenhum. Até hoje não perdemos nem uma eleição para a CUT, que vinha com apoio de São Paulo, com todo mundo preparado. Mas nós ganhamos todas. Então, nós tivemos esse desentendimento.

ENTREVISTADOR(A): E quando você chega à federação?

Idemar Martini: Na federação, o primeiro ato de rebeldia que eu fiz foi numa reunião do Conselho de Representantes, onde eu não era nem delegado. Nessa reunião, foi discutida a previsão orçamentária, para definir onde gastar o dinheiro, e eu reclamei: "Pô, não tem informação, não tem nada!". Disseram que eu não podia falar. Fiquei "puto". E disse para o presidente do sindicato: "Fala você, fala o que tu tens que falar". E ele disse: "Fica quieto Martini, não dá para a gente falar. Aqui é assim mesmo!". E eu disse: "Pode ser assim mesmo, mas vou fazer oposição nessa 'merda' e um dia vou derrubar vocês!"

Nessa época, nós queríamos fazer greve em Lages, onde a situação salarial era muito ruim, mas nós tínhamos carência de informações.

ENTREVISTADOR(A): Até essa data vocês nunca tinham feito uma greve?

Idemar Martini: Não. Nós queríamos aumentar o salário e eu falei para chamarmos a categoria, na fábrica, para conversarmos. Precisávamos descobrir como fazia isso e ninguém nos ensinava. Perguntamos para a federação: "Existe greve legal?". "Não, vocês são uns 'porra-loucas'. Fiquem quietos, não é pra fazer isso!". Eu falei: "Não é possível, temos que fazer uma greve". Peguei informação, fizemos assembleia, mobilizamos a categoria e fomos negociar. O

"EXISTE GREVE LEGAL?". "NÃO, VOCÊS SÃO UNS 'PORRA-LOUCAS'. FIQUEM QUIETOS, NÃO É PRA FAZER ISSO!"

aumento era muito pouco, fomos para o enfrentamento. Falei com um advogado, impetramos o Dissídio Coletivo na Justiça do Trabalho e começamos a greve. O Tribunal não existia em Santa Catarina, era em Curitiba (PR). A federação não nos apoiou de jeito nenhum, mas nós fomos para a greve.

ENTREVISTADOR(A): Quem dirigia a federação nessa época era ligado a algum grupo partidário?

Idemar Martini: Não. Se tivessem uma ligação era com a direita, porque eles eram muito amigos dos militares. Eles eram de direita mesmo.

Fizemos o movimento. O advogado Edésio [Passos], que já era um grande expoente na época, nos deu "uma mão". Fomos fazer audiência e, com dois dias de greve, fizemos acordo, que foi aprovado em assembleia com 90% da categoria. Foi muito boa. Depois daquilo, começamos a fazer o movimento.

ENTREVISTADOR(A): Em que ano foi essa primeira greve?

Idemar Martini: Não sei a data precisa, mas foi no início dos anos 1980.

ENTREVISTADOR(A): Foi uma greve de toda a categoria?

Idemar Martini: Da categoria do papel, de todos os papeleiros de Lages e da região. Depois desse período, fizemos várias atividades e acabamos fazendo muitas greves do papel, em Lages, em Otacílio Costa, em Correia

Pinto, que até então eram uma só cidade. Chegamos a um estágio de unir os papeleiros em nível nacional, através da ICEM, a Federação Internacional dos Sindicatos de Trabalhadores no Papel, Química e Energia. Eles nos chamaram e fomos a Vassouras, no Rio de Janeiro. Tiramos um *slogan* da campanha dos papeleiros que era: "Vai faltar papel". Montamos a estratégia da campanha e combinamos que ninguém fecharia Acordo Coletivo de Trabalho sem antes falar um com o outro. Foi um pacto feito em nível nacional e surtiu um efeito maravilhoso. Chegamos ao estágio de os papeleiros terem a melhor Convenção Coletiva de Trabalho do Brasil inteiro, de qualquer categoria. Tivemos avanços bem significativos.

ENTREVISTADOR(A): Fizeram uma negociação nacional?

Idemar Martini: Nacional. Embora fossem vários acordos separados. Foi um baita dum trabalho, muito bom. Trabalhamos uns quatro anos assim, nesse pique todo.

ENTREVISTADOR(A): Isso ainda na década de 1980?

Idemar Martini: É. Foi um sucesso. Os metalúrgicos, vendo as cláusulas do papel, queriam copiar. Então, isso encheu a bola do pessoal, dos papeleiros, eles achando que eram os bons. Depois de quatro anos, houve uma vaidade dos dirigentes sindicais, coisa estúpida. Aí começou a divisão e os papeleiros perderam a força. Nos anos 1990, veio aquela recessão, aquela "porcaria" toda e fomos perdendo cláusulas.

Paralelo a toda essa luta, eu fiz campanha para a federação, fiz um grupo de oposição e trabalhamos dois anos a fio, para tentar ganhar a eleição. Quando chegou a época, três sindicatos nossos se "venderam" para eles.

ENTREVISTADOR(A): Vocês fizeram uma oposição, foram disputar e perderam a eleição?

Idemar Martini: Para montar a chapa, três sindicatos nossos se "venderam" para a situação e nós perderíamos a eleição[3]. Quando soube que isso ia acontecer, propus para a situação uma composição. Era para eleger cinco diretores efetivos e eu falei: "Eu fico com dois e vocês com três". E pensei: "Nós temos dois e eles têm três. Vamos cooptar um deles e ficamos com a maioria das decisões na federação". Mas eles cooptaram o outro meu e eu fiquei sozinho (*risos*).

ENTREVISTADOR(A): Eles tiveram a mesma ideia...

Idemar Martini: Tiveram a mesma ideia e eu fiquei sozinho. E ficamos na oposição mais três anos. Durante três anos, todo mês nós fazíamos uma reunião do grupo, que se chamava Grupo da Renovação, cidade por cidade, arrumávamos dinheiro para fazer campanha. Então, foram cinco anos. Na eleição seguinte, nós ganhamos.

ENTREVISTADOR(A): Em que ano vocês se elegeram?

Idemar Martini: Em 1988. Ganhamos a eleição e começamos a renovar. A primeira bandeira de luta foi a formação, porque era o que nós tínhamos carência. Durante todo tempo da nossa vida sindical, o poder de saber nos foi negado. Então, foi feita a Escola de Formação, que sempre tem sido a "menina dos olhos" da federação no nosso mandato. Nós sempre estamos preocupados com os nossos quadros. Se você não forma o dirigente sindical, se você não prepara, você não produz. Toda a produção que não é calcada

---

3. Pelas regras oficiais de eleições em entidades de grau superior, no caso de federações, cada sindicato (ou, no caso de Confederação, cada federação) filiado(a) tem direito a um voto, independente do número de trabalhadores representados.

em um saber pode ter sucesso, mas é um sucesso momentâneo, depois você "cai na real".

A minha grande sorte foi que sempre trabalharam comigo pessoas muito mais inteligentes do que eu, porque "burro" igual a mim não adiantava, tinha que ser mais inteligente (*risos*). Sempre tive bons assessores, advogados de ponta. Tinha o assessor do DIEESE, que era o...

> **A PRIMEIRA BANDEIRA DE LUTA FOI A FORMAÇÃO, PORQUE ERA O QUE NÓS TÍNHAMOS CARÊNCIA.**

ENTREVISTADOR(A): Valdir Alvim.

Idemar Martini: Tinha o Edésio Franco Passos — para mim um dos grandes expoentes do mundo jurídico, um cara inteligente — é nosso assessor jurídico desde a época da oposição até agora. Tivemos o Milton Mendes de Oliveira, o Divaldo Luiz de Amorim, o Adailto Degering, o Micheluzzi, o Bevilaqua.

Na formação, sempre tivemos pessoas boas. E onde nós buscávamos o pessoal para trabalhar na formação? Quem formava profissionais era a CUT, a Escola Sul da CUT, onde nós buscávamos essas pessoas. Não tinha emprego para todo mundo, uns se desentendiam com eles e vinham para cá. Muitas vezes eles eram impedidos: "Ou tu vais trabalhar para a FETIESC ou para a CUT". Nós tivemos uma cartunista muito "gente fina", mulher espetacular. Ela fazia cartazes muito bem-feitos. Eu dizia que queria fazer uma luta assim e ela desenhava o cartaz para nós. Mas, depois, a CUT disse para ela: "Ou tu largas a FETIESC ou não trabalhas mais conosco". E ela, que era muito querida, disse: "Martini, não posso mais trabalhar contigo". E assim também foi com o jornalista: "Se trabalhares para o Martini, não trabalhas mais comigo". Então, nós sempre tivemos essas dificuldades.

Outra prioridade nossa foi o fortalecimento dos sindicatos. Precisava que os sindicatos fossem fortes e não a federação, porque era o inverso: a federação era muito rica e os sindicatos eram pobres. E a federação representava um número muito expressivo de trabalhadores [inorganizados em sindicatos], mas a Convenção Coletiva da FETIESC com a FIESC [Federação das Indústrias de Santa Catarina], era pequenininha. Então, propusemos que os sindicatos estendessem a base [de representação]. Com isso, diminuiu a receita da federação e aumentou a receita dos sindicatos e também a representatividade deles. E assim foi.

ENTREVISTADOR(A): Você chegou a trabalhar na Secretaria do Trabalho, não é?

Idemar Martini: Quando o [Esperidião] Amin era governador, ele chamou o João Cardoso, que era um cara de Lages, para ser Secretário do Trabalho. Mas ele era um político, não sabia "porra nenhuma" de sindicato. E o Amim falou: "Vamos chamar os sindicatos. Tu fazes o que tem que fazer; a Secretaria terá o objetivo de atender à demanda dos trabalhadores". E quem era do movimento sindical urbano? Eu, que era o "encrenqueiro" da turma. Ele me chamou e eu falei: "Só vou lá se me deixarem fazer o que tem que ser feito". E propus: "Vamos pegar alguém da área dos trabalhadores rurais". E pegamos quem? O Adailto, que era da Federação dos Trabalhadores na Agricultura de Santa Catarina e era amigo de todo o pessoal da área rural. E eu, que era amigo dos urbanos.

Aqui, quem eram os "revolucionários" de Santa Catarina? Eram os sindicalistas de Chapecó, os agricultores, que fizeram a greve lá. Os mineiros também faziam muita greve. Então, comecei a participar. Aqui, a polícia batia e eu falei para o Secretário: "Eu vou participar, desde que a polícia não bata. Só vai sob minha ordem. Senão eu não vou. Se é para bater em trabalhador, não vou. Eu vou para mediar, para secretariar e a polícia vem e bate?". Aí, reunimos todo o secretariado e o Amin disse: "Martini, pode ir lá". Deu "carta branca".

Eu fui aos mineiros de Criciúma e todo mundo tinha raiva do governo. Cheguei lá e falei: "Estou aqui como Coordenador de Assuntos Sindicais da Secretaria do Estado, quero dizer que vim apoiar vocês e a polícia não vai intervir". E os meninos: "Ah... esse cara é do governo e está querendo dar ordem para nós?". Fui ao comando de greve e a polícia toda pronta para bater. Apresentei a carta assinada pelo governador para o Comandante da Polícia e falei: "Só pode intervir sob minha ordem". O comandante ficou se mordendo de raiva. E falei para os meninos: "Podem fazer greve, mas não vão quebrar nada, se vocês quebrarem a polícia vem". E fizemos uma grande greve, onde o eixo era Chapecó e Criciúma. Ficamos 12 dias em greve. E foi um sucesso no estado, porque nós tínhamos esse respaldo.

> **APRESENTEI A CARTA ASSINADA PELO GOVERNADOR PARA O COMANDANTE DA POLÍCIA E FALEI: "SÓ PODE INTERVIR SOB MINHA ORDEM".**

ENTREVISTADOR(A): E sua relação com a política partidária?

Idemar Martini: Na primeira campanha do Lula[4] para presidente, fizemos uma loucura, fomos quase inconsequentes. Botamos no logotipo da FETIESC, nos carros, a mensagem "Lula para Presidente". Então nosso grupo discutia, mas tinha gente da direita e da esquerda. O Partido dos Trabalhadores (PT) foi criado junto conosco, em todo o estado. O Partido Comunista do Brasil (PCdoB), essa turma toda, sempre teve espaço nas discussões aqui na FETIESC. Nós sempre discutimos isso.

Quando criaram o PSDB [Partido da Social Democracia Brasileira], que é dissidente do PMDB [Partido do

---

4. Luiz Inácio Lula da Silva também foi entrevistado e seu depoimento foi publicado no Livro 1 desta Coleção.

Movimento Democrático Brasileiro], era a esquerda do PMDB, a federação apoiou dois deputados federais, um do PT e um do PSDB, e dois deputados estaduais, um do PSDB e um do PT, sempre dos dois partidos. Os deputados federais eram o Francisco Küster (PSDB) e o Milton Mendes (PT). E os estaduais eram o João Cardoso (PSDB) e o João Decker (PT). Depois apoiamos o Milton, várias vezes. O próprio Afrânio [Boppré], que depois trabalhou conosco, nós apoiamos. Sempre tivemos essa posição política bem definida do que nós queríamos e do que não queríamos.

ENTREVISTADOR(A): Como foi a participação de vocês na Constituinte?

Idemar Martini: Ah, nós participamos. A Constituinte de 1988 foi uma luta grande, permanente. Nós fomos inúmeras vezes a Brasília para apoiar. Tinha o DIAP [Departamento Intersindical de Assessoria Parlamentar], que acompanhava as votações dos deputados. Nós tivemos dois deputados daqui que tiraram nota dez na avaliação do DIAP, que eram o Francisco Küster e o Vilson Luiz de Souza, de Blumenau. Nós fizemos *lobby*, trabalhamos em cima disso direto. Vários deputados de Santa Catarina tiveram destaque e nós apoiamos. E tivemos também enfrentamentos aqui no estado durante o processo da Constituição de 1988, que foi magnífica para nós.

ENTREVISTADOR(A): Quais eram os partidos desses deputados?

Idemar Martini: Curiosamente, esses dois "nota dez" eram do PSDB. Tinha ainda o Dirceu Carneiro, que era senador do PSDB. Ele era do PMDB antigo e depois foi para o PSDB, mas se desgostou tanto da política, que após cumprir o período do mandato não quis mais nada; hoje é fazendeiro em Campos Novos. Foi uma grande luta que tivemos. Curiosamente, o movimento sindical estava todo junto na Constituinte de 1988. Havia os menos "pelegos" e os mais "pelegos", e estavam todos juntos; essa luta foi muito boa. Era vigilância permanente no Congresso, foi um trabalho muito bonito, fizemos muitos esforços para ir lá apoiar. A nossa desgraça foi o que ficou para regulamentar. Quando ganhamos na Constituição de 1988, o movimento sindical afrouxou e até hoje aparecem os gargalos que existiam naquela época.

> **CURIOSAMENTE, O MOVIMENTO SINDICAL ESTAVA TODO JUNTO NA CONSTITUINTE DE 1988.**

ENTREVISTADOR(A): Vazios.

Idemar Martini: Esses vazios que dão direito ao Judiciário interpretar como acha que tem que fazer. E como o Judiciário tende a ver a realidade sob um olhar mais conservador, nós "perdemos o barco".

ENTREVISTADOR(A): Qual a avaliação que você faz do comportamento do Judiciário de 1988 para cá?

Idemar Martini: Quando foi criado o Tribunal Regional do Trabalho em Santa Catarina, os juízes eram conceituados, experientes e tinham compromisso social. Existia também, na época, a representação classista dos dois lados[5]. Tínhamos acesso às informações do que era decidido no Tribunal, o posicionamento dos juízes. Isso facilitava para nós. Então era melhor, tínhamos mais acesso e maiores conquistas, as ações individuais eram melhores. Mas eliminaram a representação classista, dizendo que era prejuízo para o país, que eram leigos. Entendo que a interpretação das leis

---

5. Até 1999, os Tribunais do Trabalho eram compostos por juízes de carreira — os juízes togados — e por uma representação minoritária de juízes classistas, leigos, indicados pelas entidades sindicais de trabalhadores e de empregadores, que não precisavam ter formação em Direito.

é fácil, não precisa ser um exímio conhecedor das leis. Na época, eu defendia o seguinte: se o problema é de capacidade, eleja-se pela capacidade, coloque-se como critério que, para ser juiz classista, tem que ser formado em Direito. Se é formado em Direito, parte-se da premissa que ele se iguala a quem é formado em Direito também. Para suprir essa deficiência.

ENTREVISTADOR(A): E, na sua opinião, por que a figura do juiz classista foi abolida?

Idemar Martini: Isso foi uma "pisada na bola" feia que a esquerda deu. O PT ajudou a destruir, a não querer o juiz classista, porque dizia que era uma "pelegada". Mas o espaço aberto que existia não podia ter sido fechado. Era um espaço que existia para a classe trabalhadora e devia ter sido preservado. Se a qualificação e a forma da escolha não eram adequadas, que se mudasse a forma de escolha, mas se mantivesse o posto. Na minha opinião, até hoje, se tem um posto para o trabalhador, não se pode abrir mão dele. Num Dissídio Coletivo de Trabalho, o juiz classista tinha acesso ao processo, podia passar as informações. Hoje não temos mais acesso às informações e isso nos dificulta.

Mas os caras preferiram eliminar, porque diziam que quem indicava o juiz classista da Primeira Instância era o presidente do Tribunal, que tinha influências políticas, era indicado pelo Governo Federal. E o que foi feito: eliminaram o juiz classista, aumentaram o número de juízes togados, aumentou a despesa para o erário público e nós ficamos sem a representação. A consequência disso foi que os juízes mais velhos começaram a se aposentar e aumentaram as nossas dificuldades.

As decisões do Judiciário Trabalhista — que ainda é um dos melhores que existem —, estão muito aquém do que achamos que deveria ser feito. Por exemplo, na época da ditadura militar, não se demitia um dirigente sindical, porque dirigente sindical tinha estabilidade. Não se questionava. Não me lembro de ter sido mandado embora um dirigente sindical. Hoje, tem juiz que acha que são só sete [dirigentes com estabilidade] e deixam mandar embora. Isso ficou ruim para nós. Então, acho que o Judiciário está pior hoje, não que seja menos qualificado, mas o posicionamento deles é distinto do que era antes, e isso é uma grande falha do Judiciário Trabalhista, na minha concepção.

ENTREVISTADOR(A): Antes você falou da relação com a Secretaria do Trabalho, na época do [Esperidião] Amin como governador. Mas e a relação sindical com as Delegacias Regionais do Trabalho, que hoje são as Superintendências? Houve alguma mudança também?

Idemar Martini: Não. Na época do Esperidião Amin, ele abriu espaço para nós. E nós aproveitamos o espaço. Mas diziam: "Ah... a 'pelegada' do Amin". Nós, do movimento sindical, tivemos avanços. Nós aproveitávamos, sabíamos que tinha no Estado a Secretaria da Indústria, a Secretaria não sei do quê, mas tinha a Secretaria do Trabalho, onde nós buscávamos recursos para fazer as nossas ações. Não era condicionado a ser filiado a tal partido. O Amin, nesse ponto, foi o melhor governador que tivemos.

ENTREVISTADOR(A): Você disse que chegou a ocupar cargo no governo. Como tem sido a relação com os governadores?

Idemar Martini: Na época do Amin, tinha o Secretário do Trabalho e tinha o Coordenador de Assuntos Sindicais. Eu assumi esse cargo, acho que fiquei dois ou três anos. O poder era tão grande que o governador abriu para nós o espaço de dizer quando a polícia podia bater e quando não podia bater. Diferentemente de agora. Fizemos greve no ano passado [2010], em Blumenau, e o então governador Luiz Henrique mandou todo o Exército contra nós, com cavalos passando por cima da gente, como se fôssemos bandidos. É um horror ver isso. Sou a favor da greve, mas se tu quebras a fábrica, tanto faz, se danificas o patrimônio privado ou público, a Polícia tem que intervir. Mas se estou fazendo uma greve e convencendo meus colegas a não entrarem para o trabalho, porque o salário é "mixaria", porque são explorados, deviam deixar.

Fizemos uma greve aqui, em Biguaçu, e veio toda a Polícia de Choque. E nós fizemos uma greve diferenciada.

FIZEMOS GREVE E O GOVERNADOR MANDOU O EXÉRCITO CONTRA NÓS, COM CAVALOS PASSANDO POR CIMA DA GENTE, COMO SE FÔSSEMOS BANDIDOS.

Sabíamos que a polícia vinha e dissemos para o pessoal: "Vocês não venham trabalhar! Nós vamos iniciar a greve agora, às 10 horas da noite, e vocês não venham trabalhar! Fica todo mundo em casa! E os que saem do trabalho, vão para casa". Deu o horário de saída e os caras foram embora. E os outros não vieram. E a Polícia veio: "Estão fazendo greve?". Respondemos: "Sim, as faixas são de greve". "Ah, não podem fazer greve!". "Como não podemos fazer greve? É um direito constitucional!". "Vocês têm que deixar o pessoal entrar!". "Mas como? Não veio ninguém". Então, é preciso fazer essas coisas, porque o Exército e a Polícia ficam em cima. Em Criciúma, o pessoal fez greve e foi demitido, a Polícia toda veio em cima. Então, na época tinha um respeito. O Estado tem que atuar, mas não a serviço do empregador.

O empregador não paga salário, paga pouco, explora o pessoal e o Estado dá toda infraestrutura para proteger o cara? Isso está errado! O governo do Luiz Henrique foi péssimo para nós nesse sentido. Aliás, nós só votamos errado (*risos*).

Eu tive uma reunião com o governador Raimundo Colombo, que assumiu agora em janeiro de 2011. Sou amigo dele, jogávamos futebol juntos. Marquei, para quando ele tiver um tempo, de conversarmos. Ou eu vou lá ou ele vem aqui. Vou propor a ele que trate os trabalhadores com dignidade, que permita fazer greve sem mandar a Polícia. Pode mandar se nós quebrarmos, aí a Polícia pode bater. Vamos conversar com ele e tomara que ele seja sensível a essas coisas.

ENTREVISTADOR(A): Ele está criando um comando especial, um Batalhão de Choque, cujo comandante combatia o narcotráfico em Florianópolis. Esse Batalhão de Choque tem o objetivo de combater as manifestações públicas.

Idemar Martini: Se fizer isso, seu governo está propenso a fracassar, porque é uma aberração o Estado pagar os policiais para bater na gente.

ENTREVISTADOR(A): E com relação à opinião pública, você acha que houve uma mudança da forma de ver as greves, desde as primeiras até as de hoje?

Idemar Martini: Existem os distintos tempos de greves. As greves do ABC foram fantásticas, foi possível o enfrentamento que abriu o país, que democratizou o país. Isso foi um grande passo da expressão da população, que queria liberdade. O "Fora Collor" também foi uma clara expressão do povo. As greves têm esse valor ainda hoje, mas acho que atualmente se vive outro clima, a proposta que existe é mais negocial e se dá num processo mais da mesa de negociação, dos saberes da mesa, do debate de propostas, de conhecimento das causas. Isso faz grande diferença hoje.

Acho que as greves ainda são necessárias, mas não é tão fácil, porque o pessoal da base também está num tempo mais de "calmaria", não está muito a fim de fazer greve. A greve é uma arma necessária e tu tens que saber usar. Mas acho que, no passado, se usava muito por usar, tudo era greve. Hoje, não. Acho que a greve tem que ser mais pensada, tem que ser mais profissionalizada.

ENTREVISTADOR(A): Você fala que hoje em dia a gente vive um clima de maior "calmaria" e tem prevalecido a negociação à greve. O que mudou na forma de negociação?

Idemar Martini: Em primeiro lugar, mudou o preparo, a forma como você vai tirar da categoria a pauta. Depois foi a qualificação profissional dos negociadores. Hoje, você vai para a mesa de negociação com técnicos, com economistas, com advogados, e com números que mostram a realidade do outro lado.

ENTREVISTADOR(A): Quando você se refere aos negociadores, está falando dos dois lados?

Idemar Martini: Dos dois lados. O outro lado já era qualificado, porque eram profissionais da área. Mas, nos sindicatos, eram pessoas "broncas", sem preparo nenhum para fazer a negociação. Hoje, tem esse nível. E tem também o trabalho que é feito de conscientização. Quanto maior for a conscientização dos trabalhadores, maiores os avanços. No estado de Santa Catarina, por exemplo, o setor que tem mais conscientização hoje, mais politização, são os trabalhadores de Criciúma. Só para sentir como é verdade o que eu estou falando, em Jaraguá do Sul tem a WEG, uma empresa metalúrgica enorme, uma potência, e os trabalhadores conseguiram fechar um acordo com 1% de aumento real. Em Criciúma, que não tem uma WEG, os metalúrgicos conseguiram um aumento real de 3,51%, com ameaça de greve. Porque o povo acompanha as assembleias, participa das informações de tudo o que acontece, do desenrolar da mesa de negociação e, se for necessário, se mobiliza e vai para a luta.

ENTREVISTADOR(A): Eles conseguiram isso sem fazer a greve, só ameaçando?

Idemar Martini: Só ameaçando a greve. Conseguiram aumento maior e são metalúrgicos iguais aos outros caras. Para os químicos e plásticos, Criciúma sempre tira mais que os outros. Por quê? Porque chamam o pessoal para a assembleia e vai todo mundo; porque tem trabalho de conscientização. E Criciúma tem uma cultura de lutas. Nas outras regiões do estado, que têm uma cultura de povos diferentes, germânicos, italianos etc., uma cultura que entende a empresa como uma família, eles acham que é ruim brigar, afrontar. E fica difícil. E se não tem uma formação no sindicato, que explique que não é um afrontamento por não gostarmos do patrão, a coisa não muda. Tem que mostrar por que ele é patrão, qual é o objetivo do patrão e qual é o nosso objetivo. Há também um pouco de comodismo, o movimento sindical está pecando nisso.

ENTREVISTADOR(A): Você disse que, apesar de ter um clima mais calmo atualmente, a greve ainda continua sendo um instrumento que, vira e mexe, acaba sendo utilizado. Como é a relação da greve com a negociação? Porque quando os trabalhadores entram em greve de alguma forma há uma ruptura no processo negocial.

Idemar Martini: Dependendo do poder de mobilização, o capital sente. Hoje, o capital é mais inteligente. Antes, o capital era mais teimoso: "Eu mando, eu posso, eu faço e acabou". E perdia dinheiro. Hoje, o capital não está a fim de perder dinheiro, tem compromissos, tem a concorrência que é grande. Então, eles evitam isso. Por outro lado, quando há greve, no outro dia já se resolve, porque eles vêm procurar a gente. A gente chega para negociar com eles e diz: "Sua proposta não serve, mas vamos levar para a assembleia. Podem esperar pela greve!". Um dia, falei: "Melhor nós negociarmos aqui, porque amanhã ou depois vai dar greve e tu vais ter que falar comigo. Não tem outro jeito, sou o interlocutor dos trabalhadores e tu vais ter que falar comigo. E eu vou ter que falar contigo. Vamos esperar que o Judiciário nos chame para dizer isso? Não aceito a proposta que tu estás me dando, tu não aceitas a minha, então nós vamos brigar. Então, vamos ter que sentar".

Quando tu interrompes o trabalho, se conseguires segurar o pessoal parado mesmo, tu ganhas grandes avanços e os avanços não provocam ruptura na empresa, é só uma distribuição de renda um pouco melhor. Se nós tivéssemos o poder de conscientização dos trabalhadores para fazerem isso... É por isso que eu digo que o ponto-chave é a formação, uma formação qualificada, não para instigar os trabalhadores a serem revolucionários, mas para perceberem o que é deles e o que não é deles, aonde podem chegar ou não, mostrar um balanço das empresas, o quanto estamos ganhando e o quanto é possível ganhar. Se dermos essas informações precisas para os trabalhadores, eles vão à luta. O que o trabalhador não está querendo mais hoje é uma greve aventureira. Ou então fazem uma greve aventureira porque as pessoas que não querem mais ficar na empresa instigam a greve. Fazem a greve porque, se for para a greve, vai para a rua mesmo. Porque muitos hoje querem sair da empresa.

A GENTE CHEGA PARA NEGOCIAR COM ELES E DIZ: "SUA PROPOSTA NÃO SERVE, MAS VAMOS LEVAR PARA A ASSEMBLEIA. PODEM ESPERAR PELA GREVE!"

Uma empresa em Jaraguá do Sul mandou embora uns caras. O sindicato foi em cima e os caras disseram: "Não, por favor, o sindicato pode fazer o que é certo, o que tem que fazer, mas desde que a gente não tenha que voltar a trabalhar. Eu quero receber minha rescisão de contrato, porque tenho proposta de emprego em outra fábrica onde vou ganhar mais do que nessa aí". Hoje é um outro fenômeno que existe. Quando há um desenvolvimento maior, há uma competitividade maior e, se a empresa não paga bem, o cara vai embora.

ENTREVISTADOR(A): Essa conjuntura está alterando até o interesse pela greve?

Idemar Martini: É. Agora, o que você não pode fazer é não se preparar para isso. A greve é uma arma poderosa se bem exercida, com os pés no chão e não com a emoção. Por isso, é importante que os economistas e os advogados estejam juntos no movimento de greve e na negociação. Não porque eles são melhores ou mais inteligentes, mas porque agem com a cabeça fria, com a razão e não com a emoção. Os dirigentes sindicais, muitas vezes, se deixam envolver pela emoção, e a emoção leva a uma decisão muitas vezes ruim. Por isso, precisam ter um assessor e precisam ouvi-lo e acreditar nele. O dia em que o movimento sindical adquirir essa maturidade, de contratar pessoas qualificadas, fazer com que o DIEESE se transforme num instituto para valer no país, forte, mais do que já é, aí muda a coisa, porque vamos ter pessoas qualificadas do nosso lado. E isso não é gasto, é investimento que se faz.

Hoje, os sindicatos ainda estão dependentes daquela parte social, que era uma coisa absurda, que foi herdada de 1964, quando o governo, através do INPS [Instituto Nacional de Previdência Social], fazia convênios com os sindicatos, para que eles contratassem médicos e dentistas. Quando eu vim para o sindicato, era isso. Fazia-se convênio com o INPS da época, que pagava dois gabinetes odontológicos, pagava os profissionais, médicos e dentistas, pagava mais os remédios e sobrava dinheiro. O sindicato ganhava vinte e gastava dez. Sobravam dez para o sindicato. Aos poucos, o INPS foi cortando isso e cortou definitivamente, mas a cultura já estava impregnada no sindicato: sindicato é para dar médico e dentista. E hoje, eles têm essa herança maldita. Nós temos sindicatos que são verdadeiros INPS. Têm médicos, dentistas, laboratórios, têm até caixão de morto (risos). É verdade! Isso tem que mudar, mas não temos ainda a vontade política e o discernimento político de dizer quais são as prioridades do sindicato. Não dá para cortar o médico do dia para a noite? Não corta, mas em vez de ter dez, tenha só seis. E com esse dinheiro, contrata um economista, um assessor.

O dirigente sindical tem que saber que não tem uma formação acadêmica. Normalmente, ele sai da fábrica com o segundo grau, despreparado, porque ele é empregado e não teve dinheiro para estudar. E do outro lado só tem "craques". No dia em que o sindicato mudar isso, vai ser a grande revolução, a grande distribuição do dinheiro. Hoje, tem outro agravante; a categoria está se formando em faculdades, está estudando, mas o dirigente sindical não estuda. Há um descompasso, o cara não estuda porque é dirigente sindical e o outro vai estudando, se preparando para a vida, porque tem que encarar a realidade.

ENTREVISTADOR(A): Como tem sido a participação de jovens e mulheres nas lutas dos sindicatos filiados à federação?

Idemar Martini: Hoje, nós temos 220.000 trabalhadores, mais ou menos, representados na FETIESC, nos 42 sindicatos. E 80% da nossa categoria tem entre 16 e 39 anos. Mas 99% dos dirigentes sindicais têm mais de 40 anos.

> HOJE, 80% DA NOSSA CATEGORIA TEM ENTRE 16 E 39 ANOS. MAS 99% DOS DIRIGENTES SINDICAIS TÊM MAIS DE 40 ANOS.

E o nosso linguajar continua o mesmo, mas, na idade deles, eles pensam de forma diferente, agem diferente, têm uma cultura diferente, têm valores diferentes, e nós não estamos atentos a isso. A relação fica difícil, fica difícil conversar com os trabalhadores.

Eu estou insistindo: "Gente, vamos criar a Secretaria da Juventude, chamar os jovens para que eles venham se inserir no sindicato, que eles façam uma discussão política, sindical, partidária". Deixar que eles discutam, ouvir o que eles têm a dizer e depois ajudá-los a implementar o que eles querem fazer. Não dar ordens. Hoje, no movimento sindical, os trabalhadores são jovens e o movimento está velho. Isso falando da federação, mas nas instâncias superiores, nas centrais sindicais, também só tem "coroa". É pior ainda. Quanto mais alto, maior é o nível de distanciamento que existe da base.

Tem dirigente sindical de base no sindicato que chega até aqui e não vai mais, porque aqui tem o dirigente sindical licenciado. Tem presidente de sindicato que fica parado aqui e não sai mais. Pode formar o jovem, mas ele não vê nenhuma perspectiva de ser presidente do sindicato e isso desestimula. Nós temos de estudar uma forma de o sindicato oportunizar espaço a ele. Podia até se pensar em fazer uma mudança temporária, ter limite de tempo para o mandato. Sei que tem que fazer isso, porque senão ele se sente desestimulado. Esse é outro problema grave que temos para resolver.

Com as mulheres, o problema é igual. Também elas são um contingente muito grande de trabalhadoras. Mas nós fazemos o que para atrair as mulheres? Temos uma cultura machista, mas isso tem que mudar. Essas coisas são fundamentais, na minha concepção, para fazer um movimento sindical diferente. Talvez eu seja um louco pensando nisso, mas é a solução que tem.

ENTREVISTADOR(A): Voltando à questão das greves, quando olhamos os dados estatísticos, percebemos que, na década de 1980, houve um grande número de greves, com pico em 1989. Mas, na década de 1990, isso teve uma queda, com alguns repiques. Como você avalia essa mudança?

Idemar Martini: A década de 1990 foi um período de perda do poder aquisitivo do trabalhador, perdemos cláusulas importantes de muitos anos. Foi horrível. Se a inflação era 10%, davam 8% e não tínhamos poder de mobilização, porque os trabalhadores diziam que não queriam perder o emprego. Nem recebiam o convite do sindicato. Então, essa foi uma época muito ruim e os sindicatos foram abaixo da crítica, e não foi só aqui, foi em nível nacional. Porque a situação era precária. Tinha inflação alta, foi muito ruim.

Veio o tal do "sindicato de resultados", aquela "porcaria", que era uma grande farsa. Veio o "sindicalismo moderno", aquele em que negociam capital e trabalho, sem a intermediação de terceiros.

A proposta era que o acordado valeria mais que o legislado, porque se dizia que o acordo era melhor do que a legislação que existe.

Aqui, nós tínhamos o Sindicato dos Trabalhadores em Fiação e Tecelagem de Blumenau, que se achava o "suprassumo" na capacidade de negociação. "Não precisa ter piso, a empresa paga conforme merece, conforme o cara produz". E foi uma desgraça, ferrou todo mundo e a mídia toda estava em cima do presidente do sindicato, dizendo: "Esse é o sindicato moderno etc. etc.". Na verdade, foi um entreguismo danado. Com isso, nós perdemos cláusulas. Nós íamos para o Dissídio Coletivo e o Tribunal não dava nada. Poder de greve não tinha, porque os trabalhadores tinham medo de perder o emprego.

Houve um episódio lá em Caldas da Imperatriz em que os empresários chamaram o ministro Almir Pazzianotto e outros ministros para discutir e me chamaram também. Fui eu e outro colega. Eles estavam propondo negociarmos o 13º salário em troca da estabilidade no emprego. Tamanha era a ganância deles.

Com a vinda do Lula, isso mudou. O país começou a crescer e, aos poucos, fomos recuperando. Passados uns dois, três anos de penúria, começamos aos poucos a recuperar. Mas até hoje tem sindicato que não recuperou o que tinha. Depois, em 2003, veio a mudança com a Emenda Constitucional n. 45, que dizia que para o sindicato impetrar Dissídio Coletivo de Trabalho tinha que ter a concordância de ambas as partes, tinha que ter quórum mínimo etc. Então, começaram todas estas amarras. Aí, os sindicatos começaram a deixar de lado o Dissídio Coletivo e fazer valer: ou negocia ou vai para a greve. Então ressurge o movimento pela greve. "Ó, no Tribunal não adianta impetrar o Dissídio, então vamos agora para o afrontamento".

OS SINDICATOS COMEÇARAM A DEIXAR DE LADO O DISSÍDIO COLETIVO E FAZER VALER: OU NEGOCIA OU VAI PARA A GREVE.

Recentemente — coisa de um ano — é que o Tribunal deixou de considerar como condicionante o aval de ambas as partes, porque senão não se impetrava Dissídio Coletivo de Trabalho nenhum.

Hoje, é muito difícil avançar nas cláusulas sociais. Antes, tínhamos um Tribunal que era independente, julgava mediante ações sociais. O Tribunal começou a fazer uma varredura nisso, ficou ruim para nós.

ENTREVISTADOR(A): E hoje, como está o movimento grevista?

Idemar Martini: O movimento sindical está mais inteligente, ele faz uma greve quando ela tem razão de ser, quando há intransigência patronal. Aí faz greve. Hoje, é muito mais fácil fazer uma greve por uma injustiça dentro da fábrica do que por um salário baixo, pela não aceitação de proposta de aumento salarial. Porque, hoje, os sindicatos conseguem o reajuste pelo INPC [Índice Nacional de Preços ao Consumidor] e uma média de 1,5% a 2% de aumento real. Mas não há avanço nas cláusulas sociais, porque tu mandas a pauta com dez, doze cláusulas e eles não querem discutir, e não discutem.

ENTREVISTADOR(A): Outra coisa que a gente percebe, olhando para os dados, é que as grandes greves de categoria deram lugar a greves por empresa. Aqui em Santa Catarina também?

Idemar Martini: Aqui é igual. Por exemplo, no Sindicato dos Plásticos, que tem base estadual, optamos por fazer greve em um só lugar, só numa empresa, porque nós tínhamos problema em fazer em todas, ao mesmo tempo. Botamos força e paramos essa empresa. Pensamos: "Se nós 'quebrarmos as pernas' deles aqui, eles vão ter que negociar e vão dar para nós todos; aí compensamos os outros".

ENTREVISTADOR(A): Mesmo na negociação da Convenção Coletiva? Estrategicamente vocês escolheram concentrar em um só lugar?

Idemar Martini: Concentrar só em um lugar, porque, no Plástico, estava todo mundo esperando que a gente fosse atacar a Emplac. Mas nós fomos analisar a Emplac e avaliamos que não era política boa atacar os caras. Eles se encheram de segurança para a greve e nós fizemos greve em outro lugar. Então, isso são "inteligências" pensadas. Na Emplac, a gente "quebrava a cara", a Polícia vinha e batia na gente. Mas fizemos em outra e, no dia seguinte, eles não sabiam onde iríamos fazer greve; podia ser em todo o estado. E as outras empresas representadas pelo sindicato patronal diziam: "Vamos acertar essa 'porcaria', vamos acertar logo isso aqui, porque amanhã pode ser a minha empresa e eu tenho compromissos!". Por isso é que não tem mais essa coisa de greve geral da categoria.

Outro fator é que hoje existe um número muito grande de Convenções Coletivas de Trabalho. Eu penso que, na pior das hipóteses, deveria ser uma só Convenção por categoria, em cada estado. Por exemplo, toda a categoria de Fiação e Tecelagem poderia ter um único instrumento e só a federação, em conjunto, é que iria negociar. Tira uma comissão dos sindicatos e negocia junto. No dia em que fizermos isso, vamos ter um poder de barganha extraordinário.

ENTREVISTADOR(A): Foi o que os bancários fizeram.

Idemar Martini: Eu defendo, há 20 anos, que temos que fazer uma campanha por ramo de atividades, em nível nacional. Mesmo se não chegássemos ao estágio a que chegaram os bancários, mas poderíamos chegar ao estágio em que os sindicatos dos outros estados também se balizassem nisso para fechar a Convenção.

ENTREVISTADOR(A): Até mesmo porque há uma interligação entre os diversos grupos empresariais.

Idemar Martini: Por exemplo, no grupo do papel, no mundo inteiro, são nove grupos.

ENTREVISTADOR(A): E sindicatos são nove mil, né? (*risos*)

Idemar Martini: Nove mil é pouco (*risos*). Nós nos dividimos, porque falta cultura dos dirigentes sindicais. A pouca cultura faz com que a vaidade prevaleça: "Faço 'minha' Convenção Coletiva de Trabalho". Eles não querem delegar poderes a ninguém.

Na FETIESC, por exemplo, nós participamos de 45 Convenções Coletivas de Trabalho por ano. É um absurdo! Começa em janeiro e termina em dezembro; você não tem tempo para se concentrar. Isso poderia ser feito em dez Convenções. Você chamaria, prepararia estrategicamente cada negociação, bem elaborada, com técnicos, estudo, análise de conjuntura econômica e política do país, das empresas... Você iria para a mesa com um arsenal fantástico para negociar, então concentraria as forças. Mas, como tu tens 45 negociações para fazer, mal termina uma, vem a outra, senta, levanta, senta, levanta e vais empurrando com a barriga. O DIEESE socorre aqui, socorre lá... É uma loucura!

ENTREVISTADOR(A): Quando a gente olha para as reivindicações, principalmente no setor industrial, vê que a Participação nos Lucros e Resultados (PLR) tem sido motivo de muitos conflitos. Em vários casos, o acordo da PLR é fechado, mas como as metas nunca são claras, depois há greve para reivindicar o cumprimento desse acordo, o pagamento integral do que estava previsto.

Idemar Martini: Essa é outra coisa mal resolvida no país, a PLR. As empresas pagam o que querem e exigem aquelas metas que os

> **A PARTICIPAÇÃO NOS LUCROS É MUITO RUIM DA FORMA COMO ESTÁ. ISSO FOI MAL IMPLEMENTADO NO PAÍS. MAS A PLR NÃO TEM SIDO MOTIVO DE GREVE AQUI.**

sindicatos às vezes negociam com pouco preparo. A meta é para chegar a "dez" e eles botam "quinze", e o trabalhador tem que se matar para chegar nos quinze, para receber uma "mixaria" de volta. Quando veem que o pessoal está insatisfeito, eles dão a PLR. Tem sido mais um "cala-boca", um abono. Então, a Participação nos Lucros é muito ruim da forma como está. Isso foi mal resolvido, mal implementado no país. Mas a PLR não tem sido motivo de greve aqui, não.

ENTREVISTADOR(A): O que tem mobilizado mais os trabalhadores?

Idemar Martini: Nós fizemos uma estatística na nossa categoria, em nível estadual, para saber quais eram as maiores reivindicações dos trabalhadores. E o aumento salarial veio em terceiro lugar. Primeiro, são as doenças profissionais, a saúde do trabalhador, que está adoecendo. É um número expressivo de gente, mulheres, jovens com LER [Lesões por Esforços Repetitivos] e DORT [Distúrbios Osteomusculares Relacionados ao Trabalho], pessoas que não têm mais força para trabalhar. Aquilo é irreversível, mas o INSS não reconhece como doença profissional. O governo não faz isso. E o pessoal é jogado pra cá e pra lá. Então, isso é o maior problema. Em segundo lugar vem o assédio moral, o fim do assédio moral. Mas o Judiciário diz: "O que é assédio moral?". E em terceiro é que vem o aumento salarial.

ENTREVISTADOR(A): E tem também aquele apelo grande para não se trabalhar aos sábados.

Idemar Martini: Os sábados livres, a redução de jornada para não se trabalhar aos sábados. Mas nós protelamos, porque estávamos esperando a jornada de 40 horas semanais. Se vêm as 40 horas semanais, acaba isso. Ficou até uma situação ruim, porque sempre defendi o Lula e aí os caras não sancionaram essa "merda". Claro que ele tinha obrigações, por outro lado, fortes, mas vai explicar isso para o trabalhador? Se as centrais tivessem uma proposta de consenso, ele teria dado "uma canetada"... (*risos*). Então, a questão das 40 horas é um problema sério. Mas nós temos outro problema que se chama compensação da jornada. Meia hora de almoço, para não trabalhar aos sábados. Que é contra a lei, contra a saúde. Mas aqui tem uma cultura implementada, muitos anos de prática. E temos dificuldade de mover o pessoal do que está fazendo. O movimento sindical é resistente a qualquer mudança, acha que uma mudança dá trabalho. Acho que isso é insegurança.

ENTREVISTADOR(A): Mudando um pouco de assunto, como é a relação do movimento sindical catarinense com a imprensa?

Idemar Martini: A imprensa denigre a imagem dos sindicatos, diz que os sindicalistas são uns aproveitadores, servem é para isso, ficam ali passeando de carro, não estão nem aí para os trabalhadores. A revista *Veja* falou esse ano que a forma mais inteligente de ficar rico é ser dirigente sindical, porque você não precisa fazer nada, não precisa fazer força nenhuma. Na pesquisa de Santa Catarina, o sindicato é visto como sendo a pior espécie. O jovem vai antes ao clube, à igreja, vai para a política, vai em tudo, menos no sindicato. Então, a credibilidade do movimento sindical é muito baixa. E o jovem, como já é meio distante da coisa... Nós chegamos ao estágio de membros de sindicato terem vergonha de dizer que são dirigentes sindicais.

Nos meios de comunicação, sempre, quem paga manda. E quem paga os meios de comunicação neste país? São os que detêm o poder. Não é a classe trabalhadora, não são os sindicatos. Então, a imprensa sempre vai tentar dizer que nós somos aproveitadores, que foi uma

> **NOS MEIOS DE COMUNICAÇÃO, SEMPRE, QUEM PAGA MANDA. E QUEM PAGA OS MEIOS DE COMUNICAÇÃO NESTE PAÍS? SÃO OS QUE DETÊM O PODER.**

greve malsucedida, que foi para isso, que foi para aquilo. Condenam o Judiciário quando ele atende às nossas demandas. Como foi neste processo do Piso Estadual[6], em que alegaram que as demandas eram um absurdo, que o Piso ia quebrar as empresas, que iria falir o Estado etc.

ENTREVISTADOR(A): Para contextualizar, vocês acabaram de concluir uma negociação que conseguiu aumentar o Piso Estadual para?

Idemar Martini: R$ 660,00 é o menor Piso Estadual para 2011[7]. A conquista que houve foi a unidade da classe trabalhadora, de novo. Deixamos de lado as camisas das centrais sindicais, das federações, e foi todo mundo junto com um único propósito. Assim, conseguimos vingar o processo e, além disso, conseguimos sensibilizar o Judiciário. O Judiciário, nos Dissídios Coletivos de Trabalho que houve em 2010, decidiu o seguinte: "O Salário Mínimo de R$ 510,00 não é o salário mínimo em Santa Catarina. Em Santa Catarina, é R$ 616,00". Esse é o menor salário que se pode pagar em Santa Catarina. E a Procuradoria do Trabalho orientou todos os sindicatos para ninguém fechar a Convenção Coletiva abaixo do piso. Em Santa Catarina, nesses últimos dois anos, o movimento sindical teve um grande avanço. O piso da categoria aumentou em 25%. Isso foi uma grande alavanca

---

6. Piso Estadual é a menor remuneração a ser paga no estado para trabalhadores não cobertos por Acordo ou Convenção Coletiva de Trabalho e prevê diferentes faixas para grupos de ocupações. É negociado anualmente por centrais sindicais, entidades patronais e o governo estadual.

7. Na verdade, o menor piso fixado para Santa Catarina, a partir de janeiro de 2011, foi de R$ 630,00. Mas, para a maior parte dos trabalhadores na Indústria, foi de R$ 660,00.

nossa. A nossa melhor conquista nos últimos dois anos foi o Piso Estadual. Graças à vontade, à humildade de entender que tinha que encontrar um mediador, que fosse independente e que todo mundo se achegasse a ele. E quem foi esse mediador? Foi o DIEESE, que ninguém contesta, que aglutinou e está aglutinando até hoje, que está alavancando todas as nossas lutas. Foi um grande avanço e serviu de modelo em nível nacional.

ENTREVISTADOR(A): A FETIESC não é filiada a qualquer central sindical. Como você avalia a atuação das centrais sindicais?

Idemar Martini: Acho que as centrais sindicais não sabem qual é o papel delas, elas agem como sindicatos. Em pontos cruciais, a central tem que ser a mentora da política sindical. Em outros países, a central sindical distingue-se pela posição ideológica. Quem é cristão, quem é comunista, quem é... Mas aqui, não. É um balaio de gatos, tem gente do PCdoB, do PT, do DEM [Democratas], tudo junto na mesma sigla. É impossível, ideologicamente, chegar a um termo. E isso é em todas elas. Devia ser assim: quem é do DEM vai para essa central aqui, quem é do PT vai para a outra, aí você definiria mais ou menos uma linha política e ideológica. Enquanto não houver isso, vamos viver nessa balbúrdia.

A federação não é filiada a qualquer central sindical, por opção minha. Politicamente, eu digo que é melhor assim, porque como temos sindicatos filiados a várias centrais sindicais, a federação pode trabalhar com todas elas. O ideal seria entrar em uma central se todos estivessem nela, mas como não existe isso, transito em todas elas.

ENTREVISTADOR(A): Eu já presenciei umas cenas na quais você, quando tem um evento em uma central, chama o pessoal para ir, para conhecer, se filiar, não importa qual seja.

Idemar Martini: Tem que ir. A CTB [Central dos Trabalhadores e Trabalhadoras do Brasil] eu ajudei a formar também, foi uma dissidência do PT, da CUT. Mas o corpo dela, os intelectuais, são de alto nível, um pessoal que tem conhecimento "pra cacete", os caras pensam diferente. Eu não quis forçar entrar na CTB, embora tenha uma boa ligação com eles. Tem muita gente boa na CTB. Mas ainda defendo que se deva fazer uma composição, porque é tudo "farinha do mesmo saco". Acho que deveria separar ideologicamente. Mas já que não dá para separar ideologicamente, elas deviam se unir. Deveria diminuir o número de centrais sindicais que tem aí e elas assumirem o seu papel.

ENTREVISTADOR(A): Você falou, brincando lá no restaurante, que não veste vermelho, porque é torcedor do Grêmio. E disse que é do PCdoB. Quando você entrou para o partido?

Idemar Martini: Eu fui juiz classista, não falei para vocês?

ENTREVISTADOR(A): Não.

Idemar Martini: Quando fui juiz classista, eu não podia me filiar a nenhum partido. Depois, ajudei a formar o PT em Santa Catarina. O Sabino [Bussanello], prefeito daqui de Itapema, é nosso funcionário. O procurador do município é meu advogado aqui, está licenciado. Então, eu fui fundador do PT aqui no estado e tenho feito campanha para o PT abertamente, mas não quis me filiar ao PT.

Fui, recentemente, para o PCdoB, construir o partido aqui. Agora, quero dar uma mão para o PCdoB, ver se consigo alavancar forte. A Ângela [Albino] é minha amiga pessoal, também. Vou ver se faço do PCdoB um bom partido, sou candidato a presidente do PCdoB na região. Itapema é uma cidade de 45 mil habitantes, 23 mil eleitores. Eu quero, até o ano que vem, na próxima eleição, ter no mínimo uns 300 filiados do PCdoB. Com 300 filiados, faço dois vereadores. E temos esperança de elegermos prefeito aqui. Se eu quisesse ser candidato a prefeito teria alguma chance aqui, porque conheço a cidade toda, conheço o pessoal todo de Itapema. Mas não tenho pretensão de ser prefeito, não quero ser político. Mas vou construir o PCdoB, fazer dele um grande partido. Estou tentando articular novamente o PT, que está muito quebrado aqui.

ENTREVISTADOR(A): Muito obrigado pela entrevista.

11   JORGE CÉSAR DOS SANTOS

Sindicato dos Metalúrgicos do Recife
Entrevista em 24 de fevereiro de 2011

ENTREVISTADO: Jorge César dos Santos — ex-presidente do Sindicato dos Metalúrgicos do Recife (PE).

Foto: Arquivo do sindicato

ENTREVISTADOR(A): Gostaríamos que você nos contasse sua história de vida, quando começou a trabalhar e como entrou no movimento sindical.

Jorge César: Nasci no Recife, em 1957. Minha família é de origem campesina, meu avô era pequeno proprietário rural, era uma pessoa de classe média baixa. Minha mãe teve três filhos na cidade de Arcoverde, a cerca de 240 km do Recife. Ela era uma pessoa de opinião, sertaneja, muito valente, de briga, valente contra os obstáculos da vida. Nos anos 40, ela se casou "fugida". Abandonou a casa do meu avô, mas, quando o casamento não deu certo, deixou o marido e voltou para a casa dele. Mas, como meu avô não tinha concordado com o casamento, disse que ela entrava em casa, mas sem os filhos. Ela disse que não iria abandonar os filhos, deixou os três na casa de parentes e veio de trem para o Recife. Trabalhou como empregada doméstica, entrou no ramo de feira livre e, aos poucos, foi retomando o contato com a família. Trouxe dois dos meus irmãos para cá. Um deles eu não tive o prazer de conhecer. Ele ficou com uma tia da minha mãe e se revoltou, porque achou que tinha sido abandonado, não entendeu o momento conjuntural. Naquele período, aqui no Nordeste, tinha um pessoal que não se casava, eram "as moças velhas", e essa tia se apegou ao menino, mas sempre colocou na cabeça dele um pouco de revolta, dizia que ele tinha sido abandonado.

Nasci de uma segunda relação da minha mãe. Sou irmão por parte de mãe dos outros. A gente foi criado nas feiras livres, negociando, ajudando, fazendo bicos. Sempre tinha alguma coisa para contribuir e melhorar o contexto econômico daquela família. Meu irmão mais velho entrou na metalurgia nos anos 1970. Em 1972, ele sofreu um acidente; a máquina arrancou um braço dele e, com isso, ele se aposentou. Mesmo assim, ficou trabalhando no comércio informal.

Comecei a estudar nos anos 1970, fiz até o primeiro ano ginasial na escola pública. Tinha muito interesse em estudar, mas tinha o dilema entre estudar e trabalhar. Naquele período, eu arrumava uns empregos em oficinas, como ajudante de mecânico, soldador, lanterneiro [funileiro]. Mas eram muitos obstáculos para trabalhar e estudar, porque não tinha hora para largar o serviço. Nesse contexto, os proprietários daquelas pequenas oficinas sempre diziam para mim: "Você quer estudar ou trabalhar? Escolhe". Mas eu precisava daquela renda para ajudar em casa e isso não era um direito, era uma imposição. Na fábrica, não tinha consciência alguma do ponto de vista de lutas, mas tinha consciência das injustiças sociais, porque minha mãe era uma pessoa muito humana.

Consegui estudar em algumas oportunidades e encontrei uma professora que sempre queria saber o que eu fazia. Era uma pessoa que sempre buscava um contato mais direto comigo. Eu não entendia por quê. Essa professora foi passando, aos poucos, alguns materiais para mim, ainda no período de repressão brava, nos anos 1974-1978. Ela passava materiais, mas sem ter confiança em mim, sem saber quem eu era. Nem eu sabia o que ela queria. Ela começou a me levar para um movimento de jovens trabalhadores, que era ligado à igreja do Dom Helder Câmara, às Comunidades Eclesiais de Base. Logo quando cheguei, não sabia do contexto do capitalismo, não tinha isso bem claro, mas, aos poucos, no movimento, fui descobrindo as injustiças e buscando mais informações. Foi nesse primeiro momento que começou a abrir minha mente para a luta social, para a luta operária, dos partidos.

Minha vida de militância teve como base o que eu tinha aprendido em casa, com a minha mãe. Ela era uma pessoa muito ética, muito severa, para não deixar a gente entrar na vida da marginalidade. Ela foi pai e mãe e nos conduziu para a vida nesse contexto. Todos nós tínhamos que contribuir com alguma coisa dentro de casa. Essa renda vinha para o bem-estar de todos. Se eu ganhasse um salário mínimo, tirava um determinado percentual para a renda familiar e ficava com uma parte para comprar coisas do meu interesse.

Em 1974, aos 17 anos, entrei na mesma empresa em que meu irmão trabalhava, a Companhia Siderúrgica do Nordeste, uma siderúrgica de grande porte, na cidade do Recife. E também sofri um acidente. Trabalhei lá durante cinco anos.

ENTREVISTADOR(A): Foi quando você iniciou sua militância sindical?

Jorge César: De 1974 a 1978, fui sendo polido para a luta sindical, luta partidária, porque passei por um processo de formação de base muito rico, com Dom Helder Câmara. A minha trajetória no movimento sindical começou no final dos anos 1970, mais ou menos.

> PASSEI POR UM PROCESSO DE FORMAÇÃO DE BASE MUITO RICO, COM DOM HELDER CÂMARA. E MINHA MILITÂNCIA SINDICAL COMEÇOU NO FINAL DOS ANOS 1970.

Em 1978, o movimento sindical estava atrelado ao Estado. A ditadura tinha feito intervenções e, em 1975, começou um movimento clandestino, pela redemocratização sindical. A gente não tinha tranquilidade para ir para a rua, porque havia perseguição e as "listas negras" contra as pessoas que militavam. Começamos um movimento dentro das igrejas, dentro de seminários, nos conventos, onde a gente tinha certa proteção para se reunir. Eram reuniões interestaduais, em São Paulo, em Minas Gerais, e começamos a traçar uma estratégia interna, ainda clandestina, para, no ano de 1978, começarmos a externar isso em público. São Bernardo do Campo (SP) foi a primeira alavanca desse movimento[1].

A gente formou, em 1978, um grupo de oposição sindical metalúrgica de Pernambuco, chamado "Zé Ferrugem". Começamos a colocar no seio do povo um canal de comunicação, um jornal, com o ponto de vista das lutas sindicais, das lutas democráticas. Mas ainda fazíamos um trabalho clandestino. O jornal era vendido na porta de fábrica, por um preço simbólico. A gente se dividia, cada um no setor do outro. Ia para um setor no qual eu não trabalhava, para vender, para não ter perseguição, para ficar mais fácil.

---

1. Referência às greves de metalúrgicos na região do ABC paulista, em 1978.

Mesmo assim, houve muita perseguição, muita demissão. Esse grupo começou a trabalhar junto à categoria como um todo, aquela massa de 42 mil trabalhadores aqui na capital de Pernambuco. Isso começou a ser um elo entre a categoria e a gente. Nessa época, o sindicato era totalmente atrelado, não tinha campanha salarial, os direitos eram totalmente burlados.

ENTREVISTADOR(A): Antes de começarmos a gravar, você comentou que esse jornal tinha uma editoria. Ele era assinado?

Jorge César: Era assinado pelo grupo, não por uma pessoa. Tinha uma editoria para ser um veículo de comunicação. O "Zé Ferrugem" era um boneco, o nome a gente tirou numa pesquisa. Mas é lógico que não foi uma pesquisa muito aberta, porque era um período em que ainda éramos um grupo clandestino. Mas a gente sondou e saiu o "Zé Ferrugem", porque a ferrugem dá no ferro e começava a corroer a estrutura patronal (*risos*).

ENTREVISTADOR(A): Os participantes desse grupo eram oriundos da Igreja?

Jorge César: Exatamente. Esse grupo foi criado no seio da Igreja católica, de Dom Helder. A filosofia de alguns padres, que estavam ligados ao povo, era ir trabalhar nas metalúrgicas, e os padres que não estavam no trabalho laboral davam orientação, assessoria. Nós, leigos, fomos fazer um levantamento de contatos, montamos um quadro, por fábrica, para sabermos com quem a gente podia contar. Eram contatos clandestinos, fazíamos reuniões de final de semana para fazer reflexão sobre a categoria, cada um fazia da sua fábrica. Onde tinha um local que a Igreja cedia, a gente se reunia para contribuir com esse trabalho. Ao mesmo tempo, o jornal refletia o que acontecia nessas reuniões, as avaliações que eram feitas de cada fábrica ou da categoria, a avaliação política da conjuntura daquele momento. Tudo ia para o jornal. Não era muito forte, porque a gente tinha receio de dizerem que estávamos partidarizando as coisas. Era uma avaliação mais da luta, do contexto de miserabilidade que existia naquele momento. A gente foi se utilizando dessa comunicação com a categoria, com certa força.

Em 1979, a gente resolveu participar da assembleia dos trabalhadores, intervindo com propostas que construímos nas discussões. Tiramos uma linha de intervenção na assembleia. A gente estava fortalecida na categoria, com o reflexo da conjuntura de São Bernardo do Campo, da luta dos metalúrgicos de lá, em 1978. Propusemos uma Comissão de Negociação, em que a maioria dos membros era do "Zé Ferrugem". Na assembleia, com mais de cinco mil pessoas, a gente interveio politicamente e ganhou a base com nossas propostas. Os "pelegos"[2] não estavam preparados para conduzir a assembleia.

> **ERA UM PERÍODO DE EFERVESCÊNCIA MUITO FORTE E A GENTE QUASE FEZ UMA GREVE. MAS AVALIAMOS QUE O PERCENTUAL DE REAJUSTE TINHA SIDO BEM RAZOÁVEL.**

A gente entrou para a Comissão, para manter um grupo de oposição. Era um período de efervescência muito forte e a gente quase fez uma greve. Mas avaliamos que o percentual de reajuste tinha sido bem razoável — conquistamos 70% de aumento — e que, com isso, era melhor fechar o acordo, visando a um acúmulo de forças no futuro, porque a gente ainda não tinha o sindicato na mão.

ENTREVISTADOR(A): Quem dirigia o sindicato nessa época?

Jorge César: Era o pessoal ligado à intervenção dos militares. O sindicato estava com os "pelegos". Para vocês

---

2. "Pelego" era o atributo pejorativo que se dava aos sindicalistas conservadores, acusados de atuar para "amortecer" o conflito entre os trabalhadores e os patrões.

terem uma ideia, na época, o presidente do sindicato foi para a TV Globo dizer que greve era ilegal, colocando um obstáculo ao movimento.

Nós avaliamos que, fazendo acordo e alcançando um bom reajuste, ganhando estabilidade, conquistando algumas cláusulas sociais de interesse da categoria, a gente acumularia forças para um segundo momento. Estou convicto de que, naquela altura, a estratégia estava certa. A Comissão já não era clandestina, tinha o respaldo de um ano de estabilidade, teve o domínio político das assembleias de 1979, de 1980. Em 1981, em outra conjuntura, quando a ditadura estava um pouco mais flexível e havia forças e reação contra a opressão, contra as prisões, contra todo o contexto, a gente ganhou o sindicato dos "pelegos" com uma votação expressiva, com credibilidade na categoria. Fomos o segundo sindicato a ganhar dos "pelegos" no estado de Pernambuco.

Naquele ano, a gente criou um movimento intersindical — a Central Única dos Trabalhadores (CUT) ainda não tinha sido criada —, e o sindicato começou a ser uma trincheira, não só para a luta da categoria, mas também em solidariedade às lutas sociais, dos movimentos comunitários, do movimento rural. Em tudo estávamos presentes; abrimos as portas do sindicato.

Dom Helder investiu muito nas lutas sindicais, na luta rural, que era muito reprimida ainda. A interlocução era intensa com a luta na comunidade, nos bairros. Quando ganhamos o Sindicato de Metalúrgicos do Recife, a gente alavancou e fez essa trincheira de luta. Montamos uma estrutura com carro de som, para beneficiar as comunidades, e a gráfica sempre estava aberta. Isso foi um polo de aglutinação.

A luta na categoria também começou a se dar de uma maneira mais democrática, participativa e respeitando os anseios dos trabalhadores metalúrgicos. A gente começou organizando os setores pelos polos industriais e dividindo a diretoria para um acompanhamento diário das áreas que tinham problemas específicos. Investimos muito nas CIPAs [Comissões Internas de Prevenção de Acidentes]. Mantínhamos os quadros dentro das CIPAs, porque tinham estabilidade, ampliando o número de cipeiros, de 24 para mais de 50 pessoas. Isso para termos pessoas com atuação dentro das fábricas, principalmente as grandes, onde a gente tinha atuação maior, porque eram o coração do setor. Atuamos nessa perspectiva e começamos um momento de efervescência na categoria, de lutas, de muitas greves.

ENTREVISTADOR(A): Quando ocorreu a primeira greve?

Jorge César: As greves começaram logo no início de nossa gestão, em 1981, por fábricas; não era uma greve generalizada. Eram questões locais, problemas de falta de pagamento, de atrasos, horas extras, coisas pequenas, e a gente impulsionou um trabalho de paralisações. Primeiro, tentávamos negociar, lógico. Mas quando não se chegava a um denominador comum na negociação com os patrões, a gente impulsionava o movimento grevista, fosse qual fosse a injustiça. Nesse momento, todo mundo dizia: "Nós temos o direito e, se não for respeitado, temos o momento de paralisação".

Em 1981, quando a gente assumiu o sindicato, já tinha passado a campanha salarial. Em 1982, houve um momento muito forte para uma greve, mas avaliamos que o país passava por certa recessão e fizemos um acordo razoável. A gente assumindo a direção do sindicato e parte da diretoria queria fazer greve, achava que tinha que fazer de todo jeito. Eu não era desse grupo; tive sensatez de ver que não era o momento. Mas, em julho de 1983, a gente fez uma greve política, a primeira greve geral da categoria, com várias paralisações nos setores, contra o Decreto-lei n. 2.045, que achatava a condição econômica dos trabalhadores[3]. Naquele momento, a CUT orientou que todas as categorias tentassem fazer uma paralisação nacional e fomos a única categoria aqui em Pernambuco que

---

3. Pelo Decreto-lei n. 2.045/83, os reajustes semestrais de salários, previstos na política salarial oficial, passavam a ser limitados a 80% da inflação, medida pelo Índice Nacional de Preços ao Consumidor (INPC-IBGE).

conseguiu fazer. A gente tinha construído a CUT estadual e o primeiro presidente foi um metalúrgico, o companheiro João Paulo. A sede da CUT era no nosso sindicato. A gente doou uma sala, mas era incipiente, sem estrutura.

Nessa greve, toda a diretoria do sindicato e toda a militância que estava em torno da gente no setor fabril, nas portas de fábrica, foram presas no DOPS [Departamento de Ordem Política e Social]. O governador de Pernambuco era o Roberto Magalhães, um professor muito conservador, e a orientação dele foi prender toda a diretoria do sindicato. Passamos 24 horas presos. Os militares fizeram um mapeamento e, onde houvesse movimento, eles seguravam os diretores do sindicato.

Foi uma greve que teve êxito, pois fizemos um grande ato público no Recife. Foi um dia de protesto, a cidade praticamente parou por conta da nossa mobilização. Outras categorias que não pararam se juntaram à gente. Essa foi a primeira marca de greve de protesto, uma greve política que tem valor maior que a greve comum. Daí para a frente, além de fazermos greves de metalúrgicos, erámos solidários com outras categorias, sempre na linha de frente junto às oposições — porque alguns sindicatos estavam nas mãos dos "pelegos" —, ou com algumas entidades sindicais que estavam querendo caminhar e não sabiam como. Fomos esse marco de aglutinação e de solidariedade.

> **EM JULHO DE 83, FIZEMOS UMA GREVE POLÍTICA, A PRIMEIRA GREVE GERAL DA CATEGORIA, CONTRA O DECRETO-LEI N. 2.045, QUE ACHATAVA OS SALÁRIOS.**

ENTREVISTADOR(A): Até quando você participou da direção do sindicato?

Jorge César: Saí do sindicato em 1990. Depois de três mandatos, achei que já tinha dado minha contribuição. Foram nove anos na direção do sindicato, o que trouxe para mim uma riqueza muito grande, não do ponto de vista econômico, mas riqueza de conhecimento. O sindicato foi uma escola para o conhecimento de história, de economia, de matemática, de política, de geografia, de sociologia, de tudo, porque estávamos na luta e, ao mesmo tempo, estávamos nos capacitando para enfrentar essas lutas.

O sindicato tinha uma estrutura formal que era o presidente, o secretário, o tesoureiro, mas a direção era o mais democrática possível. No meu primeiro mandato, fui secretário adjunto de finanças, era suplente do tesoureiro. No segundo mandato, ascendi para secretário-geral e, no terceiro mandato, fui presidente, de 1987 a 1990.

Era uma direção muito colegiada, cerca de seis pessoas na Executiva. E se tivesse um diretor de base, ele tinha direito de participar, de opinar na reunião. Na diretoria-geral, era a mesma coisa, não tinha uma distinção entre os cargos, o militante que não estava na estrutura oficial, em nenhum cargo de Conselho Fiscal, participava das reuniões que a gente fazia mensalmente ou das reuniões da diretoria, que eram abertas para a categoria. O pessoal vinha e colocava os problemas de cada fábrica. Não tinha essa coisa de hierarquia, nunca teve isso durante esses nove anos. Era tudo muito democrático, a opinião de todos era ouvida e refletida no contexto. Sempre tinha divergências, é natural, mas se não se chegasse a um consenso, as pessoas independentes votavam. Se a maioria ganhasse, era acatada a decisão da maioria. Em caso de divergência dentro da diretoria, a gente tinha o direito de ir para uma assembleia, expor a divergência, e a decisão já passava a ser no âmbito da categoria. Isso foi um negócio muito importante que a gente construiu naquela época. A participação, escutar e, no final, ir para as instâncias de decisões.

ENTREVISTADOR(A): Você estava comentando que, desse período em diante, houve muitas greves. Como era a dinâmica dessas greves? E a negociação?

Jorge César: As greves se davam em dois momentos: na campanha salarial, que é o momento macro, e em momentos localizados, como em consequência de acidente de trabalho ou morte de um trabalhador, por negligência da empresa.

A direção no sindicato — a que era liberada e que não estava nas bases — acompanhava permanentemente as lutas nas fábricas. A gente estava lá, diariamente, a partir das 5 horas da manhã, até o segundo turno, que era o das 22 horas. Todo dia, havendo problema ou não, tínhamos um local para visitar, para sabermos como é que estava a situação e também para mantermos contato direto com os trabalhadores. A gente também levava o *Zé Ferrugem*, que ficou sendo o jornal sindical oficial, das lutas da categoria ou das fábricas, das conquistas, das campanhas salariais. O jornal era mensal, porque a estrutura não permitia ter um jornal diário, e era distribuído para toda a categoria. Esse era nosso cotidiano.

ENTREVISTADOR(A): Você estava falando sobre a dinâmica das greves, que havia greves pontuais, em empresas, por questões como acidente de trabalho. Quais eram as outras reivindicações?

Jorge César: Por hora extra que não era cumprida, por alimentação, por algumas injustiças, demissões de lutadores sociais, de diretores de CIPAs, tinha greve de todo tipo. Tinha as greves que eram feitas em campanha salarial, que envolviam toda a base da categoria, e tinha aquelas cotidianas, que estavam fora desse contexto por serem mais específicas, de acordo com os problemas de cada fábrica.

ENTREVISTADOR(A): Como era a questão da negociação e da greve?

Jorge César: Durante a campanha salarial, a gente convocava a primeira assembleia, aprovava a pauta de reivindicações, com as questões econômicas e sociais, e tirava a Comissão de Negociação, que era um apoio à diretoria, aquela comissão que tinha estabilidade, para as pessoas terem a liberdade de lutar e ir para a negociação. Íamos para a mesa e defendíamos a pauta. Quando não dava, defendíamos a paralisação. Essa era nossa realidade e nosso cotidiano. Isso se dava uma vez por ano, no período de junho a julho; nossa data-base era em setembro. A gente só podia deflagrar a greve a partir de 1º de setembro, porque tinha o período de negociação e mobilização. Vínhamos acumulando forças, fazíamos assembleia, negociação com os patrões, a assembleia rejeitava a proposta, a gente voltava a negociar, e ia dando o "tempero" até o 1º de setembro. Se a proposta dos patrões não fosse satisfatória, avaliávamos em conjunto, com todas as pessoas que estavam naquele contexto das lutas, e deflagrávamos a greve. Se a proposta fosse satisfatória, defendíamos sua aprovação na assembleia.

ENTREVISTADOR(A): Quando a greve era deflagrada, havia um rompimento das negociações?

Jorge César: A greve não era instrumento de rompimento das negociações. A greve era um momento de estar aberto para novas negociações, só que em outras bases. A greve era instrumento de negociar para o futuro. Ninguém iria fazer greve para aceitar o mesmo percentual; todos queriam ter ganhos sociais e econômicos. A base sempre foi essa: passamos para o mês de setembro, fizemos greve e conquistamos. Ou não fizemos greve, negociamos e voltamos para o cotidiano. Isso era permanente.

> A GREVE NÃO ERA PARA ROMPIMENTO DAS NEGOCIAÇÕES. ERA UM MOMENTO DE ESTAR ABERTO PARA NOVAS NEGOCIAÇÕES, SÓ QUE EM OUTRAS BASES.

Todo dia a gente ia para as portas das empresas, de manhã, à tarde ou à noite, porque algumas empresas trabalhavam no sistema ininterrupto de três turnos. Esse acompanhamento era informativo, para dizer se tínhamos conquistado alguma coisa do ponto de vista social. Por exemplo, nos anos 1980, fomos a primeira categoria que reduziu a jornada de 48 horas semanais para 46 horas. Ainda nos anos 1980, criamos uma Comissão de Fábrica, a única do Nordeste, na Companhia Siderúrgica do Nordeste. Era uma comissão com 12 pessoas e todos os setores estavam representados. Eles conduziam a negociação, mas a gente ajudava no processo.

Todas essas coisas democratizaram a estrutura do sindicato. Criamos lideranças que foram ascendendo e assumindo lutas. Eram coisas que a gente fazia para trazer para a categoria a perspectiva das conquistas sociais, das conquistas econômicas, ao mesmo tempo que fazíamos a formação política daquelas pessoas. A gente fez muito curso de formação política na nossa base. Nos setores industriais, criamos subsedes e a gente recrutava quem não estava na estrutura sindical, quem não estava na Comissão de Fábrica, nem estava na CIPA, que não era fiscal de apoio, para ir para a subsede, onde fazíamos os cursos de formação. Tínhamos o entendimento de que não era só porque a gente fez uma greve e ganhou aumento que o problema estava resolvido.

ENTREVISTADOR(A): A negociação era direta com os patrões? Tinha mediação na então Delegacia Regional do Trabalho? Vocês recorriam ao Judiciário? Tinha uma dinâmica diferente quando ocorria greve?

Jorge César: Logo no início dos anos 1980, quando a gente assumiu o sindicato, negociávamos nós, a Comissão de Negociação e o patronato, mediados pelo Ministério do Trabalho, através da Delegacia Regional do Trabalho (DRT). O Ministério tentava encontrar saídas, mas era atrelado à ditadura, tinha um papel de força em cima da gente, apoiava mais os empresários. Já o Tribunal Regional do Trabalho julgava se a greve era legal ou ilegal. Tinha a Lei de Greve [Lei n. 4.330/64], que estipulava que tínhamos que percorrer determinado caminho. Era uma burocracia feita para atrapalhar a greve, quer dizer, atrapalhar os trabalhadores e beneficiar os empresários. Então, a gente não seguia essas normativas da Lei de Greve, senão a gente nunca faria greve para romper com essa estrutura. Muitas vezes, fomos ao Tribunal e a greve foi julgada ilegal. Os juízes diziam que as reivindicações eram nulas, porque, para eles, primeiro vinha o mérito da greve e não o contexto que os trabalhadores estavam vivendo. Muitas vezes, eles julgavam a greve ilegal, mas a gente saía com a conquista política. A gente sempre colocava que o julgamento não iria beneficiar os trabalhadores. Tentávamos fazer o máximo para que as pessoas não ficassem com sensação de perda quando fossem para uma luta e não saíssem com nenhuma conquista econômica. A gente tinha perda, mas tinha o ganho político.

Trabalhávamos com a visão de que podíamos sair sem nenhum aumento, sem nenhuma conquista social, na luta que íamos travar com o Tribunal, mas sairíamos bem de espírito, porque a vitória política era mais importante do que a questão econômica.

> **A GENTE NÃO SEGUIA ESSAS NORMATIVAS DA LEI DE GREVE, SENÃO A GENTE NUNCA FARIA GREVE PARA ROMPER COM ESSA ESTRUTURA.**

Com a greve geral de 1983, a gente não teve ganho econômico nenhum, mas teve ganho político, em uma dimensão que vocês não imaginam. Quando a diretoria foi presa e os jornais destacaram isso, a gente trabalhou no consciente dos trabalhadores e foi uma vitória política. A gente não ganhou nada, mas abalou a estrutura do capitalismo. Não é que abalou para derrubar, mas deixou para as pessoas a ideia de que estávamos certos, mesmo tendo havido prisões, perseguições. A cidade parou e as pessoas tinham um sentimento de injustiça social, que é um sentimento do ser humano. Quando o ser humano vê uma pessoa sendo injustiçada, ele pensa em solidariedade. Todo esse sentimento depois veio a dar na criação do Partido dos Trabalhadores (PT), porque muita gente da direção se engajou, juntou à luta sindical, à luta humanitária e à luta partidária. Essa perspectiva foi muito salutar para nossa categoria.

ENTREVISTADOR(A): Como era a relação entre o sindicato e os partidos políticos?

Jorge César: O sindicato e o partido são coisas diferentes. No sindicato, tinha a gente do PT, mas também do PCdoB [Partido Comunista do Brasil], do PCB [Partido Comunista Brasileiro]. E também o grupo "pelego", que tinha interlocução com a base conservadora, o trabalhador conservador. Só que era a gente que impulsionava a política. A nossa estrutura era respeitada, nosso sindicato era plural, todo mundo tinha respeito, de acordo com suas ideias. O foco era o sindicato e não o PT, nem o PCdoB, nem o PCB. Essas coisas de agrupamento político eram respeitadas, a Convergência Socialista tinha seu espaço de interlocução, de expressão de suas ideias, que eram submetidas à assembleia. A gente ia para a base e a decisão era determinada de acordo com a avaliação de cada trabalhador. Mas a grande hegemonia era nossa e a gente não tinha divisão do ponto de vista burocrático. Se alguém estivesse discordando, defendia sua ideia e, se estivesse certa, tudo bem, a categoria decidia. Felizmente, a gente tinha lideranças, muitas das quais nunca chegaram a participar da direção do sindicato.

Dentro do PT, a gente tinha relação partidária, mas, dentro do sindicato, a relação era mais plural, porque tinha ideias que mereciam ser respeitadas. A decisão passava por outro caminho, o caminho da maioria.

ENTREVISTADOR(A): E como era a relação com a imprensa?

Jorge César: A imprensa vinha buscar as notícias, a gente criava fatos, era uma relação tranquila. A gente colocava nossas ideias e dava a nossa interpretação do contexto dessas lutas. Do outro lado, os empresários davam a deles. Era uma luta de ideias.

A opinião pública se baseava no contexto de injustiças sociais. Quando a gente criava os fatos e mostrava as injustiças sociais, éramos benquistos. O jornal dizia que a gente estava fazendo greve na Philips contra um robô, que ia ser implantado causando demissão de 70 pessoas. Naquele momento, quase todo dia, tinha duas ou três matérias nos jornais. Em tudo a gente estava, na luta pela campanha salarial e lutas por fábrica. Vinha uma rádio e a gente dava entrevista. Vinha televisão e a gente dava entrevista. Nos jornais escritos, a gente também falava.

Para vocês terem ideia, uma fábrica que fazia ficha telefônica no Recife, chamada Artoll, demitiu um operário e a demissão foi por justa causa. O operário saiu sem nada, sem nenhum centavo, e se desesperou. Ele jogou combustível e tocou fogo em um setor da fábrica. A gente foi na defesa dele, mostramos para a sociedade que ele fez isso por causa do desespero que estava passando. Fomos para a televisão defender. A Rede Globo nos procurou para saber qual era a opinião do sindicato a respeito de uma pessoa que incendiou uma fábrica. Não era uma questão individual, era coletiva, porque ele foi injustamente demitido. A gente foi em um debate na televisão. Essas coisas mostravam nosso ponto de vista e a sociedade avaliava.

ENTREVISTADOR(A): Você saiu do sindicato em 1990. Então, ainda estava lá no período da Constituinte. Como você avalia aquele processo?

Jorge César: Naquele período, a gente tinha a leitura de que aquela Constituição não era a solução. Era um pacto das elites, um momento de transição. O [presidente eleito indiretamente em 1985] Tancredo Neves morreu, veio o [vice] José Sarney. A gente não se envolveu muito, nós permanecemos com o mesmo cotidiano. Lógico que houve discussão, fomos propositivos, mas não tivemos a ilusão de que aquilo resolveria todos os nossos problemas. Para algumas coisas, foi bom, houve alguns avanços naquele contexto e não podemos negar. Mas não gastamos muita energia com aquilo, porque era um pacto. A posição que a gente seguiu foi a da CUT, do PT.

ENTREVISTADOR(A): Imagino que, na década de 1980, havia uma repressão ainda forte aos movimentos. Como era a atuação da Polícia? Isso melhorou um pouco depois de 1988?

Jorge César: Logo no início, em qualquer governo, o que muda um pouco é a condução das conversações. Mas a Polícia dos anos 1980 tinha, na sua estrutura, na corporação, uma visão conservadora da luta social. Era aparato do Estado e a ordem era para ser cumprida de acordo com a legislação. Depois, foi abrindo um pouco, mas onde tinha governos mais conservadores eles seguiam as normas. Quando, em alguns estados, assumiam pessoas como [o ex-governador de Pernambuco] Miguel Arraes, o comando era um pouco mais maleável. Isso foi até o início da chamada Nova República, em 1985.

De 1975 aos anos 1980, o DOPS acompanhava permanentemente a oposição e após 1981, a direção do sindicato. Digo isso porque, muito tempo depois, com a abertura dos arquivos da repressão, tive acesso a relatórios, vi o meu nome e de companheiros e de movimentos que eu nem sabia que estavam sendo acompanhados. Nos relatórios do DOPS, tinha informação sobre onde eu estava, o que estava fazendo, tinha acompanhamento da nossa militância, repressão ao nosso sindicato e ao de outras categorias. A gente sentia que isso estava acontecendo, mas não tinha a prova documental como tem hoje. Depois da abertura dos arquivos, pegamos muito material. Tinha relatórios de reuniões em comunidades, de reuniões políticas, de protestos, e

> NOS RELATÓRIOS DO DOPS, TINHA INFORMAÇÃO SOBRE NOSSA MILITÂNCIA, REPRESSÃO AO NOSSO SINDICATO E AO DE OUTRAS CATEGORIAS.

estão citados os nomes de companheiros daquela época. Com o tempo, isso passou a ter importância menor. Mas a gente avaliava que o nosso posicionamento, com a abertura do sindicato para outros movimentos, tinha levado o DOPS a se preocupar com a direção do sindicato.

A gente fez um protesto, em 1982, em um momento de crise e demissões em nossa categoria e em outras categorias também. Montamos um Comitê contra o Desemprego aqui no estado. Recolhemos fundos, fizemos uma grande passeata, nos concentramos em frente ao sindicato, numa praça grande, e fomos até o Palácio do Governo. Eles colocaram um aparato repressivo forte, com a Tropa de Choque, para a passeata não sair.

O sindicato ficava no centro da cidade, o governador Roberto Magalhães e os proprietários de lojas contrataram jagunços, deixaram milícias privadas dentro das lojas, com medo de que, no percurso da passeata, a gente fizesse "quebra-quebra" ou saqueasse os produtos que estivessem lá. O aparato policial fechou toda a praça e a gente não saiu. Foi um momento tenso. Fizemos um grande ato na praça e avaliamos. Uma comissão foi até o Palácio do Governo entregar uma pauta geral de reivindicações, relacionada à luta contra o desemprego.

ENTREVISTADOR(A): Como você compara a década de 1980 com a década de 1990?

Jorge César: Acho que os anos 1980 foram um período de ascensão e os anos 1990 de descenso, por causa da conjuntura de sucateamento da nossa e de outras categorias. Quando há ascensão, tem mercado querendo mão de obra, quando não tem mercado é aquela coisa.

Nos anos 1990, com uma nova política no país, a crise foi maior ainda. Vivemos um momento de sucateamento de nossa categoria, que decresceu para 10 mil pessoas, com fábricas fechando, aquele "salve-se quem puder". Não se faziam mais greves, não se juntava mais ninguém. Não tinha uma economia forte para lutar, fazíamos movimentos para ver se diminuíam as demissões. Quando a gente passou por esse momento, caiu a qualidade da efervescência da luta.

Se olharmos os jornais escritos e televisionados e fizermos uma pesquisa, de 1981 a 1990, vamos encontrar um acervo das nossas lutas cotidianas. Nos jornais, desde 1990 até o presente, vamos ver o decréscimo dessas lutas, vamos encontrar pouquíssimas matérias.

Com a eleição de Lula[4], em 2002, a economia ficou forte. Cabe agora ao movimento sindical voltar à pujança do ponto de vista da formação, da luta, da conscientização, dessas coisas cotidianas. Quem deve saber isso é quem está no cotidiano hoje. Estou há 21 anos fora do movimento sindical, me aposentei do cotidiano fabril. Mas não me aposentei da luta. São conjunturas diferentes, não dá para dizer hoje qual seria o caminho. Acho que a economia pujante traz conquistas, bem-estar, mas são as novas lideranças que devem refletir sobre isso.

Se olharmos um metalúrgico dos anos 1980, ou até dos anos 1990, e um de hoje, dá para ver a diferença da avaliação de conjuntura de um e outro. A gente fez uma pesquisa na nossa categoria e viu que a conscientização da base dos metalúrgicos era de vanguarda. Isso se deveu ao cotidiano das lutas sociais, da formação cotidiana que a gente implementou, do pequeno trabalho ao macro, dentro de nossa categoria.

ENTREVISTADOR(A): Quais são, na sua avaliação, as perspectivas futuras do movimento grevista, do movimento sindical?

Jorge César: Há obstáculos, não posso negar. Acho que a economia está bem e, se a economia está bem, cabe às lideranças conquistar

---

4. Luiz Inácio Lula da Silva também foi entrevistado e seu depoimento foi publicado no Livro 1 desta Coleção.

bens econômicos e sociais para a categoria. Não estou mais no movimento sindical e não tenho como avaliar, mas acho que existem plenas condições de o movimento se fortalecer, como nos anos 1980. Cabe ver se há algum empecilho ou não, porque hoje a economia está a pleno vapor. As lideranças de hoje têm que buscar um mecanismo para conquistar melhores condições sociais, de trabalho, de salário para os trabalhadores.

ENTREVISTADOR(A): Muito obrigado pela entrevista.

12 FRANCISCO DOMINGOS DOS SANTOS

Sindicato dos Vigilantes do Distrito Federal
Entrevista em 10 de junho de 2011

ENTREVISTADO: Francisco Domingos dos Santos — Chico Vigilante — fundador da Associação dos Vigilantes do Distrito Federal e do Sindicato dos Vigilantes do Distrito Federal, ex-deputado federal, deputado distrital desde 2010.

Foto: Arquivo do sindicato

ENTREVISTADOR(A): A gente queria começar pedindo para você falar sobre suas origens, onde você nasceu, como era sua família...

Chico Vigilante: Nasci em 7 de setembro 1954, embora tenham colocado no registro dia 8, numa cidade do interior do Maranhão, chamada Vitorino Freire. Quando nasci, era um povoado, pertencia ao município de Bacabal. Essa região fica no centro do estado do Maranhão, num lugar chamado Vale do Mearim. É uma região pré-amazônica, era uma floresta muito densa. Minha família, meus pais, meus avós, vieram do estado de Pernambuco, na década de 1930, de uma cidade chamada Araripina. Para ter uma ideia da dificuldade, eles fugiram de uma seca do estado do Pernambuco e viajaram a pé, durante três meses. Nessa região, a terra era da União, era uma terra que não tinha dono, a gente chamava de devoluta, e as pessoas viviam em comunidade. Meu avô, Manoel João dos Santos, se estabeleceu lá.

Minha mãe era menina e meu pai adolescente, quando se conheceram. Um era primo do outro. Eles se casaram e sou o filho mais velho de onze, dos quais se criaram oito, porque três crianças morreram. Vi de perto a morte do meu irmão. Eu era criança também e esse é um quadro que nunca saiu da minha mente. Ele morreu de verminose, porque não tinha água tratada. Ainda hoje me lembro da cena do meu irmão morto com os vermes saindo pelo nariz e boca.

Com oito anos de idade, eu já estava trabalhando, porque minha mãe tinha que sair para a roça para quebrar coco, para ajudar no sustento da família. Eu cuidava dos outros irmãos, pisava arroz para fazer almoço — para quem não sabe, é assim: você tem um pilão de madeira, pega arroz em casca, coloca dentro do pilão e soca. Aos 12 anos, já estava trabalhando na roça; aos 18 anos fui embora para Roraima, onde trabalhei na construção civil por seis meses.

Depois tive uma passagem por Tucuruí (PA), trabalhei no início da barragem de Tucuruí. Lá, eu adquiri uma febre. Achei que iria morrer. Quando o médico chegou à clínica onde eu estava internado, perguntou o que eu tinha. Respondi que estavam falando que eu tinha malária. Ele perguntou o que eu já tinha tido e contei todo tipo de doença. Perguntou se já tinha tido doença venérea e respondi: "Claro, todo rapaz do interior já teve". Falei para ele que tinha tomado certo remédio e ele disse que aquilo era o resultado da infecção maltratada. Ele me tratou e escapei. Estava tão desesperado pela cura, que me apeguei aos santos. Fiz uma promessa ao São Raimundo Nonato que, assim que tivesse a minha saúde restabelecida, daria uma volta na igreja de joelhos. Só que, antes, um sujeito tinha ido ao Maranhão e falado para minha mãe que eu tinha morrido. Já tinham rezado e eu cheguei em casa. Na roça, principalmente no Maranhão, quando dá 18 horas está tudo escuro e, quando cheguei, minha mãe correu para dentro de casa, achando que era minha alma. Afinal, eu tinha morrido...

ENTREVISTADOR(A): E como você teve contato com o Movimento Sindical?

Chico Vigilante: Em 1977, resolvi ir para Brasília trabalhar como vigilante. Em 1978, estavam no auge as greves do ABC, em São Paulo. O primeiro dinheiro que ganhei comprei um rádio de pilha. Ficava ligado nas notícias, ouvindo sobre as greves do ABC, e toda hora falava de um tal de Lula[1]. Tinha um companheiro que trabalhava comigo, na CAESB [Companhia de Saneamento Ambiental do Distrito Federal], no Setor Comercial Sul. O nome dele é Chico Barros e eu falava para ele: "Chico, esses cabras fazem carros, devem ganhar uma

> ESSES CABRAS FAZEM CARROS, DEVEM GANHAR UMA GRANA E ESTÃO FAZENDO GREVE. NÓS QUE GANHAMOS SALÁRIO MÍNIMO, VAMOS FAZER GREVE TAMBÉM.

---

1. Luiz Inácio Lula da Silva também foi entrevistado e seu depoimento foi publicado no Livro 1 desta Coleção.

baita grana e estão fazendo greve. Nós que ganhamos um salário mínimo vamos fazer uma greve também". A gente passava a noite todinha falando em fazer greve, mas só nós dois não dávamos conta de fazer a greve, não.

Em 1979, passou um camarada dizendo que ia ter uma assembleia para fundar o Sindicato dos Vigilantes. Só que eu tinha uma bronca danada de sindicato, porque meu avô participava do sindicato dos trabalhadores rurais, no Maranhão. Ele dizia para minha vó que ia para as reuniões do sindicato na cidade e, quando chegava lá, pegava o dinheiro e gastava todo no jogo. E eu achava que a culpa era do sindicato. Cheguei à assembleia, era a primeira vez que ia. Fiquei assistindo. Era um prédio localizado no edifício Sônia, que fica no Setor Comercial Sul, onde funcionava a Confederação Nacional dos Trabalhadores do Comércio (CNTC), cujo presidente era o Antônio Alves de Almeida. Tiraram uma comissão de sete pessoas para formar o sindicato. Eu só olhando. Ficou marcada outra assembleia para dali a oito dias. A Comissão foi para a Delegacia Regional do Trabalho e eles disseram que não podíamos fundar sindicato, pois éramos paramilitares — homem armado e vigilante não poderia ter sindicato. Quando eles contaram isso na reunião na CNTC, me deu uma raiva tão grande, levantei, com meu cabelo *black power,* fui até uma tribuna pequena e falei. Lembro que foi a primeira vez que falei em público: "Nós não estamos precisando de sindicato p**** nenhuma! Sindicato só serve para iludir, enrolar; nós precisamos fazer uma greve!". Todo mundo gritou: "É greve, é greve, é greve". Chegou o superintendente da CNTC e falou que essa palavra era proibida ali dentro. Desligou o som que tinha no auditório, desligou os elevadores e pediu para todo mundo descer de escada. Nós descemos. Lá embaixo, estava o companheiro José Neves, que era presidente do Sindicato dos Comerciários. Quando ele viu aquele aglomerado de 200 vigilantes, perguntou o que era aquilo e eu disse que estávamos em greve. Ele disse que queria dar todo apoio. Falei para ele: "Você quer apoiar mesmo? Porque tinha um que disse que ia apoiar a gente e acabou de nos expulsar". Ele disse que aquilo era um "pelego"[2], safado, não sei o quê — foi a primeira vez que ouvi a palavra "pelego" —, e cedeu uma sala para a gente, com telefone, no terceiro andar do edifício Arnaldo Villares.

Estava uma multidão de vigilantes lá embaixo, quando chegou o jornalista Valter Lima, que trabalhava na Rádio Alvorada, para entrevistar a gente. Naquele momento, pude constatar que no meio dos próprios trabalhadores tinha muita discriminação, porque, como o Valter Lima é negro, bem magro, os próprios vigilantes acharam que ele não era radialista. Disseram que ele era motorista da Confederal, que queria entregar a gente, e já foram pra cima dele. Mas ele tirou a carteira profissional e mostrou que era radialista. Foi a primeira vez que fui entrevistado. Tudo no mesmo dia.

No outro dia, a gente em greve, chegou outro jornalista, o Celso Franco, do *Correio Braziliense*, infelizmente já falecido. Ele perguntou sobre a nossa pauta de reivindicações. "Que pauta?". Falei que estávamos parados, mas que não tínhamos pauta nenhuma. Ele perguntou o que estávamos querendo. Fui dizendo que queríamos parar de pagar uniforme; que a gente queria seguro de vida. Porque, naquele tempo, quando um vigilante morria, a família ficava desassistida. A gente tinha que fazer vaquinha para poder sepultar. Então, também queríamos auxílio-funeral. A gente queria jornada 12 x 36 h[3], *ticket* alimentação, que era um grande sonho que a gente tinha. Eu mesmo ficava na maior inveja quando via os funcionários da Telebrasília, que era

> **ELE PERGUNTOU SOBRE A NOSSA PAUTA DE REIVINDICAÇÕES. "QUE PAUTA?". ESTÁVAMOS PARADOS, MAS NÃO TÍNHAMOS PAUTA NENHUMA.**

---

2. "Pelego" era o atributo pejorativo que se dava aos sindicalistas conservadores, acusados de atuar para "amortecer" o conflito entre os trabalhadores e os patrões.

3. A escala 12 x 36 define uma jornada de trabalho de 12 horas, seguida de folga de 36 horas, com o trabalho sendo realizado dia sim, dia não.

uma estatal, comendo e pagando com *ticket*. Ele falou: "Vai no *Correio Braziliense*, que vou escrever essa pauta para você". Fui lá, ia falando e ele datilografando a pauta. Olhei e pensei: agora temos uma pauta.

Era ditadura, no primeiro dia do ano era publicada uma portaria dizendo os locais onde poderiam ter reuniões na cidade. Só era permitido fazer reuniões no estacionamento do ginásio de esportes e na Praça das Fontes, no Parque da Cidade. Nós tínhamos marcado nosso local de assembleia, de concentração e, quando cheguei lá, não tinha ninguém. Daí a pouco, parecia um formigueiro. Era vigilante brotando de tudo que era lugar. O pessoal vinha, foi juntando e eu lá.

ENTREVISTADOR(A): Chico, para termos uma ideia, na época, a categoria tinha quantos trabalhadores?

Chico Vigilante: Acho que tinha uns seis mil. Dali a pouco, escutei uma sirene de polícia. Falei para os vigilantes que o negócio ia engrossar. Foi engraçado, pois tinha vigilante velho que obedecia a tudo o que eu falava. Disse: "A polícia está vindo ali, mas é para proteger a gente". Naquele tempo, a Tropa de Choque era transportada num caminhão "espinha de peixe", muito parecido com aqueles caminhões do Exército. Eles chegaram, fizeram toda aquela manobra e cercaram a gente. Chegou o coronel que estava comandando a Tropa de Choque, foi cercando. O Tonhão, que era o maior vigilante que tinha, correu e perdeu o sapato. Os outros ficaram sentados. Na hora em que ele chegou, perguntou quem era o chefe. Eu me levantei e disse: "Aqui não tem chefe. Estou aqui falando por eles". Ele disse que havia recebido uma denúncia de que tinha gente armada. Disse para ele: "Não senhor, não tem ninguém armado". Ele insistiu que tinha e falei: "Coronel, já que está feito o cerco, vamos fazer o seguinte, vamos passar pela revista, depois o senhor deixa a gente voltar para dentro de novo". Ele concordou, fez a revista e tinha quatro armados de revólver, tinha faquinha de descascar laranja... Ele foi pegando tudo e colocando em volta da barriga de um soldado, que tinha uma barriga bem grande. Quando terminou, ele estava todo enfeitado de faca e tudo. Foi um negócio meio hilário.

No primeiro dia de greve, o Chico Pereira, que era repórter da Rádio Planalto, perguntou o que iríamos comer. E eu respondi que não tínhamos o que comer e que gostaria de fazer um apelo para a sociedade que estava ouvindo a gente, que estávamos precisando de comida, se alguém pudesse ajudar a gente. E começou a chegar leite, pão etc.

Antes, tinha tido greve da construção civil, uma greve dos professores que tinha sido derrotada e, depois, veio a greve dos vigilantes. Todas as organizações de esquerda — só muito tempo depois que fui descobrir o que era uma organização de esquerda — se uniram para apoiar a gente. Sindicatos de arquitetos, jornalistas, comerciários, todo mundo se uniu para apoiar a gente. Lembro que o Neves chegou com um megafone, dizendo que era para colaborar com a greve.

No segundo dia de greve, o presidente da Federação do Comércio do DF resolveu chamar uma reunião com os empresários. O Dr. Nilton Rossi era empresário, mas era um cara bom. Ele era espírita, tenho um carinho extraordinário por ele. Quando chegamos, ele pegou um sininho, balançou o sininho, dizendo que era para atrair bons fluídos, que os espíritos de luz viessem proteger a gente. E eu olhando aquilo ali. Ele chamou os empresários, que falaram que não iriam dar nada, porque éramos baderneiros, estávamos desorganizados. Diziam que já tínhamos a nossa convenção coletiva, assinada pela CNTC. Eu perguntei quem era a CNTC. Era aquela que tinha expulsado a gente? Falei para o Dr. Nilton que não reconhecia essa convenção, que éramos quase escravos. Aí, acho que um dos espíritos de luz me deu uma ideia na hora e falei: "Está bom, o senhor está dizendo que não estamos organizados. Então, a gente suspende a greve. Vocês deixam a gente liberada, até que possamos nos organizar". Acho que eles pensaram que a gente não era de nada e concordaram. A gente tinha feito dois dias de greve, isso era junho. Nós suspendemos a greve e ficamos até outubro organizando a greve. Tinha o jornalista Gilson Guarabira, irmão do Guarabira Neto, dos bancários. E tinha a Beth, que era secretária. Ele escrevia as notas para a gente, a Beth transformava num estêncil; o Sindicato dos Comerciários tinha o mimeógrafo e eu aprendi a operar. Fazia as notas e ia distribuir na base.

ENTREVISTADOR(A): E vocês voltaram à greve?

Chico Vigilante: Em outubro, decretamos uma nova greve, que durou uns oito dias. Tinha um jornalista chamado Jarbas Marques, do *Jornal de Brasília*, que era comunista e havia acabado de sair da cadeia, tinha sido torturado, e o Zé Oscar, que era um velho advogado comunista, que também tinha acabado de sair da cadeia. Eles não podiam participar dessas coisas, mas iam e ficavam me orientando o tempo todo. Mas não podiam falar para os vigilantes e não me diziam o porquê.

O Jarbas Marques ouviu dizer que uns deputados estavam apoiando a gente: o Getúlio Dias, o Alencar Filho — que depois morreu num acidente em Curitiba — e o Alceu Colares. O Jarbas disse, na matéria do jornal, que os deputados iriam colher assinaturas para uma CPI [Comissão Parlamentar de Inquérito], para investigar o serviço de terceirização no Brasil. Acho que essa matéria mexeu com o governo, pois ele fez o quê? Aqui não tinha Tribunal Regional do Trabalho, era em Minas Gerais. Aqui só tinha o Tribunal Superior do Trabalho (TST). Essa matéria fez com que o governo deslocasse o vice-presidente do Tribunal Regional de Minas Gerais, que era o doutor Gustavo de Azevedo Branco, para resolver a greve. E não tinha o que julgar porque não havia uma categoria organizada. A gente não tinha nem associação, nem sindicato. Ele disse que só sairia dali com a greve resolvida. O clima era muito tenso, os empresários tinham um desapreço tão grande pela gente, que não conversavam com a gente. Separaram os empresários em uma sala, nós em outra, o juiz em outra e o Zé Oscar ficou como pombo-correio. Conversava com a gente, levava a proposta para os empresários e conversava com o vice-presidente do Tribunal. Até que chegamos a

GREVES NO BRASIL (DE 1968 AOS DIAS ATUAIS)

um entendimento: nós ganhávamos Cr$ 2.400,00 e passamos para Cr$ 4.500,00 em outubro e Cr$ 5.000,00 em janeiro de 1980. Eles justificaram, dizendo que era a questão do décimo terceiro. Passamos a ter uniforme grátis, jornada 12 x 36 horas, seguro de vida de Cr$ 50.000,00. Nós saíamos em passeata, desde o setor comercial até o SESC [Serviço Social do Comércio]. Chegamos lá com o Dr. Zé Oscar junto com a gente. Aquela multidão, as pessoas me levaram nos ombros, aquela festa. Falei que iria chamar o homem que tinha sido o mais importante para a gente em tudo — Dr. Zé Oscar. Ele veio chorando, mas não chegou a falar. Depois, foi me explicar por que não poderia falar.

> **GANHÁVAMOS CR$ 2.400,00 E PASSAMOS PARA CR$ 5.000,00 EM JANEIRO DE 1980. UNIFORME, JORNADA 12 X 36 H, SEGURO DE VIDA DE CR$ 50.000,00.**

ENTREVISTADOR(A): Foi assinado um acordo?

Chico Vigilante: Quem assinava o acordo era a CNTC. Os advogados eram o Ulisses Riedel e o Dr. Raimundo. O Ulisses virou um grande amigo da gente. Foi assinado o acordo e nós não tínhamos associação ainda, só que o Dr. Zé Oscar, inteligente como era, colocou na ata do Tribunal — Associação dos Vigilantes do Distrito Federal —, e eu assinei como presidente, de uma associação que não existia. Depois, a gente fundou a associação.

Conseguimos seis meses de estabilidade, mas no dia em que completou seis meses, todo mundo foi demitido. Fui o primeiro a ser demitido. A gente chamou uma assembleia para saber o que fazer. Os vigilantes diziam que iam pagar dois salários de vigilante, para eu continuar defendendo eles. Mas ficou só na intenção. Como não tinha mulher, não tinha filho, não tinha nada, falei que não ia desistir. A sala continuava sendo ofertada para nós. Eu tinha feito certa economia, tinha uma caderneta de poupança debaixo de minha cama, na Ceilândia. Morávamos num quartinho — eu, um gari, um cobrador de ônibus e um servente. Não tinha fogão, nem geladeira, mal cabiam nossas camas. Tinha dia que descia para o Plano Piloto e, quando estava sem recurso, abria a minha caixinha, balançava até caírem as moedas, e eu contava a passagem para ir e voltar. Só que não tinha dinheiro de lanche, nem nada. Toda vez que chegava perto da hora do almoço eu ia lá para o Sindicato dos Comerciários, ficava esperando o Neves lembrar que eu estava com fome e a gente comia lá. Enfrentei essa batalha. Os empresários me atacando o tempo todo, dizendo que eu era baderneiro, que era desempregado. Veja: eles tinham me demitido, negavam me dar vaga de vigilante e diziam que era um desempregado.

Em 1981, na Conferência Nacional das Classes Trabalhadoras (CONCLAT), eu estava lá na Praia Grande (SP). Em 1983, nós fizemos uma assembleia como associação civil, tiramos delegado de novo e fui para a fundação da CUT (Central Única dos Trabalhadores). Quando chegamos, chovia muito, muita lama. O prefeito de São Bernardo do Campo (SP), Tito Costa, tinha dado alimentação e emprestado os colégios para ficarmos hospedados. Só que algumas marmitas não estavam muito boas e deu diarreia no povo. Teve hora que a fila do banheiro era quilométrica, tinha muita gente da roça e, se não dava para chegar ao banheiro, o pessoal fazia ali mesmo. Mas, enfim, eu entrei para a primeira direção da CUT nacional.

ENTREVISTADOR(A): Já tinha associação aqui em Brasília?

Chico Vigilante: Era associação civil, não era sindicato. Associação dos Vigilantes do DF. Foi a primeira entidade fundadora da CUT em Brasília. O resto era tudo oposição. Em 1984, nós fundamos a CUT Brasília e fui eleito presidente.

ENTREVISTADOR(A): Qual foi o papel da CUT-DF na organização da greve dos rodoviários, de 1985?

Chico Vigilante: Em 1985, a CUT-DF organizou a primeira greve dos rodoviários aqui de Brasília. Era a primeira greve da Nova

República, coordenada pela CUT. Nós decretamos a greve em 1º de abril de 1985, greve dos rodoviários. Paramos o sistema todo, não rodou um ônibus na cidade. A única coisa que queríamos era dar o mínimo de dignidade para os rodoviários, porque trabalhavam até 16 horas, não recebiam hora extra, as avarias eram eles que pagavam, a empresa estipulava quantos quilômetros cada ônibus tinha que fazer por litro (de combustível) ao dia e, se não fizesse, o rodoviário tinha que cobrir. Era um sistema de escravidão. Quando a gente decretou a greve, parou tudo. Não circulou um ônibus.

> **NÓS DECRETAMOS A GREVE EM 1º DE ABRIL DE 1985. PARAMOS O SISTEMA TODO, NÃO RODOU UM ÔNIBUS NA CIDADE.**

Tem até uma história que faço questão de registrar. Quem me contou foi o ministro Almir Pazzianotto, ele pode confirmar o que me disse. Ele tinha sido escolhido Ministro do Trabalho por Tancredo Neves. Na época da greve, ele chegou ao aeroporto e foi direto para o Palácio. Chegou lá e estavam reunidos o presidente Sarney, o Ministro da Fazenda, o da Justiça, que era o Fernando Lyra, e o chefe do Serviço Nacional de Informações (SNI), general Ivan de Sousa Mendes. O Sarney perguntou sobre a greve. O Fernando Lyra, que dizia que era avançado, foi malandro e disse que éramos baderneiros, que a greve era para desestabilizar a Nova República. O general Ivan falou que a solução era intervir no sindicato. O Pazzianotto pediu licença para o presidente e disse que não tinha como intervir no sindicato, porque não era o sindicato que estava fazendo a greve, quem estava fazendo a greve era a CUT. O general Ivan disse para intervir na CUT. O Pazzianotto disse que não tinha como intervir, porque a CUT era só um nome fantasia, não existia juridicamente, o presidente da CUT era um vigilante. O general disse para prender o vigilante. O Pazzianotto disse que se o presidente Sarney quisesse prender o líder grevista, podia prender, mas ele deixava de ser Ministro do Trabalho e a Nova República acabava naquele dia. O Sarney perguntou o que deveria fazer. O ministro respondeu que tinha que negociar, mesmo sabendo que a entidade não tinha legalidade nenhuma. O Sarney falou para negociar e mandaram me localizar. Eu estava no piquete e chegou o carro do Ministério do Trabalho para me buscar. Fui, chamei o Pedro Celso, que era o líder da greve, e o Malaquias. Chegando lá, o Pazzianotto abriu as portas, fez um baita processo de negociação e os rodoviários tiveram um excelente ganho.

Veio a eleição do sindicato dos rodoviários, com nove chapas. A nossa chapa, a da CUT, ganhou com mais de 90% dos votos. Eu me lembro de que estava fazendo a campanha no dia da eleição, cheguei ao terminal rodoviário do P-Sul e tinha um rodoviário que era da roça, que tinha todos os costumes da roça, dirigia o ônibus com a calça arregaçada. Quando cheguei, às 5 horas, para entregar o jornal, ele estava enrolando um cigarro de palha. E falou que iria votar nessa chapa, pelo seguinte: "Teve o finado fulano de tal que foi candidato, a gente apoiou, depois teve um golpe, só para enganar a gente, e o fulano de tal foi afastado. Todos só querem roubar. Agora vou votar nessa chapa aqui, porque tem um bicho chamado CUT e vai cuidar para não deixar roubar".

ENTREVISTADOR(A): E quando foi criado o Sindicato dos Vigilantes?

Chico Vigilante: Passei a ter um respeito muito grande pelo Pazzianotto, e era recíproco. Atendia a gente a toda hora e prometeu que daria a carta sindical dos vigilantes. Nós continuávamos como associação civil e continuávamos sendo categoria paramilitar. Veio a chance de ele ser candidato a prefeito de São Paulo e tinha um prazo para se desincompatibilizar. Ele me chamou no Ministério e disse que iria cumprir a promessa feita, a carta sindical ia sair. Naquele tempo, você dava entrada no pedido de associação profissional e levava seis meses, a Delegacia do Trabalho preparava o processo e ia para o Ministério. Para ser sindicato de vigilante tinha que criar a categoria econômica de empresas, para que tivesse a categoria profissional de vigilantes. Ele criou a categoria econômica, transformamos o nome do estatuto de associação civil para associação profissional. Dei entrada na Delegacia do Trabalho, era delegado o Dr. Guido, pai do nosso companheiro Sodemberg Barbosa, que é uma figura importante do governo Lula. Comuniquei ao ministro que havia dado entrada e ele pediu que retornasse no dia seguinte. Chamou o Dr. Guido e pediu a entrada dos vigilantes. O Dr. Guido disse que não era possível, só dali a seis meses, mas o ministro disse que queria naquele momento, pois havia firmado compromisso. Em 24 horas, ele honrou o compromisso — transformou nossa entidade em associação profissional e deu a carta sindical.

Tem uma empresa chamada Sesui, que prestava serviços ao Bradesco, que tinha mania de não cumprir as cláusulas de nossa convenção coletiva. Nós fizemos uma greve, em 1985, na Sesui e colocamos como ponto de pauta a minha contratação. Nós obrigamos a Sesui a me contratar para que eu me tornasse presidente do sindicato. Só suspendemos a greve quando ela atendeu aos pleitos que a gente estava colocando, tanto que até hoje sou fichado nela.

Essa greve, de outubro de 1979, coincidiu com a luta pela política salarial no Brasil. No dia da votação da lei de política salarial, que passou a reajustar semestralmente os salários, estávamos em greve. Eu mobilizei os vigilantes e ocupamos as galerias da Câmara dos Deputados, todo mundo fardado. A foto de capa do *Correio Braziliense*, metade da página, eram os vigilantes fardados. Junto da nossa foto, outra menor do Lula, com a legenda dizendo que ele tinha vindo a Brasília para apoiar os vigilantes. Sempre tivemos um senso de organização muito grande. Mesmo sendo uma entidade civil, em 1981

> NO DIA DA VOTAÇÃO DA LEI DE POLÍTICA SALARIAL, QUE PASSOU A REAJUSTAR SEMESTRALMENTE OS SALÁRIOS, ESTÁVAMOS EM GREVE.

ou 1982, fizemos um seminário no Círculo Operário em Taguatinga e trouxemos o Lula para fazer uma palestra.

Fomos o primeiro sindicato de vigilantes do Brasil, depois a gente ajudou na constituição em outros estados. Hoje, temos uma Confederação Nacional dos Vigilantes, temos um arsenal de conquistas, coisas que o próprio DIEESE pode verificar. Se compararmos nossa situação em 1979 com a de hoje, somos uma das categorias que mais evoluíram. Conquistamos uma Comissão de Segurança Privada no Governo Federal, que hoje é coordenada pela Polícia Federal, com vigilantes, empresários, representantes do Banco do Brasil, Exército Brasileiro, e a Confederação dos Bancários. A Polícia Federal aplica as multas e a gente ratifica, pune as empresas e os bancos que não cumprem a lei, e isso tem sido muito bom para a gente. Somos uma das categorias mais organizadas do Brasil, tudo isso fruto de um movimento espontâneo, criado por nós.

ENTREVISTADOR(A): Antes de 1979, você participava de algum movimento político?

Chico Vigilante: Nunca tinha participado. Não participei de movimento estudantil, de nada. Foi um despertar mesmo, de uma hora para outra. Nunca tinha conversado com nenhuma organização de esquerda. Até porque a Igreja católica no Maranhão é muito conservadora. Meus avós vieram de Pernambuco, devotos do Padre Cícero. Por conta do terrorismo que implantavam, se minha avó visse alguém de vermelho, já dizia que era comunista.

E tem um dado interessante, mesmo a gente não tendo programado, nós terminamos virando uma espécie de escola de formação. Era um despertar de consciência. Nasceram milhares de lideranças naqueles movimentos e hoje é comum no país inteiro ter alguém que viveu aquele momento. Não creio que vá acontecer novamente na história do Brasil o que aconteceu na década de 1980. Foi o momento mais rico de tomada de consciência no país. A gente fazia sindicalismo por amor, não por estrutura, não fazia para ser político,

GREVES NO BRASIL (DE 1968 AOS DIAS ATUAIS)

nem muito menos para ter mandato. Tanto que, em Brasília, em 1980, eu tinha despontado como liderança e fui para São Paulo, como delegado para a fundação do PT. Foi um momento mágico. A gente guarda na memória. Foi muito bonita a entrada do Apolônio de Carvalho, do Manuel da Conceição, do Cláudio Abramo. Lembro de uma freira, bem velhinha, entregando um buquê de rosas para o Lula. Ele foi fazer um discurso e disse que ficava "p..." da vida com estudantes que tinham condições de comprar livros e ficar num quarto com abajur, fazendo essas leituras, mas que nunca participaram de uma luta de trabalhadores. Que ele estava vindo de uma greve dos trabalhadores, com a cabeça rachada com os cassetetes da polícia. Todo mundo aplaudiu de pé.

Em 1986, fui candidato a deputado constituinte. Para mim, foi uma campanha muito bonita, de muita emoção. Eu e um professor da UnB [Universidade de Brasília], chamado Lauro Campos, ficávamos na escada da rodoviária, com um megafone grande que havíamos ganhado do Gilmar Carneiro, do Sindicato dos Bancários de São Paulo. Uma hora eu segurava e ele falava e outra hora eu falava e ele segurava. Era um vigilante e um professor universitário. Como não usamos a sublegenda, o Lauro foi o segundo mais votado, mas não se elegeu. Eu fui o oitavo. Em Brasília, o PT não obteve o quociente e não fui eleito deputado constituinte. Em 1990, fui eleito deputado federal e, em 1994, fui o mais votado de Brasília.

Teve outro momento fantástico, quando fui coordenador da campanha do Lula, em 1989. Foi a campanha mais linda, de maior engajamento, a mais maravilhosa. Ele ganhou a eleição em Brasília. Na campanha de encerramento, no dia do comício, eu tinha direito de falar, porque era coordenador, mas quando subi no palanque, na altura do Palácio do Itamaraty, aquela multidão, o povo vibrando, não falei nada. Só dei conta de chorar. Passou na cabeça tudo o que tinha acontecido até então e travei. Não disse nada.

Quando o Lula voou para São Paulo, tinha carreata para tudo que era lado. Era uma grande festa. No dia daquele maldito debate com o Collor, eu passei o dia em cima de carro de som anunciando, era como se fosse um Fla x Flu. Quando terminei de fazer o anúncio, passei no barzinho, comprei meia dúzia de cervejas, cheguei em casa, tomei um banho, jantei e fiquei no sofá. Abri uma cerveja. Começou o debate. Tomei uma cerveja. Abri outra. A terceira abri, mas bebi só a metade. Minha esposa perguntou se não iria beber mais e respondi que havíamos perdido a eleição. E ela disse que não. Mas falei que, nesse debate, o Collor havia ganhado. Deu uma tristeza...

Outro momento de muita mobilização foi a luta das Diretas Já. Lembro que a gente mobilizou muito. Estava marcado o encerramento com um comício e foi decretado estado de emergência no Distrito Federal, e também em boa parte dos municípios de Goiás e Minas Gerais. Não entrava nem saía ninguém. No dia da votação das Diretas, nós conseguimos ir para a rampa do Congresso Nacional e havia muitos provocadores, chamando para quebrar o Congresso. Eu e outros líderes sindicais fizemos um cordão humano de trabalhadores para proteger o Congresso. A gente nem tinha muita consciência naquele momento, mas hoje eu sei que se a gente tivesse permitido que os caras quebrassem o Congresso, ia ser um pretexto para endurecer o regime e não ter tido a eleição do Tancredo Neves. Eles não deixaram que saíssemos do Congresso pela Esplanada. Tivemos que sair no fundo, na N-2, passando por debaixo do "buraco do tatu". Quando chegamos ali, jogaram cápsulas de gás lacrimogênio, o que foi uma irresponsabilidade, porque havia muitas pessoas.

Outro momento de tomada de consciência, e que serviu para levantar o Brasil, foi o Plano Cruzado II. O PMDB, em 1986, tinha ganhado as eleições em 24 estados. Só perdeu em Sergipe, e tinha feito a maioria dos senadores e deputados federais. Em seguida, veio o Cruzado II. Eu era presidente da CUT e tínhamos programado uma manifestação em Brasília. Programamos para sair da rodoviária às 15 horas. Às 14 horas, já tinha um grupo de pessoas e pensei que fossem impedir nossa saída. Falei para irmos embora e saímos em marcha, quase correndo. Quando chegamos ao viaduto da Catedral, eles tinham colocado algumas viaturas de polícia e bloqueado a passagem. Só que eles não tiveram controle sobre a gente. Nós fomos em marcha rápida até o fundo do Congresso. Quando chegamos lá, estavam posicionadas a Tropa de Choque da

Polícia Militar do Distrito Federal e a Tropa de Choque do Exército. A Praça dos Três Poderes estava em reforma, estava cheia daquelas pedras quadradas, e teve gente que começou a jogar pedras. Desviamos deles e nos colocamos todos na frente do Congresso. E os provocadores, todos com cabelo tipo militar, nus da cintura para cima, com camisa amarela pendurada no cinto, de vez em quando pegavam um negócio na mão, um pó amarelo, e jogavam na grama. Aquilo começava a irritar os olhos da gente. Lembro que havia uma equipe da TV Globo e um dos manifestantes disse para tacar fogo na Globo, no Roberto Marinho. Mobilizei uma equipe de segurança para a equipe da Globo, pois eles queriam linchar a repórter.

Nós terminamos o ato na porta do Congresso. Fomos entregar um documento para o... acho que era o [ex-Ministro da Fazenda, Dilson] Funaro. Quando subimos, eles começaram a jogar bombas em cima das pessoas e, quando fomos descer, todas as portas tinham sido fechadas. Conseguimos uma saída pelo anexo e, quando chegamos onde o povo estava sendo agredido, retomamos o controle. Eles tinham posicionado os tanques contra a gente. Chegamos na rodoviária e fizemos o último discurso, pedindo para todos irem para casa. Foi quando começou a depredação. Quebraram bancos, destruíram o telex no setor comercial. Virou um inferno. Enfim, quando cheguei em casa, vi que muita gente tinha apanhado, levado umas bordoadas, mas tinha terminado razoavelmente bem. Voltei para cidade, porque ia pegar o ônibus para São Paulo, e estava tudo pegando fogo. Juntaram mais de 200 pessoas feridas na OAB [Ordem dos Advogados do Brasil]. Abriram processo para investigar os "arruaceiros" e foi criada uma comissão pelo governador do Distrito Federal, que era o José Aparecido. Ele nomeou uma comissão de alto nível, com o reitor da Universidade de Brasília, o Prof. Cristovam Buarque. Eu fui depor e foi a primeira vez que vi Cristovam. Fui de uma firmeza tamanha que desmontou a comissão. Fui processado, tentaram me enquadrar na Lei de Segurança Nacional, mas a juíza não encontrou nada.

Com o que tinha acontecido em Brasília, a CUT resolveu fazer uma reunião de emergência. Quando cheguei à sede da CUT, tinha

> **FOI PROCLAMADA A GREVE GERAL E PAROU TUDO, ATÉ BOTECO DE PORTUGUÊS. ESSA FOI A GREVE GERAL DE 1986.**

um batalhão de repórteres entrevistando, querendo saber o que tinha acontecido. Foi proclamada a greve geral e parou tudo. A gente parou até boteco de português, paramos os jornais, não funcionou nada na cidade. Criamos o jornal *Trabalhando pela Greve*. Os jornalistas foram para uma redação que a gente montou, escrevemos o jornal, distribuímos na banca. E, no outro dia, não tinha outro jornal de Brasília. Essa foi a greve geral de 1986.

ENTREVISTADOR(A): Chico, você comentou que não foi eleito deputado constituinte. Mas imagino que, como você estava na CUT, tinha uma interlocução grande com os deputados. O que estava em jogo? Você lembra quais eram as principais negociações?

Chico Vigilante: Tinha muito a questão da redução da jornada de trabalho, que era de 48 horas semanais, e conseguimos reduzir para 44 horas. Tinha a discussão da licença-maternidade e outros pontos que não me recordo neste momento. Mas lembro muito da batalha que foi para a redução da jornada de trabalho, a questão da liberdade sindical, a dificuldade que tínhamos tido de fundar nosso sindicato. Foi a promulgação da Constituição de 1988 que liberou a questão do sindicato no Brasil. Foi importante.

ENTREVISTADOR(A): Em que período você presidiu a CUT?

Chico Vigilante: Fui presidente da CUT de 1984 a 1990. Nesse tempo, o mandato era de um ano, mas tinha convenção e renovava. Teve um fato curioso de que me lembro. Uma vez, o ministro Dilson Funaro chamou uma reunião com a CUT e, como eu era presidente da CUT em Brasília, tudo que era reunião eu ia. Chegando lá, estava o Funaro, o Pazzianotto e mais outros também. Lembro que o Funaro disse que o Sarney havia pedido para chamar essa reunião, porque nós éramos importantes para a questão da democracia no país. Não queriam nos alijar. Queriam tratar conosco com a independência que tínhamos, porque o nosso enfraquecimento não interessava para a consolidação da democracia. Disseram: "Vocês sabem que o governo tem bolsões, mas vocês sabem que fazemos parte daqueles que entendem que vocês são importantes, que o diálogo é importante, e por isso é que estamos fazendo a reunião com vocês". Em seguida, o Sarney chamou uma reunião lá na Granja do Torto. Eu fui e levei o Jair para a reunião.

ENTREVISTADOR(A): E nas greves atuais, dos anos 2000, ou nas que estão ocorrendo agora, o que você acha que mudou no significado delas?

Chico Vigilante: No final da década de 1970 e durante toda a década de 1980, foi quando começou a retomada do Movimento Sindical, no ABC, greve de bancários, quando surgiram as lideranças, os petroleiros, os próprios metalúrgicos. Essas greves serviram muito para que a gente avançasse na consolidação da democracia no Brasil. As greves de hoje são puramente econômicas. No meu ponto de vista, não tem caráter político, nem sequer uma questão ideológica. São greves economicistas. Algumas por cumprimento de acordos. O Congresso já deveria ter feito uma lei para punir, de maneira exemplar, quem não cumpre acordo. Se você pegar, a maioria das greves é por cumprimento de acordo. O cara assina acordo, não cumpre e depois toma a greve.

> AS GREVES DE HOJE SÃO PURAMENTE ECONÔMICAS. NÃO EXISTEM MAIS AQUELAS GREVES IDEOLÓGICAS. AQUELE SINDICALISMO DE TRANSFORMAÇÃO PERDEU A COR.

Não existem mais aquelas greves ideológicas. Aquele sindicalismo de transformação perdeu a cor. Hoje, infelizmente, e falo isso com muita tristeza, para muitos o sindicalismo virou profissão. Eu saía daqui, pegava um ônibus, sem nenhum conforto, ia para São Paulo para uma reunião da CUT. Pegava o metrô de manhã cedo, ia para a reunião. Às 17 horas, voltava para o Terminal Tietê, pegava o ônibus e, na manhã seguinte, estava na Associação dos Vigilantes, dando plantão. Só ia para casa depois. Hoje, boa parte dos dirigentes sindicais tem que ter celular, ajuda de custo, só quer ir para hotel de cinco estrelas. Acho que as coisas perderam o bom que a gente tinha. É algo que me preocupa muito, pois temos categorias no Brasil onde isso está se instalando e é lamentável, verdadeiro "gangsterismo" sindical. Há grupos se organizando para lutar pelo poder, inclusive com o assassinato de dirigentes. Não é patrão que está mandando assassinar. Isso descaracteriza completamente a atividade sindical. Do meu ponto de vista, os dirigentes sindicais precisam se preparar mais. O empresariado, que foi pego no contrapé, avançou rápido. Eles têm muitas consultorias de primeira e os sindicatos estão ficando atrasados e, muitas vezes, não contribuem para o fortalecimento de uma entidade que pode assessorá-los muito bem, que é o DIEESE. Não é porque estou dando uma entrevista para vocês, mas é por conta da convicção que tenho. Não pagam, não se assessoram e vão ficando para trás.

ENTREVISTADOR(A): Em relação ao Estado, no processo de negociação e da greve em si, falando um pouco do Ministério do Trabalho, das Superintendências Regionais do Trabalho, do Ministério Público...

Chico Vigilante: Temos três coisas que me preocupam muito. Primeiro, as coisas que foram feitas pelo Collor, que acabou com a figura das Delegacias do Trabalho. Depois, isso foi retomado, com a figura das Superintendências, que não têm poder algum, porque convidam um grupo para a negociação e, se esse grupo não quiser ir, não acontece nada. A Superintendência perdeu o fator que tinha de negociação e intermediação. Isso acabou. Antes, o Executivo intervinha; hoje quem está intervindo nos sindicatos é o Ministério Público e a Justiça do Trabalho, a partir do momento que não tem uma lei disciplinando greve. Como vai conseguir fazer greve desse jeito? São multas proibitivas, não existe obrigatoriedade das empresas em abrir planilhas para que a Justiça do Trabalho se informe do real lucro que estão tendo, para poder fixar um índice de negociação. Hoje, o Ministério Público e a Justiça do Trabalho estão se tornando um estorvo para a organização sindical brasileira. Estão servindo muito mais para perseguir os trabalhadores do que para serem um fator de mediação, de resolução dos problemas. Se continuar do jeito que está, não tem sentido a existência das Delegacias do Trabalho. Elas não têm papel mediador, a estrutura de fiscalização é muito débil. Portanto, nem sequer fiscalizam. Se existisse uma fiscalização real, poderia ter muito mais emprego formalizado no Brasil.

Nós sabemos que há cidades no interior do Brasil em que a economia funciona, e funciona bem, e que não têm trabalhador com carteira assinada. Talvez tenha lá uma parte na Prefeitura, mas a maioria nem sequer tem contrato formal. E na capital da República? Vá fazer uma pesquisa e veja quantos trabalhadores são formalizados na Ceilândia, por exemplo. Em todo tipo de atividades há trabalhadores não formalizados. A precarização que está acontecendo é um negócio brutal.

ENTREVISTADOR(A): Muito se falou, nas outras entrevistas que fizemos, que o perfil dos trabalhadores não é mais o mesmo. O que você acha disso, na sua categoria? A adesão para um movimento grevista é maior ou menor?

Chico Vigilante: A questão do individualismo que existe hoje — e são vários fatores que contribuíram para isso — está dificultando a ação sindical. Hoje, no Brasil, está se instalando a cultura do "cada um por si". Portanto, o fator coletivo, de quem ajuda, está muito

> **A QUESTÃO DO INDIVIDUALISMO ESTÁ DIFICULTANDO A AÇÃO SINDICAL. HOJE, NO BRASIL, ESTÁ SE INSTALANDO A CULTURA DO "CADA UM POR SI".**

debilitado. Isso é muito ruim para o Movimento Sindical. Teremos que encontrar novas formas de luta. Sempre dou exemplo no nosso sindicato. Na década de 1980, se a gente saísse no setor comercial, na Praça do Povo, e juntasse 50 vigilantes, era capaz de ser manchete de jornal. Hoje, a gente pega 1.000 vigilantes e não é nem pé de página. Banalizou, virou comum. Por isso, precisamos encontrar novos mecanismos. Como sair disso? Acho que os sindicatos precisam investir mais em formação política.

Sou de uma fase em que a gente aprendeu no dia a dia da luta, mas depois a gente se aperfeiçoou. Lembro quando o Lula conseguiu montar o Instituto Cajamar, em São Paulo, que era uma escola de formação. Eu estive lá. Muita gente esteve lá. Hoje, os sindicatos não estão investindo quase nada em formação. Os dirigentes sindicais precisam se capacitar e entender como funciona uma economia globalizada. Tem muita gente que não está preparada para isso.

Outra coisa: é importante continuar tendo boletins nos sindicatos, jornalzinho. Muitas vezes, o dirigente sindical faz questão de ter uma foto gigantesca dele no boletim e termina não colocando informações que são fundamentais para uma tomada de consciência. A internet hoje é uma coisa fantástica. Estava conversando com um dirigente de processamento de dados e ele me dizia que só a velha guarda vai à assembleia, aqueles saudosistas, pois o pessoal se comunica por *e-mail*, ficam fazendo a assembleia *on-line*. E o dirigente sindical está apto a dar resposta para isso? Portanto, são desafios para os quais a gente tem que estar atento.

ENTREVISTADOR(A): Muito obrigado pela entrevista.

LISTA DE ENTREVISTADOS(AS) E ENTREVISTADORES(AS)

ENTREVISTADOS(AS)	ENTREVISTADORES(AS)
Olívio Dutra	Victor Gnecco Pagani, Francisco José Couceiro de Oliveira, Ricardo Franzoi e João Noronha (gravação)
Nair Goulart	Lavínia Moura e Ana Georgina Dias
Francisco Urbano	Victor Gnecco Pagani e Junior César Dias
Paulo Paim	Victor Gnecco Pagani, Eduardo G. Noronha, Nelson Karam, Zenaide Honório
Cyro Garcia	Victor Gnecco Pagani, Carlos Jardel e Karen Artur
Luci Paulino	Rodrigo Linhares, Luís Ribeiro da Costa e Vera Gebrim
Élio Neves	Victor Gnecco Pagani e Rodrigo Linhares
Domingos Galante	Carlindo Rodrigues de Oliveira e Rodrigo Linhares
Jair Meneguelli	Victor Gnecco Pagani e Carlindo Rodrigues de Oliveira
Idemar Martini	Victor Gnecco Pagani e Daniel Passos
Jorge César dos Santos	Victor Gnecco Pagani
Francisco Domingos dos Santos – Chico Vigilante	Victor Gnecco Pagani e Lílian Arruda Marques

AGRADECIMENTOS

Confederação Nacional dos Trabalhadores na Agricultura — CONTAG
Sindicato dos Metalúrgicos do ABC
Sindicato dos Vigilantes do Distrito Federal
Sindicato Nacional dos Aposentados